ŒUVRES COMPLÈTES

DE

EUGÈNE SCRIBE

DE L'ACADÉMIE FRANÇAISE

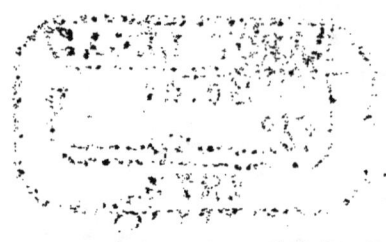

RÉSERVE DE TOUS DROITS

DE PROPRIÉTÉ LITTÉRAIRE

En France et à l'Étranger.

ŒUVRES COMPLÈTES
DE
EUGÈNE SCRIBE
DE L'ACADÉMIE FRANÇAISE

COMÉDIES

DRAMES

BATAILLE DE DAMES

MON ÉTOILE — LA CZARINE

PARIS
E. DENTU, LIBRAIRE-ÉDITEUR
PALAIS-ROYAL, 17-19, GALERIE D'ORLÉANS

1875

Paris. — Impr. PAUL DUPONT, 41, rue Jean-Jacques-Rousseau. (Cl.) (163 2-5.)

BATAILLE DE DAMES

ou

UN DUEL EN AMOUR

COMÉDIE EN TROIS ACTES

EN SOCIÉTÉ AVEC M. LEGOUVÉ.

Théatre-Français. — 17 Mars 1851.

PERSONNAGES.	ACTEURS.
GUSTAVE DE GRIGNON.	MM. Régnier.
HENRI DE FLAVIGNEUL	Maillart.
LE BARON DE MONTRICHARD	Provost.
UN BRIGADIER DE DRAGONS.	Tronchet.
UN DOMESTIQUE.	Bertin.
LA COMTESSE D'AUTREVAL, née DE KERMADIO.	Mme Allan.
LÉONIE DE LA VILLEGONTIER, sa nièce.	Fix.

Au château d'Autreval, près de Lyon, en octobre 1817.

BATAILLE DE DAMES

ou

UN DUEL EN AMOUR

ACTE PREMIER

Un salon d'été élégant. — Deux portes latérales sur le premier plan. — Cheminée au plan de gauche. — Une porte au fond. — Guéridon à gauche. — Petite table et canapé à droite.

SCÈNE PREMIÈRE.

CHARLES, en livrée élégante et tenant à la main des lettres et des journaux, est debout devant un chevalet placé à gauche ; LÉONIE entre par la porte du fond.

CHARLES, *regardant le tableau posé sur le chevalet.*
C'est charmant !... charmant !... une finesse ! une grâce !...

LÉONIE, *qui vient d'entrer, apercevant Charles.*
Qu'est-ce que j'entends ? (Après un instant de silence et d'un ton sévère.) Charles !... Charles !...

CHARLES, *se retournant brusquement et s'inclinant.*
Mademoiselle !

LÉONIE.

Que faites-vous là ?

CHARLES.

Pardonnez-moi, mademoiselle, je regardais le portrait de madame votre tante, notre maîtresse, car je l'ai reconnu tout de suite... tant il est ressemblant !

LÉONIE.

Qui vous demande votre avis ?... Les lettres ? les journaux ?

CHARLES.

Je suis allé ce matin à Lyon à la place du cocher, qui n'en avait pas le temps, et j'ai rapporté des lettres pour tout le monde : pour mademoiselle, d'abord !

LÉONIE, vivement.

Donnez !... (Poussant un cri.) Ah !... de Paris !... d'Hortense... mon amie d'enfance ! (Parcourant la lettre.) Chère Hortense !... elle s'inquiète des « troubles de Lyon !... des « complots qui nous environnent. Quant à la cour... il est « difficile que cela aille bien... en l'an de grâce 1817, sous « un roi qui fait des vers latins et qui ne donne jamais de « bal. » (S'interrompant.) Elle me demande si je me marie... Ah bien ! oui ! est-ce qu'on a le temps de songer à cela ?... Les jeunes gens s'occupent de politique et non pas de demoiselles !

CHARLES.

Deux lettres pour madame... (Lisant l'adresse.) Madame la comtesse d'Autreval, née de Kermadio... (Haut.) et timbrées d'Auray, pleine Vendée... (Léonie regarde Charles en fronçant sourcil.) C'est tout simple !... une excellente royaliste comme madame !

LÉONIE.

Encore !...

CHARLES, posant d'autres lettres sur la table.

Celles-ci pour le frère de madame la comtesse... et pour

M. Gustave de Grignon... ce jeune maître des requêtes... qui est ici depuis huit jours.

LÉONIE, avec humeur.

Il suffit !... Les journaux ?...

CHARLES, les présentant.

Les voici !

LÉONIE.

Dans un joli état...

CHARLES.

C'est que le cocher et la femme de chambre voulaient les lire avant madame et mademoiselle, ce qui est leur manquer de respect... et je me suis opposé...

LÉONIE, l'interrompant.

C'est bien ! je ne vous en demande pas tant.

CHARLES.

Je ne croyais pas que mademoiselle me blâmerait de mon zèle...

LÉONIE, sèchement.

Ce qui souvent déplaît le plus, c'est l'excès de zèle.

CHARLES, souriant.

Comme disait M. de Talleyrand !

LÉONIE, se retournant avec étonnement.

Voilà qui est trop fort !... et si monsieur Charles se permet...

SCÈNE II.

Les mêmes ; LA COMTESSE.

LA COMTESSE.

Quoi donc ?... qu'y a-t-il, ma chère Léonie ?

LÉONIE.

Ce qu'il y a, ma tante !... ce qu'il y a ?... M. Charles qui cite M. de Talleyrand !

LA COMTESSE, souriant.

Un homme qui a porté malheur à tous ceux qu'il a servis !... mauvaise recommandation pour un domestique... Rassure-toi... Charles aura lu cela quelque part... sans comprendre !...

CHARLES, s'inclinant respectueusement.

Oui, madame, et je ne pensais pas que cela offusquât mademoiselle.

LÉONIE.

Offusquât... un subjonctif à présent...

LA COMTESSE, à Charles, qui veut s'excuser.

Pas un mot de plus !... vous parlez trop... Je connais vos bonnes qualités, votre dévouement pour moi... mais vous oubliez trop souvent votre situation ; ne me forcez pas à vous la rappeler. Votre place, d'ailleurs, n'est pas ici !... Je vous ai pris uniquement pour soigner les jeunes chevaux de mon frère... allez à votre service !

(Charles la salue respectueusement, lui remet les deux lettres qui sont à son adresse et sort par la porte du fond.)

SCÈNE III.

LÉONIE, LA COMTESSE.

LA COMTESSE, tout en décachetant ses lettres.

Jusqu'à M. Charles, jusqu'aux domestiques qui veulent se donner de l'importance !...

LÉONIE.

Oh ! mais... une importance dont vous n'avez pas idée...

LA COMTESSE, ouvrant une des lettres.

En vérité... dis-moi donc cela? (Vivement.) Non, non... tout à l'heure!... laisse-moi d'abord parcourir mon courrier!

LÉONIE.

C'est trop juste! je viens de lire le mien.

(La comtesse, à droite, lit avec émotion et à part la lettre qu'elle vient de décacheter, tandis que Léonie, près de la table à gauche, parcourt les journaux.)

LA COMTESSE.

C'est d'elle!... Pauvre amie!... comme elle tremblait en écrivant! « Ma chère Cécile, soyez bénie mille fois! Je re-
« prends espoir depuis que je sais mon fils auprès de vous.
« Votre château, situé à deux lieues de la frontière, lui
« permet d'attendre sans danger l'issue de ce procès fatal...
« et d'ailleurs qui pourrait soupçonner que le château de la
« comtesse d'Autreval recèle un homme accusé de conspi-
« ration contre le roi? Du reste, que vos opinions politiques
« se rassurent... » (S'interrompant.) Est-ce que mon cœur des opinions politiques?... (Reprenant.) « Henri n'est pas cou
« pable ; un malheureux coup de tête, qu'il vous racontera,
« lui a seul donné une apparence de conspirateur; mais
« cette apparence suffirait mille fois pour le perdre, s'il était
« pris. D'un autre côté, l'on assure qu'on ne veut pas pous-
« ser plus loin les rigueurs, et l'on dit, mais est-ce vrai? que
« le maréchal commandant la division vient de partir pour
« Lyon avec une mission de clémence...

LÉONIE, à droite poussant un cri.

Ah! qu'est-ce que je lis!

LA COMTESSE.

Qu'est-ce donc?

LÉONIE, montrant le journal.

Encore une condamnation à mort!

LA COMTESSE.

Ah! mon Dieu!

LÉONIE.

« Le conseil de guerre, séant à Lyon, a condamné hier le
« principal chef du complot bonapartiste, M. Henri de Fla-
« vigneul, un jeune homme de vingt-cinq ans ! »

LA COMTESSE.

Qui heureusement s'est évadé avec l'aide de quelques amis, m'a-t-on dit.

LÉONIE.

Oui !... oui !... je me rappelle maintenant... cette évasion qui excitait l'enthousiasme de M. Gustave de Grignon.

LA COMTESSE.

Notre jeune maître des requêtes.

LÉONIE.

Il n'avait qu'un regret, c'est de n'avoir pas été chargé d'une pareille expédition ; c'est beau !... c'est brave !...

LA COMTESSE.

Il a de qui tenir ! Sa mère, qui avait comme moi traversé toutes les guerres de la Vendée, sa mère avait un courage de lion !

LÉONIE.

C'est pour cela que M. de Grignon parle toujours, à table, d'actions héroïques.

LA COMTESSE.

Et le curieux, c'est que son père était, dit-on, peureux comme un lièvre !

LÉONIE.

Vraiment !... c'est peut-être pour cela que, l'autre jour, il est devenu tout pâle quand la barque a manqué chavirer sur la pièce d'eau !

LA COMTESSE, riant.

A merveille !... vous allez voir qu'il est à la fois brave et poltron !

LÉONIE.

Je le lui demanderai.

LA COMTESSE.

Y penses-tu?

LÉONIE.

Aujourd'hui, en dansant avec lui, car nous avons un bal et un concert pour votre fête... et j'ai déjà pensé à votre coiffure, une azalée superbe que j'ai vue dans la serre et qui vous ira à merveille !

LA COMTESSE.

Coquette pour ton compte... je le concevrais ! mais pour ta tante !...

LÉONIE.

C'est tout naturel !... vous c'est moi ! tellement que quand on fait votre éloge, ce qui arrive souvent, je suis tentée de remercier. (Se tenant à genoux près du canapé à droite où est assise la comtesse.) Aussi jugez de ma joie quand ma mère m'a permis de venir passer un mois ici, auprès de vous... Il me semblait que rien qu'en vous regardant, j'allais devenir parfaite.. Vous souriez... est-ce que j'ai mal parlé ?...

LA COMTESSE.

Non, chère fille, car c'est ton cœur qui parle... Si je souris, c'est de tes illusions ! c'est de ta candeur à me dire : Je vous admire !

LÉONIE.

C'est si vrai ! A la maison, l'on me raille parfois et l'on répète sans cesse : Oh ! quand Léonie a dit... Ma tante, elle a tout dit ! On a raison... la mode que vous adoptez, la robe que je vous vois, me semblent toujours plus belles qu'aucune autre... On dit même, vous ne savez pas, ma tante ? on dit que j'imite votre démarche et vos gestes... c'est bien sans le savoir. Et quand vous m'embrassez en m'appelant : Ma chère fille ! je suis presque aussi heureuse que si j'entendais ma mère !

LA COMTESSE, l'embrassant.

Prends garde !... prends garde... il ne faut pas me gâter

1.

ainsi... j'aurai trop de chagrin de te voir partir... Ce sera ma jeunesse qui s'en ira !

LÉONIE.

Mais vous êtes très-jeune, à vous toute seule, ma tante !

LA COMTESSE.

Certainement... d'une jeunesse de... Voyons ? devine un peu le chiffre...

LÉONIE.

Je ne m'y connais pas, ma tante !

LA COMTESSE.

Je vais t'aider... Trente...

LÉONIE.

Trente...

LA COMTESSE.

Allons, un effort...

LÉONIE.

Trente et un !

LA COMTESSE.

On ne peut pas être plus modeste !... J'achèverai donc... trente-trois ! Oui, chère fille, trente-trois ans ! L'année prochaine, je n'en aurai peut-être plus que trente-deux... mais maintenant... voilà mon chiffre ! Hein !... quelle vieille tante tu as là !...

LÉONIE.

Vieille !... chaque matin je ne forme qu'un vœu, c'est de vous ressembler !

LA COMTESSE.

Ce que tu dis là n'a pas le sens commun ; mais c'est égal, cela me fait plaisir... Eh bien, voyons, mon élève, car j'ai promis à ta mère de te faire travailler... as-tu dessiné ce matin ?

LÉONIE.

J'étais descendue pour cela dans ce salon, et devinez qui

j'ai trouvé tout à l'heure devant mon chevalet, et regardant votre portrait ?...

LA COMTESSE.

Qui donc ?

LÉONIE.

M. Charles.

LA COMTESSE.

Eh bien ?...

LÉONIE.

Eh bien, ma tante, figurez-vous qu'il disait : C'est charmant !

LA COMTESSE.

Et cela t'a rendue furieuse !...

LÉONIE.

Certainement !... Un domestique ! est-ce qu'il doit savoir si un dessin est joli ou non ?...

LA COMTESSE, riant.

Oh ! petite marquise !...

LÉONIE.

Ce n'est pas tout ! croiriez-vous, ma tante, qu'il chante ?

LA COMTESSE.

Eh bien, s'il est gai, ce garçon !... Est-ce que Dieu ne lui a pas permis de chanter comme à toi ?

LÉONIE.

Mais... c'est qu'il chante très-bien ! voilà ce qui me révolte !

LA COMTESSE.

Ah !... ah !... conte-moi donc cela !

LÉONIE.

Hier, je me promenais dans le parc. En arrivant derrière la haie du bois des chevreuils, j'entends une voix qui chantait les premières mesures d'un air de Cimarosa, mais une voix charmante, une méthode pleine de goût... Je m'approche... c'était M. Charles!

LA COMTESSE.

En vérité !

LÉONIE, avec dépit.

Vous riez, ma tante; eh bien ! moi, cela m'indigne... je ne sais pas pourquoi, mais cela m'indigne ! Comment distinguera-t-on un homme bien né d'un valet de chambre, s'ils sont tous deux élégants de figure, de manières... car, remarquez, ma tante, qu'il est tout à fait bien de sa personne, et lorsque, à table, il vous sert, il vous offre un fruit, c'est avec un choix de termes, un accent de bonne compagnie qui me mettent hors de moi... parce qu'il y a de l'impertinence à lui à s'exprimer aussi bien que ses maîtres : cela nous déconsidère, cela nous... (Avec impatience.) Enfin, ma tante, je ne sais comment vous exprimer ce que je ressens ; mais moi, qui suis bienveillante pour tout le monde, j'éprouve pour cet insolent valet une antipathie qui va jusqu'à l'aversion, et si j'étais maîtresse ici, bien certainement il n'y resterait pas !

LA COMTESSE, gaiement.

Là... là... calmons-nous ! avant de le chasser, il faut permettre qu'il s'explique, ce garçon.

(Elle sonne.)

LÉONIE.

Est-ce pour lui que vous sonnez, ma tante ?

LA COMTESSE.

Précisément ! (A un domestique qui entre.) Charles est-il là ?

LE DOMESTIQUE.

Oui, madame la comtesse.

LA COMTESSE.

Qu'il vienne.

(Le domestique sort.)

LÉONIE.

Mais, ma tante... qu'allez-vous lui dire ?

LA COMTESSE.

Sois tranquille !

LÉONIE.

Je ne voudrais pas qu'il crût que c'est à cause de moi que vous le grondez !

LA COMTESSE, gaiement.

Pourquoi donc ? ne trouves-tu pas qu'il t'a manqué de respect ?...

SCÈNE IV.

Les mêmes ; CHARLES.

CHARLES.

Madame m'a appelé ?

LA COMTESSE.

Oui. Approchez-vous, Charles. Vous me forcerez donc toujours à vous adresser des reproches ? Pourquoi vous êtes-vous permis...

LÉONIE, bas, à la comtesse.

Il ne savait pas que j'étais là...

LA COMTESSE, à Léonie.

N'importe !... (A Charles.) Pourquoi vous êtes-vous permis de vous approcher de mon portrait, du dessin de ma nièce, et de dire... qu'il était charmant ?...

CHARLES.

J'ai dit qu'il était ressemblant, madame la comtesse.

LA COMTESSE.

C'est précisément ce mot qui est de trop : approuver, c'est juger ; et on n'a le droit de juger que ses égaux.

CHARLES.

Je demande pardon à mademoiselle de l'avoir offensée... à l'avenir, je ne ferai plus que penser ce que j'ai dit.

LA COMTESSE.

C'est bien...

LÉONIE, à part.

Du tout, c'est mal ! Voilà encore une de ces réponses qui m'exaspèrent...

LA COMTESSE, à Charles.

Avez-vous préparé la petite ponette de mon frère, comme je vous l'avais dit?

CHARLES.

Oui, madame.

LA COMTESSE.

Eh bien, chère Léonie, le temps est beau, va mettre ton habit de cheval, et tu essaieras la ponette dans le parc.

LÉONIE.

Avec vous, chère tante?...

LA COMTESSE.

Non, avec mon frère... et Charles vous suivra.

LÉONIE.

Mais...

LA COMTESSE.

Il est fort habile cavalier, et son habileté rassure ma tendresse pour toi !

LÉONIE.

J'y vais, chère tante... (En s'en allant.) Ah ! je le déteste !

SCÈNE V.

LA COMTESSE, HENRI, sous le nom de Charles.

LA COMTESSE.

Eh bien, méchant enfant, vous ne serez donc jamais raisonnable?...

HENRI.

Grondez-moi, vous grondez si bien !

LA COMTESSE.

Vous ne me désarmerez pas par vos cajoleries !... Vous exposer sans cesse à être découvert, ou par Léonie, ou même par un de mes gens... aller chanter un air de Cimarosa dans le parc ; et le bien chanter, encore...

HENRI.

Ce n'est pas ma faute ; je me rappelais toutes vos inflexions.

LA COMTESSE.

Taisez-vous !... vos flatteries me sont insupportables... ingrat !... je ne parle pas seulement pour moi qui vous aime en sœur... mais pour votre pauvre mère...

HENRI.

Vous avez raison !... voyons, que dois-je faire ?

LA COMTESSE.

D'abord répondre quand j'appelle Charles... et ne pas dire : Quoi? quand quelqu'un dit Henri.

HENRI.

La vérité est que je n'y manque jamais.

LA COMTESSE.

Puis, ne plus vous extasier devant les dessins de ma nièce, et ne pas répondre comme tout à l'heure : Je ne ferai plus que penser ce que j'ai dit !... Hypocrite !... il ne peut pas se décider à ne pas être charmant... Enfin, ne pas vous exposer, comme vous l'avez fait ce matin encore, malgré ma défense, en allant à Lyon... Mais, malheureux enfant ! vous ne savez donc pas qu'il s'agit de vos jours ?...

HENRI, gaiement.

Bah !

LA COMTESSE.

Tout est à craindre depuis l'arrivée du baron de Montrichard.

HENRI.

Le baron de Montrichard !

LA COMTESSE.

Oui... le nouveau préfet... il a la finesse d'une femme, il est rusé comme un diplomate, et avec cela actif, persévérant... et penser que c'est à moi peut-être qu'il doit sa nomination !...

HENRI.

Vous, comtesse ! vous avez fait nommer un homme comme lui, dévoué pendant vingt ans, corps et âme, au Consulat et à l'Empire...

LA COMTESSE.

C'est pour cela ! il est toujours dévoué corps et âme à tous les gouvernements établis, et il les sert d'autant mieux qu'il veut faire oublier les services rendus à leurs prédécesseurs... aussi va-t-il vouloir signaler son installation par quelque action d'éclat.

HENRI.

C'est-à-dire en faisant fusiller deux ou trois pauvres diables qui n'en peuvent mais...

LA COMTESSE.

Non, il n'est pas cruel; au contraire ! je sais même qu'il avait demandé une amnistie générale; mais l'idée de découvrir un chef de conspirateurs va le mettre en verve ! il déploiera contre vous toutes les ressources de son esprit... votre signalement sera partout... je le sais... le premier soldat pourrait vous reconnaître...

HENRI.

Eh bien... vous l'avouerai-je?... il y a dans ces périls, dans cette vie de conspirateur poursuivi... je ne sais quoi qui m'amuse comme un roman ! Rien ne me divertit autant que d'entendre prononcer mon nom dans les marchés, que d'acheter aux crieurs des rues ma condamnation, que d'interroger un gendarme qui pourrait me mettre la main sur le collet... et de lui parler de moi... — Eh bien, monsieur le gendarme, cet Henri de Flavigneul, est-ce qu'il n'est pas encore pris? — Non, vraiment, c'est un enragé qui tient à la vie, à ce qu'il paraît. — Dites-moi donc un peu son signalement, si vous l'avez?...

LA COMTESSE.

Mais vous me faites frémir!... Oh! les hommes! toujours les mêmes!... n'ayant jamais que leur vanité en tête; vanité de courage ou vanité d'esprit... Eh bien! tenez, pour vous punir, ou pour vous enchanter peut-être... qui sait?... voyez cette lettre de votre mère... savourez les traces de larmes qui la couvrent... dites-vous que si vous étiez condamné, elle mourrait de votre mort... ajoutez que si je vous voyais arrêté chez moi, je croirais presque être la cause de votre perte et que j'aurais tout à la fois le désespoir du regret et le désespoir du remords... Allons, retracez-vous bien toutes ces douleurs... c'est du dramatique aussi cela... c'est amusant comme un roman... Ah! vous n'avez pas de cœur!

HENRI.

Pardon!... pardon!... j'ai tort!... oui, quand notre existence inspire de telles sympathies, elle doit nous être sacrée; je me défendrai... je veillerai sur moi... pour ma mère... et pour... (Lui prenant la main.) et pour ma sœur!

LA COMTESSE.

A la bonne heure! voilà un mot qui efface un peu vos torts... Pensons donc à votre salut... cher frère... et pour que je puisse agir, racontez-moi en détail ce coup de tête, dont me parle votre mère, et qui vous a changé, malgré vous, en conspirateur.

HENRI.

Le voici. Vous le savez, ma famille était attachée, comme la vôtre, à la monarchie, et mon père refusa de paraître à la cour de l'empereur.

LA COMTESSE.

Oui : il avait la manie de la fidélité, comme moi!

HENRI.

Mais le jour où j'eus quinze ans : « Mon fils, me dit-il,
« j'avais prêté serment au roi, j'ai dû le tenir et rester inac-
« tif. Toi, tu es libre : un homme doit ses services à son
« pays; tu entreras à seize ans à l'École militaire, et à dix-
« huit dans l'armée. » Je répondis en m'engageant le lendemain comme soldat et je fis la campagne de Russie et
d'Allemagne. C'est vous dire mon peu de sympathie pour le
gouvernement que vous aimez... et cependant, je vous le
jure, je n'ai jamais conspiré... et je ne conspirerai jamais!
parce que j'ai horreur de la guerre civile, et que, quand un
Français tire sur un Français, c'est au cœur de la France
elle-même qu'il frappe! Il y a un mois pourtant, au moment
où venait d'éclater la conspiration du capitaine Ledoux,
j'entre un matin à Lyon; je vois rangé sur la place Bellecour
un peloton d'infanterie, et avant que j'aie pu demander
quelle exécution s'apprêtait... arrive une voiture de place
suivie de carabiniers à cheval; j'en vois descendre, entre
deux soldats, un vieillard en cheveux blancs, en grand uni-
forme, et je reconnais... qui?... mon ancien général! le
brave comte Lambert, qui a reçu vingt blessures au service
de notre pays!... Je m'élance, croyant qu'on l'amenait sur
cette place pour le fusiller! non! c'était bien pis encore...
pour le dégrader!... Était-il coupable? je l'ignore... mais
quelque crime politique qu'ait commis un brave soldat, on
ne le dégrade pas, on le tue! Aussi, quand je vis un jeune
commandant arracher à ce vieillard sa décoration, je ne me
connus plus moi-même, je m'élançai vers mon ancien général, et, lui remettant la croix que j'avais reçue de sa main,
je m'écriai : Vive l'empereur !

LA COMTESSE.

Malheureux!

HENRI.

Ce qui arriva, vous le devinez; saisi, arrêté comme un
chef de conspiration, je serais encore en prison, ou plutôt

je n'y serais plus, si un des geôliers, gagné par vous, ne m'avait donné les moyens de fuir, ici... chez une royaliste, mon ennemie, ici, où j'ai le double bonheur d'être sauvé, et d'être sauvé par vous. Voilà mon crime!

LA COMTESSE.

Dites votre gloire, Henri. J'étais bien résolue ce matin à vous sauver; mais maintenant... qu'ils viennent vous chercher auprès de moi!

SCÈNE VI.

Les mêmes; LÉONIE, en habit de cheval.

LÉONIE.

Me voici, ma tante... Suis-je bien?

LA COMTESSE, l'ajustant.

Très-bien, chère enfant; ta cravate un peu moins haute... (A Henri.) Charles, allez voir si mon frère est prêt.

(Henri sort.)

LA COMTESSE, à Léonie, tout en l'ajustant.

Qui t'a donné cette belle rose?

LÉONIE.

M. de Grignon.

LA COMTESSE.

Je ne l'ai pas encore vu d'aujourd'hui, notre cher hôte.

LÉONIE.

Il monte... je l'ai laissé au bas du perron, admirant le cheval de mon oncle!

SCÈNE VII.

Les mêmes; DE GRIGNON.

DE GRIGNON, au fond.

Quel bel animal! quel feu! quelle vigueur! qu'on doit être heureux de se sentir emporté sur cet ouragan vivant!

LA COMTESSE.

Le curieux, c'est qu'il le croit!

DE GRIGNON, descendant la scène et apercevant la comtesse et Léonie qu'il salue.

Ah! mademoiselle!... madame la comtesse!...

LA COMTESSE.

Bonjour, mon hôte!... Ah çà! vous aurez donc toujours la manie de l'héroïsme! je vous entendais là, tout à l'heure, vous extasier sur le bonheur de s'élancer sur un cheval indompté. Je parie que vous regrettez de n'avoir pas monté Bucéphale...

DE GRIGNON, avec enthousiasme.

Vous dites vrai, madame! c'est si beau... c'est.. si... oh!...

LA COMTESSE.

Vous ne trouvez pas le second adjectif... je vais vous rendre le service de vous interrompre; tenez, il y a là des journaux et des lettres!

DE GRIGNON.

Pour moi?

LA COMTESSE.

Oui, là... sur la table.

SCÈNE VIII.

Les mêmes ; HENRI.

HENRI.
M. de Kermadio est aux ordres de mademoiselle...

LA COMTESSE, à Léonie.
Je vais te mettre à cheval... (A de Grignon, qui va pour la suivre.) Lisez votre lettre, lisez, je remonte à l'instant. Viens, Léonie...

(Elles sortent suivies par Henri.)

SCÈNE IX.

DE GRIGNON, seul, la suivant des yeux.
Quel est le mauvais génie qui m'a mis au cœur une passion insensée pour cette femme? une femme qui a été héroïque en Vendée, une femme qui adore le courage! Aussi, pour lui plaire, il n'est pas d'action intrépide que je ne rêve... pas de péril auquel je ne m'expose... en imagination!... Dès que je pense à elle, rien ne m'effraie... je me crois un héros. . moi! un maître des requêtes, qui par état n'y suis pas obligé... et quand je dis un héros... c'est que je le suis... en théorie! Par malheur, il n'en est pas tout à fait de même dans la pratique... C'est inconcevable, c'est inouï! il y a là un mystère qui ne peut s'expliquer que par des raisons de naissance!... C'est dans le sang! Je tiens à la fois de ma mère, qui était le courage en personne, et de mon père, qui était la prudence même!... Les imbéciles me diront à cela : Eh bien! monsieur, restez toujours le fils de votre père; n'approchez pas du danger... (Avec colère.) Mais, est-ce que je le peux, monsieur? est-ce que ma mère me le permet, monsieur? Est-ce que, s'il pointe à l'horizon

quelque occasion d'héroïsme, le maudit démon maternel qui s'agite en moi ne précipite pas ma langue à des paroles compromettantes? Est-ce que ma moitié héroïque ne s'offre pas, ne s'engage pas?... comme tout à l'heure, à la vue de ce beau cheval fougueux et écumant que je brûlais d'enfourcher... parce qu'un autre était dessus... et si l'on m'avait dit : Montez-le... alors mon autre moitié, ma moitié paternelle, l'aurait emporté, et adieu ma réputation!... Ah! c'est affreux! c'est affreux! être à la fois brave et... nerveux!... Et penser que, pour comble de maux, me voilà amoureux fou d'une femme dont la vue m'anime... m'exalte!... Elle me fera faire quelque exploit, quelque sottise, j'en suis sûr... Jusqu'à présent je m'en suis assez bien tiré... je n'ai eu à dépenser que des paroles... Mais cela ne durera peut-être pas... et alors... repoussé, méprisé par elle... (Avec résolution.) Il n'y a qu'un moyen d'en sortir!... c'est de l'épouser!... Une fois marié, je suis père ; une fois père, j'ai le droit d'être prudent avec honneur!... Que dis-je?... le droit!... c'est un devoir... un père de famille se doit à sa femme et à ses enfants. Un bonapartiste insulte le roi devant moi... je ne peux pas le provoquer... je suis père de famille! Qu'il arrive une inondation, un incendie, une peste, je me sauve... je suis père de famille! Il faut donc se hâter d'être père de famille le plus tôt possible! (Se mettant à la table à gauche et écrivant.) Et pour cela risquons ma déclaration bien chaude, bien brûlante... comme je la sens... Plaçons-la ici... sous ce miroir... elle la verra... elle la lira... et espérons!

SCÈNE X.

DE GRIGNON, LA COMTESSE, soutenant **LÉONIE** et entrant avec elle par le fond.

LA COMTESSE, dans la coulisse.

Louis!... Joseph!...

DE GRIGNON.

Elle appelle...
(Il va au fond au moment où la comtesse entre, et l'aide à soutenir Léonie qu'ils placent tous les deux sur le canapé à droite.)

DE GRIGNON.

Qu'y a-t-il donc?

LA COMTESSE.

Un accident ; mais elle commence à reprendre ses sens.

DE GRIGNON.

Elle n'est pas blessée?...

LA COMTESSE.

Non, grâce au ciel ; mais je crains que la secousse, l'émotion... Sonnez donc, mon ami, je vous prie...

DE GRIGNON.

Que désirez-vous?

LA COMTESSE.

Qu'on aille à l'instant à Saint-Andéol chercher le médecin.

DE GRIGNON.

J'y vais moi-même et je le ramène.

LA COMTESSE.

J'accepte ; vous êtes bon !

DE GRIGNON, à part.

J'aime autant ne pas être là quand elle lira mon billet... (Haut.) Je pars et je reviens.

(Il sort.)

SCÈNE XI.

LA COMTESSE, LÉONIE, assise.

LÉONIE, revenant à elle.

Ma tante !... ma tante !... si vous saviez... je n'y puis croire encore... J'étais si en colère... c'est-à-dire si ingrate !... ce pauvre jeune homme à qui je dois la vie !

LA COMTESSE.

Qu'est-ce que cela signifie ?

LÉONIE.

C'est une aventure si étonnante... ou plutôt.. si heureuse ! Imaginez-vous, ma tante, que Charles... (Se reprenant.) non, M. Henri... non... je disais bien !... Charles... ce pauvre Charles...

LA COMTESSE, vivement.

Tu sais tout ?

LÉONIE, avec joie.

Eh ! oui, sans doute !

LA COMTESSE, avec effroi.

O ciel !

LÉONIE, vivement et se levant du canapé.

Je me tairai, ma tante, je me tairai, je vous le jure... Je vous aiderai à le protéger, à le défendre... j'y suis bien forcée maintenant... ne fût-ce que par reconnaissance...

LA COMTESSE, avec impatience.

Mais tout cela ne m'explique pas...

LÉONIE, avec joie.

C'est juste... il me semble que tout le monde doit savoir... et il n'y a que moi... c'est-à-dire nous deux... Voilà donc que nous galopions dans le parc avec mon oncle, quand tout à coup son cheval prend peur, la ponette en fait autant et m'emporte du côté du bois. Déjà ma jupe s'était accrochée à une branche ; j'allais être arrachée de ma selle, et traînée peut-être sur la route, quand Charles... M. Charles, se précipite à terre, se jette hardiment au-devant de la ponette, l'arrête d'une main, me retient de l'autre, et me dépose à moitié évanouie sur le gazon.

LA COMTESSE.

Brave garçon !

LÉONIE.

Et malgré cela j'étais d'une colère...

LA COMTESSE.

Tu lui en voulais de te sauver?

LÉONIE.

Non pas de me sauver, mais de me sauver avec si peu de respect! Imaginez-vous, ma tante, qu'il me prenait les mains pour me les réchauffer... qu'il me faisait respirer un flacon... je vous demande si un domestique doit avoir un flacon... et qu'il répétait sans cesse comme il aurait fait pour son égale : Pauvre enfant! pauvre enfant!... Je ne pouvais pas répondre, parce que j'étais évanouie... mais j'étais très-en colère, en dedans. Et lorsque en ouvrant les yeux, je le trouvai à mes genoux... presque aussi pâle que moi, et qu'il me tendit la main en me disant : Eh bien! chère demoiselle, comment vous trouvez-vous?... mon indignation fut telle que je répondis par un coup de cravache dont je frappai la main qu'il osait me tendre... puis je fondis en larmes... sans savoir pourquoi...

LA COMTESSE, avec un commencement d'inquiétude.

Eh bien, après?

LÉONIE.

Après?... Jugez de ma surprise, de ma joie, quand je le vis se relever en souriant... découvrir sa tête avec une grâce charmante, et me dire, après m'avoir saluée : Que votre légitime orgueil ne s'alarme pas de ma témérité, mademoiselle ; celui qui a osé tendre la main à mademoiselle de la Villegontier, ce n'est pas Charles, le valet de chambre, c'est M. Henri de Flavigneul, le proscrit.

LA COMTESSE.

Ah! le malheureux! il se perdra!

LÉONIE.

Se perdre, parce qu'il m'a confié son secret!

LA COMTESSE.

Qui me dit que tu sauras le garder ?

LÉONIE.

Vous croyez mon cœur capable de le trahir ?...

LA COMTESSE.

Le trahir !... Dieu me garde d'un tel soupçon !... mais c'est ta bonté même, ce sont tes craintes qui le trahiront !

LÉONIE, avec élan.

Ah ! ne redoutez rien... je serai forte... il s'agit de lui !

LA COMTESSE, vivement.

De lui ?

LÉONIE, avec abandon.

Pardonnez-moi !... Je ne puis vous cacher ce qui se passe dans mon âme... Mais pourquoi vous le cacher, à vous ? Eh bien, oui, une force, une joie ineffable remplissent mon cœur tout entier... J'étais si malheureuse depuis quinze jours ! je ne pouvais m'expliquer à moi-même ce que je ressentais... ou plutôt je ne l'osais pas : c'était de la honte, de la colère... je me sentais entraînée vers un abîme, et cependant j'y tombais avec joie.

LA COMTESSE, avec anxiété.

Que veux-tu dire ?...

LÉONIE.

Je comprends tout maintenant... Si j'étais aussi indignée contre lui... et contre moi, ma tante, c'est que je l'aimais !...

LA COMTESSE, avec explosion.

Vous l'aimez ?...

LÉONIE.

Qu'avez-vous donc ?...

LA COMTESSE, froidement.

Rien ! rien !... Vous l'aimez ?...

LÉONIE.

Vous semblez irritée contre moi, chère tante...

LA COMTESSE, de même.

Irritée!... moi... non!... je ne suis pas irritée... Pourquoi serais-je irritée?

LÉONIE.

Je l'ignore!... peut-être... est-ce de ma confiance trop tardive... Je vous aurais dit plus tôt mon secret si je l'avais su plus tôt!

LA COMTESSE.

Qui vous reproche votre manque de confiance?... Laissez-moi... j'ai besoin d'être seule!...

LÉONIE, avec douleur.

Oh! mais... vous m'en voulez!...

LA COMTESSE, avec impatience.

Mais non, vous dis-je!

LÉONIE.

Vous ne m'avez jamais parlé ainsi! vous ne me dites plus *toi*!...

LA COMTESSE, avec émotion.

Tu pleures?... Pardon, chère enfant, pardon! Si je t'ai affligée, c'est que moi-même... je souffrais... oh! cruellement!... je souffre encore... Laisse-moi seule un moment... je t'en prie!... (Elle regarde Léonie, puis l'embrasse vivement.) Va-t'en! va-t'en!...

LÉONIE, en s'en allant.

A la bonne heure, au moins.

(Elle sort.)

SCÈNE XII.

LA COMTESSE, seule.

Elle l'aime!... Pourquoi ne l'aimerait-elle pas?... N'est-elle pas jeune comme lui? riche et noble comme lui?... Pourquoi donc souffré-je tant de cette pensée? Pourquoi, pendant qu'elle me parlait... ressentais-je contre elle un sentiment de colère... d'aversion, de... Non, ce n'est pas possible ! depuis quinze jours ne veillais-je pas sur lui comme une amie... ne lui parlais-je pas comme une mère ?... ce matin, ne l'ai-je pas remercié de ce qu'il m'appelait ma sœur ?... Ah ! malgré moi le voile tombe !... ce langage maternel n'était qu'une ruse de mon cœur pour se tromper lui-même... je ne cherchais dans ces titres menteurs de sœur ou de mère qu'un prétexte, que le droit de ne lui rien cacher de ma tendresse... Ce n'est pas de l'intérêt... de l'amitié... du dévouement... c'est de l'amour !... J'aime !... (Avec effroi.) J'aime !... moi ! et ma rivale, c'est l'enfant de mon cœur, c'est un ange de grâce, de bonté... Ah ! tu n'as qu'une résolution à prendre ! renferme, renferme ta folle passion dans ton cœur comme une honte, cache-la, étouffe-la !... (Après un moment de silence.) Je ne peux pas ! Depuis que ce feu couvert a éclaté à mes propres yeux, depuis que je me suis avoué mon amour à moi-même... il croît à chaque pensée, à chaque parole !... je le sens qui m'envahit comme un flot qui monte !... (Avec résolution.) Eh bien ! pourquoi le combattre ? Léonie aime Henri, c'est vrai... mais lui, il ne l'aime pas encore... il aurait parlé s'il l'aimait... elle me l'aurait dit s'il avait parlé... (Avec joie.) Il est libre ! eh bien ! qu'il choisisse !... Elle est bien belle déjà... on dit que je le suis encore... Qu'il prononce !... (Avec douleur.) Pauvre enfant !... elle l'aime tant !... Ah Dieu ! je l'aime mille fois davantage ! Elle aime, elle, comme on aime à seize ans, quand on a l'avenir devant soi et que le cœur est assez riche pour guérir, se consoler, oublier et renaître !... mais à trente ans notre amour est notre vie tout entière... Allons, il faut lutter avec elle... luttons... non pas de ruse ou de perfidie féminine... non ! mais de dévouement, d'affection, de charme... On dit que j'ai de l'esprit, servons-nous-en... Léonie a ses seize ans, qu'elle se défende !... et si je triomphe aujourd'hui... ah ! je réponds de l'avenir... je rendrai Henri si heureux que son bonheur m'absoudra du mien !

(Après un moment de silence.) Mais triompherai-je? sais-je seulement s'il m'est permis de lutter?... qui me l'apprendra? Quand on a un grand nom, du crédit, de la fortune... ceux qui nous entourent nous disent-ils la vérité?... (Elle prend sur la table à gauche un miroir.) Ma main tremble en prenant ce miroir... ce n'est pas le trouble de la coquetterie... non, c'est mon cœur qui fait trembler ma main... je ne me trouverai jamais telle que je voudrais être... ne regardons pas!... (Après un moment d'hésitation, elle regarde, fait un sourire et dit ensuite :) Oui... mais il en a trompé tant d'autres! (Elle remet le miroir sur la table et aperçoit la lettre que de Grignon avait mise dessous.) Quelle est cette lettre?... A madame la comtesse d'Autreval... (Regardant la signature.) De M. de Grignon! Eh bien... lisons!...

(Au moment à elle ouvre la lettre, de Grignon paraît au fond.)

SCÈNE XIII.

LA COMTESSE, DE GRIGNON.

DE GRIGNON, au fond.

Elle tient ma lettre!

LA COMTESSE, lisant.

Qu'ai-je lu?

DE GRIGNON, au fond.

Elle ne me semble pas trop irritée!

LA COMTESSE, continuant de lire.

Oui... oui... c'est bien le langage d'un amour vrai... l'accent de la passion... le cri du cœur!

DE GRIGNON, à part.

Elle se parle à elle-même...

LA COMTESSE, tenant toujours la lettre.

Il m'aime!... on peut donc m'aimer encore!... il demande ma main!... on peut donc songer à m'épouser encore!

DE GRIGNON, s'avançant.

Ma foi... je me risque !

(Il fait un pas en se mettant à tousser.)

LA COMTESSE, se retournant et l'apercevant.

Est-ce vous qui avez écrit cette lettre?

DE GRIGNON.

Cette lettre... celle que tout à l'heure... (A part.) Ah! mon Dieu!

LA COMTESSE, vivement.

Répondez... est-ce vous?

DE GRIGNON.

Eh bien! oui, madame.

LA COMTESSE, de même.

Et ce qu'elle contient est bien l'expression de votre pensée?

DE GRIGNON.

Certainement.

LA COMTESSE.

Vous m'aimez?... vous me demandez ma main?

DE GRIGNON.

Et pourquoi pas?

LA COMTESSE.

Vous, à vingt-cinq ans?

DE GRIGNON.

Eh! qu'importe l'âge! tout ce que je sais, tout ce que je peux vous dire... c'est que vous êtes jeune et belle... ce que je sais, c'est que je vous aime.

LA COMTESSE, avec joie.

Vous m'aimez?

DE GRIGNON.

Et dussiez-vous ne pas me le pardonner... dussiez-vous m'en vouloir !...

LA COMTESSE, de même.

Vous en vouloir! mon ami, mon véritable ami... ainsi, c'est bien certain, vous m'aimez? vous me trouvez belle ?... Ah! jamais paroles ne m'ont été si douces... et si vous saviez... si je pouvais vous dire...

DE GRIGNON.

Ah! je n'en demande pas tant... l'émotion... le trouble où je vous vois suffiraient à me faire perdre la raison.

(On entend en dehors, à droite, le bruit d'un orchestre.)

LA COMTESSE.

Qu'est-ce que cela ?

DE GRIGNON.

Ah! mon Dieu! j'oubliais... une surprise... une fête... la vôtre.

LA COMTESSE.

Ma fête!... je n'y pensais plus.

DE GRIGNON.

Mais nous y pensions, nous et votre nièce... et là, dans le grand salon, vos amis, les habitants du village... tous vos gens...

LA COMTESSE.

Mes gens!...

DE GRIGNON.

Bal champêtre et concert.

LA COMTESSE.

Un bal!... un concert!... (A part.) Il sera là. (Haut.) Oh! merci, mon ami; venez, venez, nous danserons...

DE GRIGNON.

Oui, madame.

LA COMTESSE.

Nous chanterons...

DE GRIGNON.

Oui, madame.

LA COMTESSE.

Pour eux!... avec eux!...

DE GRIGNON.

Oui, madame.

LA COMTESSE, à part.

Il sera là!... il nous entendra... il nous jugera... (A de Grignon.) Venez, mon ami, je suis si heureuse!

DE GRIGNON.

Et moi donc!

LA COMTESSE.

Venez, venez!

(Ils sortent par la porte à droite.)

ACTE DEUXIÈME

Même décor.

SCÈNE PREMIÈRE.

DE GRIGNON, sortant de l'appartement à droite, puis MONTRICHARD, entrant par le fond avec un BRIGADIER.

DE GRIGNON.

C'est étonnant!... depuis l'aveu qu'elle m'a fait... elle ne me regarde plus!... Et pourtant... quand je me rappelle son trouble de ce matin, sa physionomie... tout me dit que je suis aimé... tout... excepté elle!... Ah! c'est qu'une lettre passionnée... des paroles brûlantes ne suffisent pas pour la connaissance de mon amour... il faudrait des preuves réelles... des actions... (Remontant le théâtre et voyant M. de Montrichard qui entre précédé d'un brigadier, auquel il parle bas.) Quel est cet étranger?

MONTRICHARD, au brigadier.

Que mes ordres soient exécutés de point en point!... Rien de plus, rien de moins!... vous entendez?

LE BRIGADIER, saluant et se retirant.

Oui, monsieur le préfet.

MONTRICHARD, s'avançant et saluant de Grignon.

Madame la comtesse d'Autreval, monsieur?

DE GRIGNON.

Elle est au salon, environnée de tous ses amis, dont elle

reçoit les bouquets... c'est sa fête... mais dès qu'elle saura que M. le préfet du département...

MONTRICHARD.

Vous me connaissez, monsieur?

DE GRIGNON.

Je viens d'entendre prononcer votre nom, (Faisant quelques pas vers le salon.) et je vais...

MONTRICHARD.

Ne vous dérangez pas, de grâce! rien ne me presse! Quand on est porteur de fâcheuses nouvelles...

DE GRIGNON.

Ah! mon Dieu!

MONTRICHARD.

La comtesse, que je connais depuis longtemps, a toujours été parfaite pour moi, et, dernièrement encore, le ministre ne m'a pas laissé ignorer qu'elle avait parlé en ma faveur.

DE GRIGNON.

Elle est fort bien en cour! et je conçois qu'il vous soit pénible...

MONTRICHARD.

Pour la première visite que je lui fais...

DE GRIGNON.

De lui apporter une mauvaise nouvelle.

MONTRICHARD, froidement.

Plusieurs, monsieur.

DE GRIGNON, effrayé.

Et lesquelles?

MONTRICHARD.

Lesquelles?... Mais d'abord une qui est assez grave, le feu vient de prendre à l'une des fermes de madame la comtesse.

DE GRIGNON.

Vous en êtes sûr?

MONTRICHARD.

Nous l'avons aperçu de la grande route où nous passions, et comme je ne pouvais détacher aucun des gens de mon escorte... pour des motifs sérieux...

DE GRIGNON.

Ah !

MONTRICHARD.

Oui, fort sérieux ! j'ai dirigé sur la ferme tous les paysans que j'ai rencontrés sur mon chemin, ordonnant qu'on m'envoyât au plus tôt des nouvelles de l'incendie.

(Il remonte le théâtre.)

DE GRIGNON, sur le devant du théâtre.

Un incendie !... quelle belle occasion d'héroïsme !... Si j'y allais !... Quel effet sur la comtesse, quand elle demandera : Où donc est M. de Grignon ? et qu'on lui répondra : Il est au feu... pour vous... pour vous, comtesse !... (A Montrichard.) Monsieur, cette ferme est-elle loin d'ici ?...

MONTRICHARD.

A une demi-lieue à peine, et si l'on pouvait y envoyer une pompe à incendie...

DE GRIGNON, avec chaleur.

Une pompe ?... j'y vais moi-même... Il y en a une à la ville voisine, et je cours...

MONTRICHARD.

Très-bien, monsieur, très-bien !... Mais attendez... on ne vous la confierait peut-être pas sans un ordre de moi, et si vous le permettez...

DE GRIGNON.

Si je le permets !... (Montrichard se met à la table de gauche et cherche autour de lui ce qu'il faut pour écrire; ne le trouvant pas, il tire un carnet de sa poche et trace quelques lignes au crayon. — De

Grignon, se promenant pendant ce temps avec agitation.) Est-il un plus beau rôle que celui de sauveur dans un incendie!... marcher sur des poutres enflammées!... disparaître au milieu des tourbillons de fumée et de feu... au moment le plus terrible... quand la toiture va s'écrouler... voir tout à coup à une fenêtre un vieillard, une femme qui tend vers vous les bras, en s'écriant : Sauvez-moi! sauvez-moi!... alors, s'élancer au milieu des cris de la foule : Vous allez vous perdre!... N'importe!... C'est une mort certaine!... N'importe!... (S'interrompant et s'adressant à Montrichard.) Le fermier a-t-il des enfants?

MONTRICHARD, écrivant toujours.

Trois... je crois...

DE GRIGNON, avec joie.

Trois enfants... quel bonheur!... (A Montrichard.) En bas âge?...

MONTRICHARD, écrivant toujours.

Oui...

DE GRIGNON, à part.

Tant mieux! c'est plus facile à sauver!... (Haut.) Puis, rendre trois enfants à leur mère!... Et comme la comtesse me recevra, quand je reviendrai escorté par tous les hommes de la ferme... porté sur un brancard de feuillage... les vêtements brûlés... le visage noirci... Ah! ma tête s'exalte... Donnez... donnez, monsieur!... J'y vais... j'y cours!

MONTRICHARD, lui remettant le billet.

A merveille!... (A part.) Quel enthousiasme dans ce jeune homme!... (A de Grignon, qui a fait un pas pour s'éloigner.) Veuillez en même temps vous informer de ce pauvre garçon de ferme que nous avons rencontré sur la route, et qu'on rapportait blessé du lieu de l'incendie.

DE GRIGNON, commençant à avoir peur.

Ah!... ah!... blessé!... légèrement, sans doute?...

MONTRICHARD.

Hélas!... non... la peau lui tombait du visage comme s'il avait été brûlé vif...

DE GRIGNON.

Ah!... la peau... lui... tombait...

MONTRICHARD.

Le plus dangereux... c'est une poutre qui lui a enfoncé trois côtes...

DE GRIGNON.

Enfoncé trois côtes!... voyez-vous cela!... en voulant porter secours?...

MONTRICHARD.

Oui, monsieur. Mais partez, partez!...

DE GRIGNON, immobile et restant sur place.

Oui... monsieur... le temps de faire seller un cheval... par mon domestique... qui en même temps pourrait bien y aller lui-même... car enfin... cela le regarde... dès qu'il s'agit de porter une lettre... il s'en acquittera mieux que moi... il ira plus vite...

LE BRIGADIER entre dans ce moment, et s'adressant à M. de
Montrichard.

Monsieur le préfet, un exprès arrive, annonçant que le feu est éteint!

MONTRICHARD.

Tant mieux!

DE GRIGNON, vivement.

Éteint!... Quelle fatalité!... au moment où j'y allais! (A Montrichard.) Car j'y allais, vous l'avez vu, je partais...

LE BRIGADIER, bas à Montrichard.

Le sous-lieutenant a placé à l'extérieur tous nos hommes, comme vous l'aviez indiqué... mais il a de nouveaux renseignements dont il voudrait faire part à monsieur le préfet.

MONTRICHARD, à part.

Très-bien... Je tiens à les connaître et à les vérifier avant de voir la comtesse... (Haut, à de Grignon.) Veuillez, monsieur, ne pas parler de mon arrivée à madame d'Autreval, car un devoir imprévu m'oblige à vous quitter ; mais je reviens à l'instant.

(Il sort.)

DE GRIGNON, se promenant avec agitation.

Malédiction !... Il n'y eut jamais une occasion pareille !... un incendie que j'aurais trouvé éteint ! de l'héroïsme et pas de danger ! Ah ! si jamais j'en rencontre une autre !... Voici la comtesse !... Toujours rêveuse, comme ce matin... Mais est-ce à moi qu'elle pense ?... (S'approchant d'elle.) Madame...

SCÈNE II.

DE GRIGNON, LA COMTESSE, sortant de l'appartement à droite.

LA COMTESSE, distraite.

Ah ! c'est vous, mon cher de Grignon !...

DE GRIGNON, à part.

Elle a dit mon cher de Grignon !...

LA COMTESSE, qui a l'air préoccupé et regarde dans la salle de bal.

Eh ! pourquoi donc n'êtes-vous pas dans la salle de bal ? Un bal champêtre au milieu du salon : le château et la ferme... grands seigneurs et femmes de chambre.

DE GRIGNON.

J'étais ici... m'occupant de vos intérêts... Une de vos fermes où le feu avait pris... mais il est éteint, par malheur pour moi...

LA COMTESSE, distraite.

Comment cela ?

DE GRIGNON, avec chaleur.

J'aurais été si heureux de m'exposer pour vous!... car, sachez-le bien, je vous aime plus que moi-même... plus que ma vie.

LA COMTESSE, riant, mais rêveuse.

C'est beaucoup !

DE GRIGNON.

Vous en doutez ?

LA COMTESSE.

Vous m'aimez bien, je le crois; mais plus que la vie... non!... Vous n'assistiez seulement pas à notre concert.

DE GRIGNON, avec enthousiasme.

J'y étais, madame!... j'ai entendu votre admirable duo avec votre nièce... Quel enthousiasme général!... vos gens eux-mêmes, qui écoutaient de l'antichambre... étaient ravis... transportés... un surtout... votre nouveau domestique...

LA COMTESSE, vivement.

Charles !...

DE GRIGNON.

Oui, Charles... il criait brava encore plus fort que moi...

LA COMTESSE, avec affectation.

Ah! ce cher de Grignon, que j'accusais... que je méconnaissais !...

DE GRIGNON, à part.

Je l'ai ramenée enfin au même point que ce matin.

LA COMTESSE.

Ainsi, vous et Charles, vous m'applaudissiez ?...

DE GRIGNON, apercevant Henri qui entre par le fond.

Mais certainement... Et tenez, il pourrait vous le dire lui-même, car le voici qui vient de ce côté...

LA COMTESSE à part.

Lui!... (Vivement, à de Grignon.) Mon ami... j'ai eu des torts envers vous... je veux les réparer... Allez m'attendre dans le salon, et nous ouvrirons le bal ensemble...

DE GRIGNON, avec ivresse.

J'y cours... madame... j'y cours! (s'éloignant par la droite.) Cela va bien! cela va bien!

SCÈNE III.

LA COMTESSE, puis HENRI.

HENRI.

C'est vous, enfin, comtesse; je vous cherchais de tous côtés...

LA COMTESSE, émue.

Et pourquoi donc, Henri?

HENRI, avec exaltation.

Pourquoi? pour vous dire tout ce que j'ai dans l'âme! le dire si je le puis... car comment exprimer ce que j'ai ressenti... puisque personne n'a jamais vu ce que je viens de voir... n'a jamais entendu ce que je viens d'entendre!...

LA COMTESSE, souriant, mais émue.

Quel enthousiasme! et qui donc a pu le causer?

HENRI.

Qui? vous et elle!...

LA COMTESSE.

Comment?

HENRI.

Elle et vous!... vous deux, que je ne veux plus séparer dans ma pensée; vous deux, qui venez de m'apparaître unies, confondues... comme deux sœurs!

LA COMTESSE, riant.

Ou comme deux roses sur la même tige... ou comme

deux étoiles dans la même constellation... Mais cependant, avouez-le, la rose cadette était la plus belle.

HENRI.

Comment vous le dire, puisque je ne le sais pas moi-même ? Aucune n'était la plus belle... car elles s'embellissaient l'une l'autre, car le front pur et angélique de la plus jeune faisait ressortir le front poétique et brillant de l'aînée !... Vous souriez... que serait-ce donc... si je vous racontais mes impressions pendant le duo que vous avez chanté ensemble...

LA COMTESSE, gaiement.

Racontez... racontez... je suis curieuse de voir comment vous sortirez de cet embarras...

HENRI, gaiement.

Je n'en sortirai pas... et mon bonheur est dans cet embarras même...

LA COMTESSE.

C'est fort original !

HENRI.

Grâce à ma bienheureuse livrée, j'étais mêlé à vos fermiers et à vos gens... Eh bien !... à peine vos premières notes entendues, car c'était vous qui commenciez, à peine votre belle voix touchante eut-elle attaqué ce cantabile admirable, que des larmes coulèrent de tous les yeux...

LA COMTESSE.

Prenez garde !... vous allez être infidèle à la seconde étoile !..

HENRI.

Vos railleries ne m'arrêteront pas... Ces intelligences incultes... ces oreilles grossières devenaient fines et délicates en vous écoutant... elles ne se rendaient compte de rien, et cependant elles comprenaient tout !...

LA COMTESSE.

Et Léonie ?...

HENRI.

Elle parut à son tour... et, je vous l'avoue, quand elle commença, une sorte de pitié me saisit pour elle... Pauvre enfant ! me dis-je... comme elle va paraître gauche et inexpérimentée !

LA COMTESSE, avec plus de vivacité.

Eh bien ?...

HENRI.

Eh bien, j'avais raison !... Son inexpérience se trahissait dans chaque note... mais je ne sais comment cette inexpérience avait un charme que je ne puis rendre !...

LA COMTESSE.

Ah !...

HENRI.

On ne pouvait s'empêcher de sourire en entendant cette voix enfantine après la vôtre... et cependant, ce contraste même lui prêtait quelque chose de naïf... de frais...

LA COMTESSE.

Prenez garde !... voici la première étoile qui pâlit à son tour.

HENRI, avec chaleur.

Non !... non !... car les voici toutes deux réunies ! car l'ensemble du duo commence, car votre voix émouvante et passionnée se mêle à son chant timide et pur... Oh ! alors... alors... il sortit de ce mélange je ne sais quelle impression qui tenait de l'enchantement. Ce n'étaient plus seulement vos deux voix qui se confondaient, c'étaient vos deux personnes... vous ne formiez plus qu'un seul être ! charmant... complet... représentant à la fois la jeune fille et la femme, tout semblable enfin à un rameau de cet arbre fortuné qui croît sous le ciel de Naples, et porte sur une même branche et des fleurs et des fruits !

LA COMTESSE, à part.

J'espère.

HENRI, poussant un cri.

Ah ! mon Dieu !

LA COMTESSE.

Qu'avez-vous ?

HENRI.

Une contredanse que j'ai promise.

LA COMTESSE.

A qui ?

HENRI.

A Catherine, votre fermière, vis-à-vis mademoiselle Léonie, votre nièce, contredanse que j'oubliais près de vous.

LA COMTESSE, avec joie.

Est-il possible !

HENRI.

Heureusement l'orchestre n'a pas encore donné le signal... et je cours...

LA COMTESSE.

Oui, mon ami... il ne faut pas faire attendre... madame Catherine la fermière... Allez !... allez !...

(Henri sort par la droite, après avoir baisé la main de la comtesse qui le suit des yeux.)

SCÈNE IV.

LA COMTESSE, LÉONIE, entrant doucement par la porte du fond, et s'approchant de la comtesse.

LÉONIE.

Ma tante !...

LA COMTESSE.

Toi ! Je te croyais invitée pour cette contredanse...

LÉONIE.

Oui.

LA COMTESSE.

Eh bien ! tu n'y vas pas ?

LÉONIE.

C'est qu'auparavant j'aurais un conseil à vous demander.

LA COMTESSE.

Comment ?...

LÉONIE.

Je vais vous dire... Pendant que je chantais... j'ai vu des larmes dans ses yeux... à lui ! et c'est déjà un bon commencement... Cela prouve que je ne lui déplais pas... n'est-ce pas, ma tante ?

LA COMTESSE.

Sans doute...

LÉONIE.

Mais c'est qu'il m'a priée de lui faire vis-à-vis, et j'ai une grande peur que ma danse ne vienne détruire le bon effet de mon chant... j'ai envie de ne pas danser.

LA COMTESSE.

Y penses-tu ?

LÉONIE.

J'ai tant de défauts en dansant... Hier encore, vous me le disiez vous-même... trop de raideur dans les bras... les épaules pas assez effacées...

LA COMTESSE, avec franchise.

Et malgré cela tu étais charmante.

LÉONIE, vivement.

Vraiment ?...

LA COMTESSE, s'oubliant.

Que trop !

LÉONIE.

Ah ! tant mieux ! (Avec contentement.) Je vais danser, ma tante, je vais danser. (Gaiement.) Et puis je tâcherai de me corriger... et la première fois que je danserai avec lui... ce qui ne tardera pas, je l'espère...

(S'arrêtant.)

LA COMTESSE.

Eh bien !... qui te retient ?...

LÉONIE.

Un autre conseil que j'aurais encore à vous demander... un conseil... pour lui plaire... (Elle regarde autour d'elle avec inquiétude.) Nous avons le temps encore...

LA COMTESSE, à part.

Moi, lui apprendre?... Eh bien, oui! si Henri me choisit après cela... c'est bien moi qu'il aimera.

LÉONIE, à demi-voix.

C'est pour ma coiffure... Si je plaçais, comme vous, quelque ornement dans mes cheveux... une fleur... ou plutôt... (Montrant un bracelet.) ce bracelet de perles.

LA COMTESSE, vivement.

Enfant! qui ne sais pas que la plus belle couronne de la jeunesse, c'est la jeunesse elle-même, et qu'en voulant parer un front de seize ans, on le dépare...

LÉONIE.

Eh bien... je ne mettrai rien... Merci, ma tante... adieu, ma tante!... (Elle fait un pas pour s'éloigner.) Ah! j'oubliais... S'il me parle en dansant... que lui dirai-je?... j'ai peur de rester court, et de lui paraître sotte par mon silence... Ah! ma tante, conseillez-moi; donnez-moi un sujet de conversation...

LA COMTESSE.

Moi!

LÉONIE.

Vous avez tant d'esprit, et votre esprit lui plaît tant!

LA COMTESSE, vivement.

Il te l'a dit?

LÉONIE.

Pendant plus d'un quart d'heure; ainsi il me semble que des paroles inspirées par vous garderaient quelque chose de votre grâce à ses yeux...

3.

LA COMTESSE, à part.

Quelle singulière pensée lui vient là?...

LÉONIE, vivement.

J'y suis!... oui... oui... voilà mon sujet!... je suis certaine de lui plaire!... je parlerai...

LA COMTESSE.

De quoi?...

LÉONIE.

De vous!... Sur ce chapitre-là, je réponds de mon éloquence!

LA COMTESSE, avec effusion.

Ah! bonne et tendre nature!... Je veux...

LÉONIE.

J'entends la voix de M. Henri...

LA COMTESSE.

Henri!... (A part.) Quand il est là, je ne vois plus que lui!

LÉONIE.

Il m'attend... il me semble qu'il m'appelle... Adieu, ma tante... adieu!...

(Elle sort par la droite.)

SCÈNE V.

LA COMTESSE, seule, regardant dans la salle du bal.

Elle le rejoint... la contredanse commence... il est vis-à-vis d'elle... comme il la regarde!... Il oublie que c'est à lui de danser... Ils traversent... il lui donne la main... Mais que vois-je?... elle pâlit... la consternation se peint sur son visage! que dis-je? sur tous les visages! Henri s'élance dans la cour, et Léonie revient éperdue...

SCÈNE VI.

LA COMTESSE, LÉONIE, rentrant.

LA COMTESSE.

Qu'as-tu? au nom du ciel, qu'as-tu?

LÉONIE, éperdue.

Des soldats... des dragons...

LA COMTESSE.

Des soldats !

LÉONIE.

Ils entourent le château, et des gendarmes viennent d'entrer dans la cour.

LA COMTESSE.

Ciel !

LÉONIE.

Ils viennent l'arrêter.

LA COMTESSE.

C'est impossible! venir l'arrêter chez moi, comtesse d'Autreval!... c'est impossible, te dis-je. Du calme! du calme!

LÉONIE.

Du calme!... vous pouvez en avoir, vous, ma tante... vous ne l'aimez pas!

LA COMTESSE.

Tu crois? (A part.) Oh! s'il est en péril, il verra bien laquelle de nous deux l'aime le plus!

(Apercevant Henri, qui entre par le fond, et courant à lui.)

SCÈNE VII.

Les mêmes; HENRI.

LA COMTESSE.

Eh bien?

HENRI, gaiement.

Eh bien!... ce sont effectivement des dragons qui me cherchent, de vrais dragons.

LA COMTESSE.

Qui vous l'a appris?

HENRI.

L'officier lui-même, que j'ai interrogé adroitement.

LÉONIE.

Comment avez-vous osé...

HENRI, gaiement.

Il me semble que cela m'intéresse assez pour que je m'en informe...

LA COMTESSE.

Mais, enfin, que vous a-t-il dit?

HENRI.

Qu'il venait pour arrêter M. Henri de Flavigneul... C'est assez clair, ce me semble.

LÉONIE.

Perdu!

HENRI.

Est-ce que le malheur peut m'atteindre entre vous deux?...

LA COMTESSE.

Il dit vrai; à nous deux de le sauver!

HENRI.

Permettez! à nous trois... car je demande aussi à en être.

Voyons... cherchons quelque bon déguisement, bien original...

LA COMTESSE.

Toujours du roman !...

HENRI.

En connaissez-vous un plus charmant ?... (A la comtesse.) Ne me grondez pas : je me mets sous vos ordres.

LA COMTESSE.

Sachons d'abord quels sont nos ennemis...

HENRI.

Oui, mon général...

LA COMTESSE.

Comment se nomme l'officier des dragons ?

HENRI.

Je l'ignore, mon général, mais il est accompagné du nouveau préfet, le terrible baron de Montrichard...

LÉONIE, éperdue.

Terrible !... oh ! je meurs d'épouvante !

LA COMTESSE, passant près d'elle.

Mais ne pleure donc pas ainsi, malheureuse enfant !

LÉONIE.

Je ne peux pas m'en défendre !

LA COMTESSE.

Eh ! crois-tu donc que la frayeur ne m'oppresse pas comme toi ? mais je pense à lui, et ma douleur même me donne du courage...

HENRI, regardant la comtesse qui remonte vers le fond.

Qu'elle est belle !

LÉONIE, essuyant ses yeux, mais pleurant toujours.

Oui, ma tante... oui !... je vais essayer.

HENRI, regardant Léonie.

Qu'elle est touchante !.. Ah ! mon danger, je te bénis !...

(A la comtesse.) Fâchez-vous... accusez-moi... je dirai toujours... O mon danger, je te bénis !... Sans lui, vous verrais-je toutes deux à mes côtés, me plaignant, me défendant... Ah! vienne la sentence elle-même... je ne la regretterai pas... puisque, grâce à elle, je puis vous inspirer... (A Léonie.) à vous, tant de terreur... (A la comtesse.) à vous, tant de courage !

LA COMTESSE.

Vous êtes insupportable avec vos madrigaux... pensons au baron... S'il ose venir ici, c'est qu'il sait tout... c'est qu'on nous a trahis...

HENRI, avec insouciance.

Eh! qui donc? est-ce que ma tête est mise à prix? est-ce que ma capture vaut une trahison?

LA COMTESSE.

Il y a des gens qui trahissent pour rien.

HENRI, souriant.

Il y a donc encore du désintéressement?...

LA COMTESSE.

Taisez-vous! on vient.

SCÈNE VIII.

Les mêmes; UN DOMESTIQUE.

LE DOMESTIQUE.

M. le baron de Montrichard, qui s'est présenté chez madame la comtesse, fait demander si elle veut bien lui faire l'honneur de le recevoir?

LÉONIE.

Ciel !

LA COMTESSE.

Certainement, avec plaisir. (Le domestique sort.) Le baron ! et rien de décidé encore !

LÉONIE, à Henri.

Fuyez, monsieur, fuyez.

LA COMTESSE.

Au contraire !... qu'il reste !

HENRI.

Vous avez une idée ?

LA COMTESSE.

Non, pas encore ! mais il faut que vous restiez ! que M. de Montrichard vous voie... vous voie comme domestique. On soupçonne plus difficilement ceux qu'on a vus d'abord sans les soupçonner...

HENRI.

Comme c'est vrai !

LÉONIE.

Que vous êtes heureuse, ma tante, d'avoir tant de présence d'esprit !... comment faites-vous donc ?...

LA COMTESSE, avec force.

Je meurs d'angoisse, ma fille ! Allons, éloigne-toi... il faut que je sois seule avec le baron...

HENRI.

Seule ?... oh ! non pas !... je veux savoir ce que vous lui direz...

LA COMTESSE.

Vous... bien entendu... (A Léonie.) Va !...

(Léonie sort.)

LE DOMESTIQUE, annonçant.

Monsieur le baron de Montrichard !

HENRI, à part.

C'est original !

SCÈNE IX.

LA COMTESSE, HENRI, se tenant au fond à l'écart, **MONTRICHARD**.

LA COMTESSE, allant vivement à Montrichard.

Ah!... monsieur le baron... que je suis heureuse de vous voir!...

MONTRICHARD.

Je venais d'abord, madame, vous adresser mes remercîments...

LA COMTESSE.

Pour votre préfecture? eh bien! je les mérite; vous aviez un adversaire redoutable... mais j'ai tant cabalé... tant intrigué (car vous m'avez fait faire des choses dont je rougis...) que j'ai fini par l'emporter...

MONTRICHARD.

Que de grâces à vous rendre, madame!... Et qui donc a pu me valoir un si honorable patronage?

LA COMTESSE.

Votre mérite, d'abord! Oh! je vous connais de plus longue date que vous ne le croyez... nous avons fait la guerre l'un contre l'autre, en Vendée...

MONTRICHARD.

Et vous m'avez protégé, quoique ennemi?

LA COMTESSE.

Mieux encore... à titre d'ennemi... Je vous conterai cela un de ces jours... car vous me restez... Charles... (Henri ne répond pas.) Charles... délivrez M. le baron de son chapeau... (Mouvement du baron.) Oh! je le veux!... (A Henri.) Charles... allez chercher des rafraîchissements pour M. le baron...

(Henri sort en riant.)

MONTRICHARD.

Vous me comblez...

LA COMTESSE.

Oui... je veux vous rendre la reconnaissance très-difficile!

MONTRICHARD.

Vraiment, madame!... Eh bien! jugez de ma joie, je crois que je viens de trouver le moyen de m'acquitter vis-à-vis de vous!

LA COMTESSE.

Vous commencez déjà... (Mouvement de surprise du baron.) en me donnant le plaisir de vous recevoir...

MONTRICHARD.

Je ferai mieux encore... je viens vous offrir à vous, madame, qui êtes si dévouée à la bonne cause, l'occasion de rendre un signalé service à Sa Majesté!

LA COMTESSE.

Donnez-moi la main, baron; voilà le mot d'un vrai royaliste! et ce service, c'est....

MONTRICHARD.

De faire arrêter le chef de la grande conspiration bonapartiste...

LA COMTESSE.

Bravo!... Ce chef est donc un homme important... connu...

MONTRICHARD.

Connu?... oui! du moins de vous, à ce que je crois, madame la comtesse.

LA COMTESSE, riant.

De moi!... je connais un conspirateur!... Ah! le nom de ce traître, qui m'a trompée?...

MONTRICHARD.

M. Henri de Flavigneul!...

LA COMTESSE, avec bonhomie.

M. de Flavigneul!... ce tout jeune homme, qui a l'air si doux... oh! je n'aurais jamais cru cela de lui!... je l'ai vu en effet quelquefois chez sa mère... mais c'en est fait! (Riant.) je dis comme le farouche Horace : il est bonapartiste, je ne le connais plus! Je crois que je fais le vers un peu long, mais Corneille me le pardonnera... Ah çà! mais où est-il, ce M. de Flavigneal?

MONTRICHARD.

Il se cache.

LA COMTESSE.

Il se cache!

MONTRICHARD.

Dans un château...

LA COMTESSE.

Voisin?

MONTRICHARD.

Très-voisin...

LA COMTESSE.

Où vous allez le surprendre...

MONTRICHARD.

Voilà le difficile!... et il me faudrait votre aide pour cela, madame...

LA COMTESSE.

Mon aide!...

MONTRICHARD.

Oui! imaginez-vous que ce château appartient à une femme du plus haut rang, du plus pur royalisme... une femme d'esprit, de cœur, et de plus, ma bienfaitrice...

LA COMTESSE, ironiquement.

Comme moi?...

MONTRICHARD.

Précisément... Vous concevez mon embarras... pour lui

dire d'abord, que je la soupçonne, puis, que je viens faire chez elle une invasion domiciliaire... et, ma foi, madame, je vous l'avouerai... j'ai compté sur vous pour la prévenir.

(Henri rentre avec des rafraîchissements qu'il prépare sur la table.)

LA COMTESSE, éclatant de rire.

Ah! la bonne folie!... ainsi vous croyez que moi!... je recèle un conspirateur...

MONTRICHARD.

Hélas!... je ne le crois pas; j'en suis sûr!

LA COMTESSE.

Et c'est pour cela que vous avez amené tout cet attirail de dragons? que vous avez déployé ce luxe de gendarmerie?

MONTRICHARD.

Mon Dieu; oui! et je ne m'éloignerai qu'après avoir arrêté l'ennemi du roi... il faut bien que je vous prouve ma reconnaissance, comtesse.

LA COMTESSE, changeant de ton.

Eh bien... moi, monsieur le baron, je vous prouverai comment une femme offensée se venge!

MONTRICHARD.

Vous venger...

LA COMTESSE.

D'un procédé inqualifiable... d'une sanglante injure pour une fervente royaliste comme moi... (Allant au canapé.) Veuillez vous asseoir, baron... asseyez-vous... et écoutez-moi!...

HENRI, se rapprochant pour écouter, et à part.

Qu'est-ce qu'elle va lui dire?

LA COMTESSE, à Henri.

Qu'est-ce que vous faites là?... vous écoutez, je crois?... achevez donc votre service! (A Montrichard.) Vous rappelez-vous, monsieur le baron, qu'il y a, hélas!... dix-huit ans, un jeune magistrat plein de talent et de zèle fut envoyé au château de Kermadio, pour y arrêter trois chefs vendéens?...

MONTRICHARD.

Si je me le rappelle, madame! Ce magistrat, c'était moi!

LA COMTESSE, avec moquerie.

Vous!... vous étiez alors procureur de la république, ce me semble...

MONTRICHARD.

Vous croyez?...

LA COMTESSE.

J'en suis sûre.

MONTRICHARD.

C'est possible.

LA COMTESSE.

Or donc, puisque c'était vous, monsieur le baron, vous souvenez-vous qu'une petite fille de treize ou quatorze ans?...

MONTRICHARD.

Fit évader les trois chefs vendéens à ma barbe, et avec une adresse...

LA COMTESSE.

Épargnez ma modestie, monsieur le baron ; cette petite fille, c'était moi!

MONTRICHARD.

Vous... madame?...

LA COMTESSE.

Douze ans après, en Normandie... où vous étiez, je crois, fonctionnaire sous l'Empire...

MONTRICHARD, avec embarras.

Madame!...

LA COMTESSE.

Eh! mon Dieu, qui n'a pas été fonctionnaire sous l'Empire... Vous rappelez-vous ces compagnons du général Moreau qui allèrent rejoindre une frégate anglaise?...

MONTRICHARD.

Sous prétexte d'un déjeuner, d'une promenade en rade !...

LA COMTESSE.

Où je vous avais invité... ne vous fâchez pas... vous voyez, comme je vous le disais, que nous avons déjà combattu l'un contre l'autre sur terre et sur mer... aujourd'hui, nous voici de nouveau en présence, vous, cherchant toujours, moi, cachant encore, du moins à ce que vous croyez... rien de changé à la situation, sinon que vous êtes aujourd'hui préfet de la royauté. Mais ce n'est là qu'un détail. Eh bien ! baron, suivez mon raisonnement... ou M. de Flavigneul est ici, ou il n'y est pas !

MONTRICHARD.

Il y est, madame !

LA COMTESSE.

A moins qu'il n'y soit pas.

MONTRICHARD.

Il y est.

LA COMTESSE.

Décidément ?... Eh bien ! vous savez comme je cache ?... cherchez !...

(Elle se lève.)

MONTRICHARD, il se lève.

Vous verrez comme je cherche... cachez !... Ah ! madame la comtesse, vous me prenez pour le novice de 98, ou pour l'écolier de 1804. Mais j'étais jeune alors, je ne le suis plus !

LA COMTESSE.

Hélas !... je le suis moins !

MONTRICHARD.

L'ardent et crédule jeune homme est devenu homme !

LA COMTESSE.

Et la jeune fille est devenue femme ! Ah ! monsieur le baron, vous venez m'attaquer... chez moi ! dans mon château ! Pauvre préfet ! quelle vie vous allez mener ! je ris d'avance de toutes les fausses alertes que je vais vous donner. Vous serez en plein sommeil !... debout ! le proscrit vient d'être aperçu dans une mansarde. Vous serez assis devant une bonne table, car vous êtes fort gourmet, je me le rappelle... à cheval ! M. de Flavigneul est dans la forêt !... Allons, parcourez le château, fouillez, interrogez... et surtout de la défiance ! défiez-vous de mes larmes ! défiez-vous de mon sourire !... quand je parais joyeuse, pensez que je suis inquiète... à moins que je ne prévoie cette prévoyance, et que je ne veuille la déconcerter par un double calcul... ah ! ah ! ah !

HENRI, à part.

Par le ciel, cette femme est ravissante !

LA COMTESSE, à Henri.

Servez des rafraîchissements à monsieur le baron... Prenez, prenez... des forces, baron... vous en aurez besoin... (Voyant qu'Henri rit encore et n'apporte rien.) Eh bien ! que faites-vous là avec vos bras pendants et votre mine bêtement réjouie... Servez donc !... Adieu, baron... ou plutôt au revoir !... (A Montrichard en s'en allant.) car si vous devez rester ici jusqu'à capture faite... vous voilà chez moi en semestre... (Lui faisant la révérence.) ce dont je me félicite de tout mon cœur... Adieu ! baron, adieu !

(Elle sort par la porte du fond.)

SCÈNE X.

HENRI, MONTRICHARD.

MONTRICHARD, se promenant pendant que Henri le suit en tenant un plateau de rafraîchissements.

Démon de femme ! voilà le doute qui commence à me prendre... on m'a trompé peut-être... M. de Flavigneul n'est pas ici.

HENRI, le suivant.

Monsieur le baron désire-t-il ?...

MONTRICHARD, se promenant toujours.

Tout à l'heure !... S'il y était... la comtesse aurait-elle ce ton insultant et railleur?

HENRI, lui offrant toujours à boire.

Monsieur le baron...

MONTRICHARD.

Tout à l'heure, vous dis-je !... (A lui-même.) Mais s'il n'y est pas... mon expédition va me couvrir de ridicule... sans compter que le crédit de la comtesse est considérable et qu'elle peut me perdre... Si je repartais?... oui, mais s'il est ici! si une heure après mon départ la comtesse fait passer la frontière à M. de Flavigneul, me voilà perdu de réputation... Ah! j'en ai la tête tout en feu!

HENRI.

Si monsieur le baron voulait des rafraîchissements?

MONTRICHARD.

Va-t'en au diable !

HENRI.

Oui, monsieur le baron.

MONTRICHARD.

Attends... Quelle idée !... oui ! (A Henri.) Venez ici et regardez-moi? (Il boit. Après l'avoir examiné.) Vous ne me semblez pas aussi niais que vous voulez le paraître...

HENRI.

Monsieur le baron est bien bon!

MONTRICHARD.

L'air vif, l'air fin...

HENRI, à part.

Où veut-il en venir?

MONTRICHARD, après un moment de silence.

Votre maîtresse vous a bien maltraité tout à l'heure...

HENRI.

Oui, monsieur le baron.

MONTRICHARD.

Est-ce qu'elle vous soumet souvent à ce régime-là?

HENRI.

Tous les jours, monsieur le baron.

MONTRICHARD.

Et combien vous donne-t-elle de surcroît de gages pour ce supplément de mauvaise humeur?

HENRI.

Rien du tout, monsieur le baron.

MONTRICHARD.

Ainsi, mal mené et mal payé! (Changeant de ton.) Mon garçon, veux-tu gagner vingt-cinq louis?

HENRI.

Moi, monsieur le baron, comment?

MONTRICHARD.

Le voici!... (Mystérieusement.) M. Henri de Flavigneul doit être caché dans ce château.

HENRI.

Ah!

MONTRICHARD.

Si tu peux me le découvrir et me le montrer... je te donne vingt-cinq louis.

HENRI, riant.

Rien que pour vous le montrer? monsieur le baron...

MONTRICHARD.

Pourquoi ris-tu?

HENRI.

C'est que c'est de l'argent gagné!

MONTRICHARD.

Est-ce que tu sais quelque chose?

HENRI.

Un peu, pas encore beaucoup, mais c'est égal !... ou je me trompe fort, ou je vous le montrerai...

MONTRICHARD.

Bravo !... tiens, voilà un louis d'avance !

HENRI.

Merci, monsieur le baron.

MONTRICHARD.

Et maintenant va-t'en, de peur qu'on ne nous soupçonne de connivence... la comtesse est si fine !...

HENRI.

Oui, monsieur le baron... (Revenant.) Monsieur le baron... si je tâchais de me faire attacher par madame à votre service, nous pourrions plus facilement nous parler...

MONTRICHARD.

Très-bien !... je vois que je ne me suis pas trompé en te choisissant.

HENRI.

Merci, monsieur le baron.

(Il sort.)

SCÈNE XI.

MONTRICHARD, seul.

Et d'un allié dans la place ! Ce n'est pas maladroit ce que j'ai fait là... cela vous apprendra à gronder vos gens devant moi, madame la comtesse !... Mais voyons; il n'est pas de citadelle, si forte qu'elle soit, qui n'ait un côté faible, et vous n'êtes pas ici, madame, la seule que l'on puisse attaquer... (Tirant un portefeuille.) Quels sont les habitants de ce château ?... (Lisant.) M. de Kermadio, frère de la comtesse, personnage muet ; M. de Grignon... ce doit être un parent de M. de Grignon, le président de la cour prévôtale, un homme de notre bord... il pourra m'être utile... (Continuant de lire.) Ah! arrêtons-nous là... mademoiselle Léonie de la Villegontier... nièce de la comtesse... et une nièce non mariée!... elle doit avoir seize ou dix-sept ans au plus... on se marie très-jeune dans notre classe... et... M. de Flavigneul... quel âge a-t-il? vingt-cinq ans, à ce que l'on dit; sa figure?... je n'ai pas encore son signalement, mais je l'attends; d'ailleurs il doit être beau, un proscrit est toujours beau! Donc, si M. de Flavigneul est ici, mademoiselle Léonie le sait... si elle le sait, elle doit lui porter de l'intérêt... peut être mieux, et mon arrivée doit la faire trembler... or, à seize ans, quand on tremble, on le montre... ce n'est pas comme la comtesse!... quelle femme! en vérité je crois qu'on en deviendrait amoureux, si l'on avait le temps... Une jeune fille s'avance vers ce salon; la figure romanesque, le front rêveur, les yeux baissés... ce doit être elle..... Oh! si je pouvais prendre ma revanche!... essayons!

SCÈNE XII.

MONTRICHARD, LÉONIE.

LÉONIE, l'apercevant.

Pardonnez-moi, monsieur le baron... je croyais ma tante dans ce salon, je venais...

MONTRICHARD.

Elle sort à l'instant, mademoiselle, mais je serais bien malheureux si son absence me faisait traiter par vous en ennemi!

LÉONIE.

Moi, vous traiter en ennemi! comment, monsieur?...

MONTRICHARD.

En vous éloignant... Mon Dieu! je conçois votre défiance...

LÉONIE.

Ma défiance?

MONTRICHARD.

Sans doute, vous croyez que je viens ici pour vous ravir quelqu'un qui vous est cher!

LÉONIE, à part.

Il veut me sonder, mais je vais être fine... (Haut.) Je ne sais pas ce que vous voulez dire, monsieur.

MONTRICHARD.

Ce que je veux dire est bien simple, mademoiselle. Il y a une heure, quand vous m'avez vu arriver ici... suivi d'hommes armés... vous avez dû me prendre pour votre adversaire. Je l'étais en effet, puisque je croyais M. de Flavigneul dans ce château, et que je venais pour l'arrêter... mais maintenant tout est changé!

LÉONIE.

Comment?

MONTRICHARD.

Je sais... j'ai la certitude que M. de Flavigneul n'est pas ici.

LÉONIE.

Ah!

MONTRICHARD.

Et je pars!

LÉONIE, vivement.

Tout de suite?

MONTRICHARD, souriant.

Tout de suite!... tout de suite!... Savez-vous, mademoiselle, que votre empressement pourrait me donner des soupçons...

LÉONIE, commençant à se troubler.

Comment, monsieur?

MONTRICHARD.

Certainement ! à vous voir si heureuse de mon départ... je pourrais croire que je me suis trompé... et que M. de Flavigneul est encore ici...

LÉONIE, avec agitation.

Moi, heureuse de votre départ ! au contraire, monsieur le baron; et certainement si nous pouvions vous retenir longtemps, très-longtemps...

MONTRICHARD, souriant.

Permettez, mademoiselle, voilà que vous tombez dans l'excès contraire ! Tout à l'heure, vous me renvoyiez un peu trop vite, maintenant vous voulez me garder un peu trop longtemps... ce qui, pour un homme soupçonneux, pourrait bien indiquer la même chose...

LÉONIE, avec trouble.

Je ne comprends pas... monsieur le baron.

MONTRICHARD, souriant.

Calmez-vous, mademoiselle, calmez-vous ! ce sont là de pures suppositions... car je suis certain que M. de Flavigneul n'est pas ou n'est plus dans ce château.

LÉONIE.

Et vous avez bien raison !

MONTRICHARD.

Aussi, par pure formalité, et pour acquit de conscience... (Souriant.) je ne veux pas avoir dérangé tout un escadron pour rien... (L'observant.) je vais faire fouiller les bois environnants par les dragons.

LÉONIE, tranquillement.

Faites, monsieur le baron.

MONTRICHARD, à part.

Il n'est pas dans les bois... (A Léonie.) Visiter les combles, les placards, les cheminées du château...

LÉONIE, de même.

C'est votre devoir, monsieur le baron.

MONTRICHARD, à part.

Il n'est pas caché dans le château!... (A Léonie.) Enfin, interroger, examiner, car il y a aussi les déguisements... (Léonie fait un mouvement. A part.) Elle tressaille!... (Haut.) Interroger donc, toujours par pur scrupule de conscience... les garçons de ferme... (A part.) Elle est calme! (A Léonie et l'observant.) Les hommes de peine, les domestiques... (A part.) Elle a tremblé. (Haut.) Et enfin... ces formalités remplies, je partirai avec regret, puisque je vous quitte, mesdames, mais heureux cependant de ne pas être forcé d'accomplir ici mon pénible devoir...

LÉONIE, avec agitation.

Comment, monsieur le baron, quel devoir?

MONTRICHARD.

Mais, vous ne l'ignorez pas, M. de Flavigneul est militaire, et je devrais l'envoyer devant un conseil de guerre.

LÉONIE, éperdue.

Un conseil de guerre!... mais c'est la mort!...

MONTRICHARD.

La mort... non; mais une peine rigoureuse!

LÉONIE.

C'est la mort, vous dis-je!... vous n'osez me l'avouer! mais j'en suis certaine!... La mort pour lui! oh! monsieur, monsieur, je tombe à vos genoux! grâce!... il a vingt-cinq ans! il a une mère qui mourra s'il meurt! il a des amis qui ne vivent que de sa vie! grâce!... il n'est pas coupable, il n'a pas conspiré... il me l'a dit lui-même... ne le condamnez pas, monsieur, ne le condamnez pas!...

MONTRICHARD, à Léonie.

Pauvre enfant! (A part.) Après tout, c'est mon devoir. (Haut.) Prenez garde, mademoiselle... vous me parlez comme s'il était en mon pouvoir!... Il est donc ici?...

4.

LÉONIE, au comble de l'angoisse.

Ici !... je n'ai pas dit...

MONTRICHARD.

Non, mais quand j'ai parlé d'interroger les domestiques du château, vous avez pâli...

LÉONIE.

Moi !...

MONTRICHARD.

Vous vous êtes écriée : Il me l'a dit lui-même !...

LÉONIE.

Moi !...

MONTRICHARD.

A l'instant, vous me disiez : Ne l'arrêtez pas !...

LÉONIE.

Moi !...

(Apercevant Henri qui entre, elle pousse un cri terrible et reste éperdue, la tête dans ses deux mains.)

HENRI, à ce cri et apercevant Montrichard, va à lui et vivement à voix basse.

Je suis sur la trace !

MONTRICHARD, bas.

Et moi aussi.

HENRI.

Il est dans le château.

MONTRICHARD.

Je viens de l'apprendre.

HENRI.

Sous un déguisement.

MONTRICHARD, bas.

Bravo ! (Voyant que Léonie a relevé la tête et le regarde.) Silence !... (S'approchant de Léonie.) Je vous vois si émue, si troublée, mademoiselle, que je craindrais que ma présence ne devint importune... Je me retire... (A Henri, en s'éloignant.) Veille toujours, et qu'il ne sorte pas d'ici.

HENRI, bas.

Il n'en sortira pas... tant que j'y serai!...

MONTRICHARD.

Bien!

(Montrichard sort.)

SCÈNE XIII.

LÉONIE, HENRI.

HENRI, se jetant sur une chaise en riant.

Ah! ah! ah! quelle scène!

LÉONIE.

Ah! ne riez pas, monsieur, ne riez pas!...

HENRI.

Ciel! quelle douleur sur vos traits! Qu'avez-vous donc?

LÉONIE.

Accablez-moi, monsieur Henri, maudissez-moi!...

HENRI.

Vous?...

LÉONIE.

Je suis une malheureuse sans foi et sans courage!

HENRI.

Au nom du ciel! que dites-vous?

LÉONIE.

Vous vous êtes confié à moi, vous m'avez révélé le secret d'où dépend votre vie... Eh bien, ce secret, je l'ai livré... je vous ai trahi!

HENRI.

Comment?

LÉONIE.

Devant votre juge, ici... à l'instant même!... Oh! lâche que je suis!... j'ai eu peur... (Se reprenant vivement.) peur pour vous, monsieur!...

HENRI, surpris.

Est-il possible?...

LÉONIE, sanglotant.

Moi!... vous perdre!... moi, qui donnerais ma vie pour vous sauver!...

HENRI.

Qu'entends-je?...

LÉONIE.

Mais je ne survivrai pas à votre arrêt, je vous le jure!... Aussi, je vous supplie de ne pas m'en vouloir et de me pardonner...

(Elle se jette à genoux.)

HENRI, voulant la relever.

Léonie! au nom du ciel!...

SCÈNE XIV.

Les mêmes ; LA COMTESSE entrant vivement.

LA COMTESSE.

Que vois-je?... et que fais-tu là?...

LÉONIE.

Je lui demande grâce et pardon, car c'est par moi que tout est découvert, par moi que tout est perdu!

LA COMTESSE, vivement.

Perdu!... perdu!... non pas; je suis là, moi.

LÉONIE, avec joie.

Oh! ma tante!... sauvez-le!...

HENRI.

Ne craignez rien, M. de Montrichard m'a pris pour complice!...

LA COMTESSE, vivement.

Ne vous y fiez pas!... Un mot, un geste, une seconde suffisent pour l'éclairer ; mais je suis là!...

SCÈNE XV.

Les mêmes; DE GRIGNON.

DE GRIGNON.

Qu'est-ce que cela signifie, le savez-vous, comtesse? qu'est-ce que tous ces bruits de conspiration, de conspirateurs déguisés?...

LA COMTESSE.

Un rêve de M. de Montrichard!

DE GRIGNON.

Un rêve? soit; mais en attendant on arrête tout le château, toute la livrée!

LÉONIE, avec frayeur.

O ciel!

LA COMTESSE, à de Grignon.

Vous en êtes sûr?...

DE GRIGNON.

Parfaitement! je viens de voir saisir votre cocher et un de vos valets de pied... Mais, tenez, voici un brigadier de gendarmerie... non, de dragons... qui vient sans doute ici avec des intentions... de gendarme...

SCÈNE XVI.

Les mêmes; LE BRIGADIER.

LE BRIGADIER, à Henri.

Ah! c'est vous que je cherche, monsieur.

HENRI.

Moi?

LE BRIGADIER.

Veuillez me suivre...

HENRI, au brigadier.

Il y a erreur, monsieur, je suis attaché au service particulier de M. le préfet.

LE BRIGADIER.

Il n'y a pas erreur; mes ordres sont précis, veuillez me suivre!...

LA COMTESSE, bas, à Henri.

N'avouez rien, je réponds de tout... (Haut.) Allez donc, Charles, allez, obéissez.

HENRI.

Oui, madame.

(Il va prendre son chapeau sur la cheminée.)

LA COMTESSE, bas, à de Grignon.

Ici, dans un quart d'heure, il faut que je vous parle, à vous seul.

DE GRIGNON.

A moi?

LA COMTESSE.

Silence!

(Elle se dirige à gauche, vers Léonie.)

DE GRIGNON, à part.

Un rendez-vous ? De mieux en mieux !

LÉONIE, à part.

Et c'est moi qui le perds !

HENRI, au brigadier.

Je vous suis.

LA COMTESSE, à part.

Perdu par elle ! sauvé par moi !

(Elle sort par la gauche, avec Léonie ; de Grignon, par la droite ; Henri et le brigadier sortent par le fond.)

ACTE TROISIÈME

Même décor.

SCÈNE PREMIÈRE.

LA COMTESSE, LÉONIE, entrant chacune d'un côté opposé.

LA COMTESSE, à Léonie.
Eh bien! quelles nouvelles?

LÉONIE.
J'ai exécuté toutes vos instructions sans trop les comprendre.

LA COMTESSE.
Cela n'est pas nécessaire... La livrée de Georges, mon valet de pied...

LÉONIE.
Je l'ai fait porter, comme vous me l'aviez dit, (Montrant l'appartement à gauche.) là, dans cet appartement; mais M. de Montrichard...

LA COMTESSE.
Il a appelé tour à tour devant lui tous les domestiques de la maison, les renvoyant après les avoir interrogés.

LÉONIE.
Et M. Henri?

LA COMTESSE.

Il l'a toujours gardé auprès de lui.

LÉONIE, effrayée.

C'est mauvais signe.

LA COMTESSE.

Peut-être !

LÉONIE.

Signe de soupçon...

LA COMTESSE.

Ou de confiance ! car Tony, notre petit groom, qui écoute toujours, a entendu, en plaçant sur la table des plumes et de l'encre qu'on lui avait demandées...

LÉONIE.

Il a entendu ?...

LA COMTESSE.

Henri disant à voix basse au préfet : « Ne vous découragez « pas ; je vous assure qu'il est ici, et qu'on veut le faire « évader sous le costume d'un des gens de la maison. »

LÉONIE.

Quelle audace !... Cela me fait trembler...

LA COMTESSE.

Et moi, cela me rassure !... On peut mettre cette idée à profit ; mais il faut se hâter... Henri est si imprudent !... il finira par se trahir !...

LÉONIE.

Et vous voulez le faire évader ?

LA COMTESSE.

Le faire évader ?... Enfant !... Où sont les troupes ennemies ?

LÉONIE.

Une douzaine de gendarmes dans la cour du château.

LA COMTESSE.

Bien.

LÉONIE.

Une trentaine de dragons en dehors, autour des fossés et devant la grande porte.

LA COMTESSE.

Très-bien.

LÉONIE.

Par exemple, ils ont oublié de garder la porte des écuries et remises qui donne sur la campagne.

LA COMTESSE, souriant.

Tu crois!... Je reconnais bien là M. de Montrichard...

LÉONIE.

Vous en doutez... ma tante? (La conduisant vers la porte à gauche qui est restée ouverte.) Par la croisée de cette chambre qui donne sur la grande route, regardez... pas un seul soldat!

LA COMTESSE.

Non! mais à vingt pas plus loin, ne vois-tu pas le bouquet de bois?... Il doit y avoir là une embuscade.

LÉONIE.

Comment supposer!... (Poussant un cri.) Ah! mon Dieu! j'ai vu au-dessus d'un buisson le chapeau galonné d'un gendarme...

LA COMTESSE.

Quand je te le disais...

LÉONIE.

Ah! je comprends!... on voulait l'engager à fuir de ce côté...

LA COMTESSE.

Pour mieux le saisir... précisément... Merci, monsieur le baron; le moyen est bon, et il pourra nous servir!

LÉONIE.

Comment?

LA COMTESSE.

Fie-toi à moi... J'entends M. de Grignon... va dire à Jean, le palefrenier, de mettre les chevaux à la calèche...

LÉONIE.

Mais, ma tante...

LA COMTESSE.

Va, ma fille, va!

(Léonie sort par la porte de gauche.)

SCÈNE II.

LA COMTESSE, DE GRIGNON, entrant mystérieusement sur la pointe des pieds.

DE GRIGNON.

Me voici, madame, fidèle au rendez-vous que vous m'avez donné!...

(Il va prendre une chaise.)

LA COMTESSE, avec amabilité.

Je vous attendais...

DE GRIGNON, avec joie.

Vous m'attendiez!...

LA COMTESSE.

Et tout en vous attendant, je rêvais...

DE GRIGNON.

A qui?

LA COMTESSE.

A vous!...

DE GRIGNON.

Est-il possible!...

LA COMTESSE.

Oui, à ce caractère chevaleresque, à ce besoin de danger qui vous tourmente...

DE GRIGNON.

J'en conviens!

LA COMTESSE.

Et comme rien n'est plus contagieux que l'imagination, et que, grâce au baron de Montrichard, j'ai l'esprit tout plein de conspirateurs et d'arrestations, j'étais là à faire des châteaux en Espagne... je me figurais un pauvre proscrit condamné à mort.

DE GRIGNON.

Et vous étiez le proscrit?

LA COMTESSE.

Non, au contraire, c'est à moi qu'il venait demander asile.

DE GRIGNON.

C'est bien aussi...

LA COMTESSE.

Il m'apprenait qu'il avait une mère, une sœur...

DE GRIGNON.

Comme c'est vrai!

LA COMTESSE.

Et soudain voilà des soldats qui entourent le château en m'ordonnant de leur livrer mon hôte...

DE GRIGNON, se levant.

Le livrer... jamais!

LA COMTESSE.

Comme nous nous entendons!... Ils me menaçaient presque de la mort!...

DE GRIGNON.

Qu'importe la mort! surtout si celle que l'on aime est là pour vous encourager, pour vous bénir... Ah! comtesse, quand je fais de tels rêves, avec vous pour témoin, mon cœur bat, ma tête s'exalte...

LA COMTESSE, souriant.

Peut-être parce que c'est un rêve!...

DE GRIGNON.

Quoi! vous doutez qu'en réalité... Mais que faut-il donc pour vous convaincre? Ce matin, j'ai failli, pour vous, me jeter au milieu des flammes... ce soir, je voudrais vous voir dans un péril mortel pour vous en arracher ou le partager avec vous...

LA COMTESSE.

Quelle chaleur!...

DE GRIGNON.

Ah! vous ne le connaissez pas ce cœur qui vous adore, vous ne savez pas de quel sacrifice, de quel dévouement l'amour le rendrait capable... Oui... je n'adresse au ciel qu'une prière, c'est qu'il m'envoie une occasion de mourir pour vous!

LA COMTESSE.

Eh bien! le ciel vous a entendu.

DE GRIGNON.

Comment?

LA COMTESSE.

Cette occasion que vous implorez, il vous l'envoie!

DE GRIGNON.

Hein?

LA COMTESSE.

Charles, mon valet de chambre, que vous avez vu arrêter, n'est pas Charles : c'est M. Henri de Flavigneul.

DE GRIGNON.

Quoi!...

LA COMTESSE.

M. Henri de Flavigneul, condamné à mort comme conspirateur.

DE GRIGNON.

Ciel!

LA COMTESSE.

Et vous pouvez le sauver!...

DE GRIGNON.

Comment?...

LA COMTESSE.

En vous mettant à sa place.

DE GRIGNON.

Pour être fusillé!...

LA COMTESSE.

Non!... cela n'ira pas jusque-là; mais, pendant quelques instants seulement, il faut consentir à passer pour lui, à vous faire arrêter pour lui...

DE GRIGNON.

Ah! permettez, madame, permettez... j'ai dit tout pour vous!... Mais pour un inconnu... pour un étranger...

LA COMTESSE.

Pour un proscrit!...

DE GRIGNON.

J'entends bien!

LA COMTESSE.

Dont je suis la complice... dont je dois défendre les jours au péril des miens, et vous hésitez?...

DE GRIGNON.

Du tout! du tout! Vous comprenez bien que si je tremble... car je tremble... c'est pour vous... rien que pour vous... car pour moi... cela m'est bien indifférent...

LA COMTESSE.

Je le savais bien... aussi je compte sur votre héroïsme... et moi! je tâcherai qu'il soit sans péril!

DE GRIGNON.

Sans péril!

LA COMTESSE.

Je crois pouvoir en répondre.

DE GRIGNON.

Sans péril !... (Avec enthousiasme.) Mais je veux qu'il y en ait... moi !... je veux le braver pour vous !... Parlez, que faut-il faire?

LA COMTESSE.

Prendre un habit de livrée qui est là.

DE GRIGNON, avec intrépidité.

Je le ferai !... Après?

LA COMTESSE.

Monter sur le siège de ma calèche au lieu de mon cocher.

DE GRIGNON.

J'y monterai !... Après?

LA COMTESSE.

Prendre les guides et me conduire...

DE GRIGNON.

Je vous conduirai !... Après?

LA COMTESSE.

Jusqu'à deux cents pas d'ici... où des gendarmes se jetteront sur nous...

DE GRIGNON, avec un commencement d'effroi.

Des gendarmes !

LA COMTESSE.

Et vous arrêteront.

DE GRIGNON, avec peur.

Moi, de Grignon !...

LA COMTESSE.

Non pas, vous, de Grignon... mais vous, Henri de Flavigneul... et quoi qu'on vous dise, quoi qu'on vous fasse...

DE GRIGNON.

Quoi qu'on me fasse...

LA COMTESSE.

Vous avouerez; vous soutiendrez que vous êtes Henri de Flavigneul... On vous emprisonnera...

DE GRIGNON.

Moi... de Grignon...

LA COMTESSE.

Vous, de Flavigneul... et pendant ce temps le véritable Flavigneul passera la frontière... et sauvé par vous, par votre héroïsme...

DE GRIGNON.

Et moi, pendant ce temps-là?

LA COMTESSE.

Vous! en prison... je vous l'ai dit.

DE GRIGNON.

En prison! (A part.) Des fers... des cachots... (Haut.) Permettez...

LA COMTESSE.

Je vous expliquerai... On vient... vite, vite, la livrée est là.

DE GRIGNON.

Oui, madame... je vais...

LA COMTESSE.

Eh bien,' où allez-vous?

DE GRIGNON.

Je vais prendre la livrée...

LA COMTESSE.

Ce n'est pas de ce côté!...

DE GRIGNON.

C'est juste... c'est le salon!...

LA COMTESSE.

C'est par ici!

DE GRIGNON.

C'est vrai!... Je n'y vois plus!...

LA COMTESSE.

Attendez...

DE GRIGNON.

Quoi donc!

LA COMTESSE.

Prenez cette lettre.

DE GRIGNON.

Pourquoi?

LA COMTESSE.

Pour la mettre dans votre habit.

DE GRIGNON.

L'habit de livrée?

LA COMTESSE.

Précisément.

DE GRIGNON.

Dans quel but?...

LA COMTESSE.

Vous le saurez!... allez toujours:...

DE GRIGNON.

Oui, madame!

LA COMTESSE.

Et au premier coup de sonnette...

DE GRIGNON.

Oui, madame!

LA COMTESSE.

Soyez prêt à paraître.

DE GRIGNON.

En livrée?

LA COMTESSE.

Sans doute!... On vient... allez donc... allez vite!...

DE GRIGNON, sortant par la gauche.

Oui... madame ! Ah ! mon père ! ma mère ! où m'avez-vous poussé !...

SCÈNE III.

LA COMTESSE, LÉONIE.

LÉONIE.

Ma tante, ma tante... M. de Montrichard monte pour vous parler !

LA COMTESSE.

Déjà ?... Pourvu qu'Henri ne se soit pas trahi encore...

LÉONIE.

Voici le baron.

LA COMTESSE, lui montrant la table.

Là, comme moi, à ton ouvrage.

SCÈNE IV.

MONTRICHARD, LA COMTESSE et LÉONIE, assises à droite et travaillant.

MONTRICHARD, parlant en dehors à un dragon.

Continuez vos recherches; mais suivez surtout le domestique qui était avec moi...

LÉONIE, bas à la comtesse.

Entendez-vous ? il soupçonne M. Henri...

LA COMTESSE, avec trouble.

C'est vrai ! (Se remettant.) Allons, du sang-froid !

LE BARON, s'approchant de la comtesse et de Léonie et les saluant.

Mesdames...

LA COMTESSE.

Ah! c'est vous, baron ? vous venez vous reposer auprès de nous de vos fatigues ; vous devez en avoir besoin... Léonie... un fauteuil à M. le baron...

MONTRICHARD, prenant lui-même le siège.

Ne prenez pas cette peine, mademoiselle.

LA COMTESSE, gaiement.

Eh bien, où en êtes-vous de vos recherches? Avez-vous fait déjà enfoncer bien des armoires dans le château ? Avez-vous bien fouillé... interrogé ?... Mais à propos d'interrogatoire, comment appelez-vous cet examen de conscience que vous avez fait subir à ma nièce?...

MONTRICHARD.

Mademoiselle ne m'a appris que ce que je savais déjà, que M. de Flavigneul est caché ici sous un déguisement.

LA COMTESSE.

Voyez-vous cela... un déguisement de femme peut-être... C'est peut-être ma nièce ou moi?

MONTRICHARD.

Riez, riez... madame la comtesse, mais vous ne me donnerez pas le change...

LA COMTESSE.

Je m'en garderais bien !... Savez-vous que vous avez fait là une belle trouvaille? Ah çà! comment allez-vous faire maintenant pour découvrir le coupable parmi les vingt-cinq ou trente personnes du château...

MONTRICHARD.

Le cercle se resserre, madame la comtesse ; et si mes soupçons ne me trompent pas, d'ici à peu de temps...

LÉONIE, bas à la comtesse.

Il sait tout, ma tante !...

(La comtesse lui prend la main pour la faire taire.)

MONTRICHARD, continuant.

Dès que j'aurai un signalement que j'attends...

LÉONIE, à voix basse.

Ciel!

MONTRICHARD.

Je pourrai, j'espère, ne plus vous importuner de ma présence.

LA COMTESSE.

Ne vous gênez pas, baron; et si vos soupçons se trompent... ce qui leur arrive quelquefois... veuillez vous installer ici sans façon, sans cérémonie, comme chez vous...

MONTRICHARD.

Moi!...

LA COMTESSE.

Certainement : et pour vous laisser toute liberté dans vos recherches, je vous demanderai la permission d'aller passer quelques jours à la ville, où des affaires m'appellent.

LÉONIE, étonnée.

Vous, ma tante!...

LA COMTESSE, à Léonie.

Tais-toi donc!...

MONTRICHARD, à part.

Ah! elle veut s'éloigner... (Haut.) Vous partez?

LA COMTESSE.

Oui, vraiment; et à moins que je ne sois prisonnière dans mon propre château... et que M. le préfet ne me permette pas d'en sortir...

(Ils se lèvent.)

MONTRICHARD.

Quelle pensée, madame!... C'est à moi d'obéir, à vous de commander!

LA COMTESSE.

Vous êtes trop bon. J'avais d'avance usé de la permission en demandant mes chevaux... Sont-ils attelés ?

LÉONIE.

Oui, ma tante.

LA COMTESSE, sonnant.

Eh bien!... pourquoi ne vient-on pas m'avertir?...

(Elle sonne toujours.)

SCÈNE V.

LES MÊMES; DE GRIGNON, en grande livrée, sortant de la porte à gauche.

DE GRIGNON.

La voiture de madame la comtesse est avancée.

LA COMTESSE.

C'est bien... Appelez ma femme de chambre, et partons !

MONTRICHARD.

Permettez... permettez, madame... (A de Grignon.) Restez... Approchez... approchez... (A la comtesse.) J'ai interrogé tout à l'heure votre valet de pied...

LA COMTESSE.

En vérité !

MONTRICHARD.

Et il me semble que ce n'était pas celui-là.

LA COMTESSE.

J'en ai deux, monsieur le baron.

MONTRICHARD.

Deux ! Ah !... Mais monsieur est-il bien sûr d'avoir toujours porté la livrée ?

LÉONIE, vivement, à Montrichard.

Oh! certainement.

DE GRIGNON, bas, à la comtesse.

Il m'a déjà vu ce matin en bourgeois.

LA COMTESSE, de même.

Tant mieux !

MONTRICHARD.

Ce doit être un domestique nouveau... très-nouveau...

LA COMTESSE, avec embarras.

Qui peut vous le faire croire ?

MONTRICHARD.

Un vague souvenir que j'ai, de l'avoir aperçu sous un autre costume.

LA COMTESSE.

En effet, il me sert quelquefois comme valet de chambre.

MONTRICHARD.

Ah!... expliquez-moi donc alors certains signes que je crois remarquer et qui m'étonnent... son trouble...

LÉONIE.

Du tout !...

DE GRIGNON, à part.

Dieu! que j'ai peur d'avoir peur !

MONTRICHARD.

Une certaine noblesse de traits... n'est-il pas vrai, mademoiselle ?

DE GRIGNON, à part.

Je me trahis moi-même... Je dois avoir l'air si noble en domestique.

LA COMTESSE.

Je vous assure, monsieur le baron...

LÉONIE.

Oh! oui, nous vous assurons...

MONTRICHARD.

Alors, c'est différent; et puisque vous m'assurez toutes deux que ce garçon est votre valet de pied... je ne l'interrogerai pas... non... je l'arrête...

(Il remonte au fond.)

DE GRIGNON, bas.

Ah! comtesse...

LA COMTESSE, bas.

Tout va bien! nous sommes sauvés. La lettre... tirez la lettre de votre poche...

DE GRIGNON, bas.

Comment?

LA COMTESSE, bas.

Et rendez-la-moi.

MONTRICHARD, à la comtesse.

Eh bien!... (Redescendant.) que dites-vous de mon idée?

LA COMTESSE, avec un embarras feint.

Je dis, je dis, monsieur le baron, que c'est pousser assez loin la raillerie... et que vous ne me priverez pas d'un serviteur qui m'est utile...

MONTRICHARD.

C'est que j'ai dans la pensée qu'il peut m'être fort utile aussi...

LA COMTESSE, se rapprochant de de Grignon.

Vous ne le ferez pas!

MONTRICHARD.

Pourquoi donc?

LA COMTESSE, avec un embarras croissant et se rapprochant toujours de de Grignon.

Parce que... parce que... (Bas, à de Grignon.) La lettre... (Haut.) Parce que... cet homme est chez moi... est à moi... que j'en réponds... (Bas, à de Grignon.) La lettre, ou vous êtes perdu!

(De Grignon tire la lettre de son habit et va pour la lui remettre.)

MONTRICHARD, qui a tout suivi des yeux, s'approchant vivement.

Ce papier! je vous ordonne de me remettre ce papier, monsieur...

LA COMTESSE, avec l'accent le plus troublé, à de Grignon.

Je vous le défends!

MONTRICHARD, vivement.

Toute résistance serait inutile... monsieur... ce papier...

DE GRIGNON.

Le voici, monsieur.

LA COMTESSE, se cachant la tête dans les deux mains.

Le malheureux, il est perdu!

DE GRIGNON, à part.

J'aimerais mieux être ailleurs!

MONTRICHARD, lisant l'adresse, puis le commencement de la lettre.

« A Monsieur Henri de Flavigneul! Mon cher fils... » (Il s'arrête, cesse de lire, remet la lettre à de Grignon. Avec solennité.) « Monsieur Henri de Flavigneul, au nom du roi et de la loi, « je vous arrête. »

(Il remonte au fond et fait signe à un dragon d'avancer.)

LÉONIE, qui a tout suivi, poussant un cri de joie.

Ah!... quel bonheur!

LA COMTESSE, bas, à Léonie.

Pleure donc!...

MONTRICHARD, au dragon.

Emparez-vous de monsieur.

LA COMTESSE.

Monsieur le baron, je vous en supplie...

MONTRICHARD.

Je ne connais que mon devoir, madame. (Au dragon.) Conduisez monsieur dans la pièce voisine... constatez son identité, sa déclaration suffira, et après... vous connaissez mes instructions...

(Le dragon fait un signe affirmatif.)

DE GRIGNON.

Que voulez-vous dire?

MONTRICHARD, à de Grignon.

Adieu, brave et malheureux jeune homme, croyez que vous emportez mon estime... et mes regrets...

DE GRIGNON.

Permettez... monsieur... permettez!...

MONTRICHARD, au dragon.

Emmenez-le...

DE GRIGNON.

Où donc?

(La comtesse lui serre la main, et il sort sans rien dire.)

MONTRICHARD, à la comtesse, qui a son mouchoir sur les yeux.

Pardonnez, madame, à mon importunité, mais mon premier devoir est d'avertir M. le maréchal d'un événement de cette importance. Où trouverai-je ce qui est nécessaire pour écrire?

LA COMTESSE.

Dans cette chambre. (Montrant la porte à gauche.) Ma nièce va vous le donner, monsieur.

LÉONIE, voyant Henri entrer par cette porte.

Ciel! M. Henri!

MONTRICHARD, remonte le théâtre de quelques pas et se trouve à côté de lui. A voix basse.

Tu m'avais dit vrai, il était ici... déguisé; mais, malgré son déguisement, je l'ai découvert. (Lui prenant la main.) Je le tiens!

HENRI, résolûment.

Eh bien! monsieur?

MONTRICHARD.

Silence! voilà tes vingt-cinq louis!

(Il lui glisse dans la main une bourse et sort en passant devant Léonie, qui ne veut passer qu'après lui.)

HENRI, stupéfait, avec la bourse dans la main.

Qu'est-ce que cela signifie?

LÉONIE, vivement.

Que je suis au comble du bonheur, car vous êtes sauvé!

HENRI.

Sauvé!...

LÉONIE.

Grâce à ma tante... adieu!

(Elle s'élance dans l'appartement, sur les pas de Montrichard.)

SCÈNE VI.

HENRI, LA COMTESSE.

HENRI, jetant la bourse sur la table.

Sauvé!... sauvé par vous!

LA COMTESSE.

Pas encore!... J'ai détourné les soupçons du baron... il croit tenir le coupable... mais tant que vous serez dans le château, tant que vous n'aurez pas traversé la frontière... je craindrai toujours...

HENRI.

Et moi, je ne crains plus rien... grâce à celle dont l'esprit, dont l'adresse...

LA COMTESSE.

De l'esprit, de l'adresse! il n'y a là que du cœur, cher Henri : c'est parce que je souffrais... c'est parce que tout mon sang était glacé dans mes veines, que j'ai trouvé la force de veiller sur vous! Vous croyez donc, ingrat (car vous êtes un ingrat!...) De l'esprit! de l'adresse! grand Dieu!... Vous croyez donc que la pitié, que l'affection pour un malheureux, consistent à perdre la tête au moment de son danger, à le trahir par son émotion même, comme font les enfants... Non, Henri, la vraie tendresse, la tendresse profonde, c'est de rire en face de ce péril, c'est de railler avec la mort dans le cœur; seulement, quand le danger s'éloigne, le courage s'épuise, la force vous abandonne... (Fondant en larmes.) Oh! si vous aviez été arrêté, j'en serais morte!

HENRI.

Chaque jour, chaque instant me révélera donc en vous une qualité nouvelle... Je cherche en vain dans mon cœur quelques paroles qui vous disent tout ce que j'éprouve... Vous qui pouvez tout... vous qui savez tout... ange, fée, enchanteresse, enseignez-moi donc le moyen de vous payer de tout ce que je vous dois!

LA COMTESSE.

Vous ne me devez rien.

HENRI.

De tout ce que je vous ai fait souffrir!

LA COMTESSE, avec un grand trouble.

Avant de répondre, Henri... je dois vous faire une demande... ces paroles si tendres, que vient de prononcer votre bouche... sortent-elles bien du fond de votre cœur

HENRI.

Ah! vous m'outragez! Quelle preuve?...

LA COMTESSE.

Eh bien! c'est...

HENRI.

Parlez... c'est...

LA COMTESSE.

Eh bien! mon ami... c'est de m'aimer... car je vous aime!... Silence... on vient.

SCÈNE VII.

LES MÊMES ; MONTRICHARD, une lettre à la main, sortant de la chambre à gauche, LÉONIE.

MONTRICHARD.
Merci, mademoiselle. Voici, grâce à vous, mon courrier terminé.

LA COMTESSE, à part.
Oh ! si je pouvais le faire sortir maintenant !

MONTRICHARD, s'approchant de la comtesse.
Pardonnez-moi ma victoire, madame...

LA COMTESSE.
Ni votre victoire, monsieur le baron, ni votre manière de vaincre !... Ah ! est-ce là le prix que je devais attendre du service que je vous ai rendu ?

MONTRICHARD.
Le devoir passe avant la reconnaissance, madame.

LA COMTESSE.
Votre devoir vous commandait-il d'employer la ruse, la trahison ?

HENRI.
Madame !...

LA COMTESSE.
Je le répète... la trahison !... Vous aurez soudoyé quelque conscience, acheté quelqu'un de mes gens... osez-le nier !... Mais j'y pense !... oui... (Regardant Henri.) Vos regards d'intelligence avec ce garçon... les entretiens mystérieux que vous aviez ensemble !... c'est lui ! (Se tournant vers Henri.) Ah ! misérable serviteur... c'est donc vous qui m'avez trahie ?...

HENRI.
Moi, madame ?...

LA COMTESSE.

Oui, vous !... je le vois à votre trouble... à l'embarras du baron... Je vous renvoie, je vous chasse, sortez ! (D'un air sévère et étouffant un sourire.) Sortez !

MONTRICHARD.

Mais...

LA COMTESSE.

Il ne restera pas une minute de plus à mon service.

MONTRICHARD.

Et moi, je le prends au mien !

LA COMTESSE.

Vous ne le ferez pas, monsieur !

MONTRICHARD.

Si vraiment, madame la comtesse... (A Henri.) Allons, mon garçon, à cheval, et au galop jusqu'à Saint-Andéol !

LÉONIE.

Ciel !

MONTRICHARD, lui remettant une lettre.

Cette lettre est pour M. le maréchal commandant la division.

HENRI.

Mais, monsieur le préfet, je n'ai pas de cheval.

MONTRICHARD.

Prends le mien.

HENRI.

Mais, monsieur le préfet, les soldats ne me laisseront pas passer.

MONTRICHARD.

Je vais en donner l'ordre.

HENRI, bas, à la comtesse, pendant que de Montrichard remonte vers la porte pour donner aux dragons l'ordre de laisser sortir Henri.

Je vous dois ma vie, disposez-en !

MONTRICHARD, redescendant, à Henri.

Allons, allons, pars.

HENRI.

Dans une heure, monsieur le préfet, je serai à mon poste.
(Il sort. Montrichard remonte le théâtre avec Henri, en lui faisant ses dernières recommandations.)

SCÈNE VIII.

LES MÊMES, excepté HENRI.

MONTRICHARD, aux dragons du fond.

Et vous autres, amenez le prisonnier.

LA COMTESSE, à part.

C'est trop tôt. (Haut.) Monsieur le baron, de grâce...

MONTRICHARD.

Je ne suis, vous le savez, ni cruel, ni ami des condamnations; si l'on m'eût écouté, on eût accordé l'amnistie que je demandais.

LA COMTESSE.

Je le sais; eh bien?

MONTRICHARD.

Eh bien! ce jeune homme m'intéresse!... il est votre ami, et je veux tenter de le sauver.

LÉONIE.

De le sauver?

LA COMTESSE.

Comment cela?...

MONTRICHARD.

Cela dépendra de lui... je vais lui parler.

LA COMTESSE, avec embarras.

Si vous attendiez... une heure... une demi-heure...

pour le laisser se remettre d'un premier moment de trouble?

MONTRICHARD.

Soyez tranquille... dans un instant nous serons d'accord, je l'espère, et avant dix minutes... je saurai sans doute de lui... tout ce que j'ai besoin de savoir...

LÉONIE, à part.

Dix minutes, c'est à peine s'il sera parti!

MONTRICHARD, voyant entrer de Grignon avec le dragon.

Il va venir; veuillez, mesdames, vous éloigner.

LA COMTESSE.

Un moment encore.

MONTRICHARD, sévèrement.

C'est mon devoir, comtesse...

LA COMTESSE, s'éloignant avec Léonie

Oh! mon Dieu, que faire?

LÉONIE.

Que craignez-vous donc, ma tante?

LA COMTESSE.

Si M. de Grignon faiblit...

LÉONIE.

N'a-t-il pas du courage?

LA COMTESSE.

Un courage qui n'a pas de patience et qui ne dure pas longtemps.

(Elles sortent par la porte à droite. Le dragon s'éloigne après avoir remis un papier à Montrichard; la comtesse et Léonie sortent en faisant des gestes à de Grignon.)

SCÈNE IX.

MONTRICHARD, DE GRIGNON.

MONTRICHARD.

Pauvre jeune homme!... heureusement son salut dépend encore de lui.

DE GRIGNON, à part.

Je ne suis point à mon aise.

MONTRICHARD, à de Grignon.

Approchez, monsieur.

DE GRIGNON.

Vous désirez me parler, monsieur le baron?

MONTRICHARD, de même.

Oui, monsieur, encore une fois avant le moment fatal.

DE GRIGNON, à part.

Quel moment?

MONTRICHARD, lui montrant le papier que lui a remis le dragon.

Vous avez reconnu que vous étiez M. Henri de Flavigneul?

DE GRIGNON, avec un soupir.

Oui!

MONTRICHARD.

Ex-officier au service de l'empereur?

DE GRIGNON.

Oui!

MONTRICHARD.

Et c'est bien vous qui avez signé cette déclaration?

DE GRIGNON, que la peur reprend.

Oui!

MONTRICHARD.

Il suffit : je n'ai pas besoin de vous dire, monsieur, que vous pouvez compter sur les égards, les prérogatives dus à un brave.

DE GRIGNON.

Des prérogatives?...

MONTRICHARD.

Oui... Si vous ne voulez pas qu'on vous bande les yeux, si même vous voulez commander le feu... soyez sûr...

DE GRIGNON.

Commander le feu!... qu'est-ce que cela veut dire?

MONTRICHARD.

Que malheureusement mes ordres sont formels. Vous avez été déjà jugé et condamné, l'arrêt est prononcé ! il ne me reste plus qu'à l'exécuter ! (Gravement.) Une heure après leur arrestation, tous les chefs doivent être fusillés, sans délai et sans bruit.

DE GRIGNON, hors de lui.

Sans bruit !... oh ! non pas !... j'en ferai du bruit... moi ! .. on ne fusille pas ainsi les gens... sans bruit est charmant !

MONTRICHARD.

Écoutez-moi, monsieur...

DE GRIGNON.

Sans bruit !...

MONTRICHARD.

Je dois ajouter, et c'est là l'objet de notre entrevue... qu'il est un moyen de salut.

DE GRIGNON.

Lequel ?

MONTRICHARD.

Mais peut-être ne voudrez-vous pas l'adopter.

DE GRIGNON, vivement.

Et pourquoi donc ?... et pourquoi pas, monsieur ?... (A part.) Sans bruit !...

MONTRICHARD.

Il a été décidé qu'on accorderait leur grâce à tous ceux qui feraient des déclarations... et si vous en avez quelqu'une à me confier...

DE GRIGNON, vivement.

Moi !... certainement... et une très-importante...

MONTRICHARD, avec joie.

Est-il possible !

DE GRIGNON.

Je vous en réponds, une qui est décisive et catégorique

MONTRICHARD.

C'est...

DE GRIGNON.

C'est... que je ne suis pas... (S'arrêtant.) Ciel!... la comtesse!...

SCÈNE X.

Les mêmes; LA COMTESSE.

LA COMTESSE, entrant vivement par la droite et s'adressant à Montrichard.

Eh bien, monsieur... je suis d'une inquiétude...

MONTRICHARD.

Rassurez-vous!... J'en étais sûr... M. de Flavigneul, qui peut se sauver d'un mot... est prêt à nous révéler...

LA COMTESSE, avec effroi, se tournant vers de Grignon.

Quoi?... qu'est-ce donc?... qu'avez-vous à révéler?...

DE GRIGNON, vivement.

Moi!... rien!... absolument rien! (A part.) Quand elle est là, je n'ose plus avoir peur.

MONTRICHARD.

Mais vous vouliez tout à l'heure me déclarer...

DE GRIGNON, fièrement.

Que je n'avais rien à vous dire.

LA COMTESSE, lui serrant la main et à part.

Bravo!...

MONTRICHARD, à la comtesse.

Mais dites-lui donc, madame, dites-lui vous-même, qu'il se perd de gaieté de cœur...

LA COMTESSE, bas, à Montrichard.

Vous avez raison... laissez-moi quelques instants avec lui... et je le déciderai... moi!...

DE GRIGNON, à part et la regardant.

Quand je la regarde, il me semble que l'âme de ma mère rentre en moi!...

LA COMTESSE, à Montrichard, regardant toujours de Grignon.

Oui... oui... j'ai de l'ascendant sur son esprit, il ne me résistera pas !

MONTRICHARD.

Soit... mais hâtez-vous! je ne puis vous donner que jusqu'à l'arrivée du président de la cour prévôtale... que nous attendons.

LA COMTESSE.

Et pourquoi ?

MONTRICHARD, à demi-voix.

Dispensez-moi de vous le dire !

LA COMTESSE.

Pourquoi ?

MONTRICHARD, à voix basse.

Sa présence est nécessaire pour constater que le jugement a été bien et dûment...

LA COMTESSE, lui serrant la main.

Silence !

MONTRICHARD.

Vous comprenez ?...

LA COMTESSE.

Très-bien !

MONTRICHARD, à de Grignon.

Je vous laisse avec madame ; elle aura sur vous, je l'espère, plus de pouvoir que moi. Écoutez la voix d'une amie.

(Montrichard sort par le fond, et l'on voit des dragons en sentinelle auxquels il donne des ordres.)

SCÈNE XI.

LA COMTESSE, DE GRIGNON.

LA COMTESSE, à part, regardant de Grignon avec intérêt.

Pauvre garçon!... cela m'a effrayée, comme si réellement...

DE GRIGNON.

Jamais ses yeux ne se sont portés sur moi avec autant d'amitié, et si ce n'étaient ces dragons qui sont là au fond...
(La comtesse s'approche de de Grignon, et l'entretien s'engage à voix basse.)

LA COMTESSE.

Ah! merci, mon ami, merci!

DE GRIGNON.

Vous êtes donc contente de moi?

LA COMTESSE.

Oui, et je ne vous demande plus que quelques instants de courage et de fermeté.

DE GRIGNON.

De la fermeté?... j'en ai, vous êtes là!... mais, ma foi, vous avez bien fait d'arriver.

LA COMTESSE.

Vous vous impatientiez un peu?

DE GRIGNON.

M'impatienter!... je mourais de... (Avec abandon.) Écoutez, il faut que mon cœur s'ouvre devant vous... le mensonge me pèse... je ne suis pas ce que j'ai voulu paraître à vos yeux.

LA COMTESSE.

Comment?

DE GRIGNON.

Je ne suis pas un héros... au contraire; quand je dis au

contraire... ce n'est pas tout à fait juste, car il y a une moitié de moi, une moitié courageuse qui... je vous expliquerai cela plus tard... tant y a-t-il que quand M. de Montrichard m'a parlé d'être fusillé sans bruit... dans une heure... la peur m'a pris...

LA COMTESSE.

On aurait peur à moins.

DE GRIGNON.

Et j'ouvrais la bouche pour m'écrier : Je ne suis pas M. de Flavigneul. Mais vous êtes entrée et soudain, à votre vue, j'ai eu honte de mes terreurs, j'ai senti que je pouvais faire de grandes choses, pourvu que vous fussiez là ! Ainsi, rassurez-vous, je ne trahirai pas M. de Flavigneul; tout ce que je vous demande, c'est de ne pas m'abandonner... soyez là quand le préfet reviendra... soyez là quand on me signifiera ma sentence, soyez là quand... Je suis capable de tout... même de recevoir pour un autre dix balles au travers du corps, pourvu qu'en les recevant je vous entende dire : Je suis là !

LA COMTESSE, lui prenant la main.

Brave garçon, car vous êtes brave, je vous connais mieux que vous-même; c'est votre imagination qui s'effraie... ce n'est pas votre cœur.

DE GRIGNON.

Bien, bien, parlez-moi ainsi !...

LA COMTESSE.

Il ne vous manque qu'un bon danger qui vous saisisse à l'improviste.

DE GRIGNON.

Eh bien ! il me semble que j'ai ce qu'il me faut.

6.

SCÈNE XII.

Les mêmes; MONTRICHARD.

MONTRICHARD.

Je ne puis attendre plus longtemps... madame!... M. le président de la cour prévôtale...

LA COMTESSE.

Vient d'arriver!...

MONTRICHARD.

Oui, madame!... il faut que M. de Flavigneul se décide à parler... ou qu'il me suive!

DE GRIGNON, hardiment.

Eh bien! je vous suis

MONTRICHARD.

Que dites-vous?

DE GRIGNON, avec exaltation.

Mon parti est pris! le conseil de guerre, la cour prévôtale, le peloton... le feu de file...

LA COMTESSE, effrayée.

Y pensez-vous?

DE GRIGNON, de même.

Dix balles en pleine poitrine!... ça m'est égal!... une fois que j'y suis, ça m'est égal!... (A la comtesse.) Je suis le fils de ma mère... (A Montrichard.) Partons, monsieur!

MONTRICHARD.

Vous le voulez?... partons!

LA COMTESSE.

Un instant... un instant!

DE GRIGNON.

Non, non, partons.

LA COMTESSE.

Calmez-vous... j'aurais d'abord une ou deux questions importantes à adresser à M. le baron.

MONTRICHARD.

Des questions importantes?

LA COMTESSE.

Oui, monsieur le baron. A quelle heure avez-vous arrêté votre prisonnier?...

MONTRICHARD.

Il y a une heure à peu près... mais je ne vois pas...

LA COMTESSE.

Dites-moi, baron, vous avez dû beaucoup voyager dans votre département?...

MONTRICHARD.

Sans doute, madame; mais, encore une fois...

LA COMTESSE.

Alors, combien faut-il de temps pour aller d'ici à Mauléon sur un bon cheval?

MONTRICHARD.

Trois petits quarts d'heure!... Mais quel rapport?...

LA COMTESSE.

Et de Mauléon à la frontière? toujours sur un bon cheval?

MONTRICHARD.

Dix minutes, mais...

LA COMTESSE.

Trois quarts d'heure et dix minutes... total cinquante-cinq minutes.

MONTRICHARD.

Oh! c'est trop fort, partons!

LA COMTESSE.

Mais attendez donc!... Quel homme!... J'ai encore une dernière question à vous faire. M. le président de la cour prévôtale, que vous attendiez, ne vous a-t-il pas été envoyé de Paris, et n'est-ce pas, si je ne me trompe, un ancien sénateur?

MONTRICHARD.

M. le comte de Grignon.

DE GRIGNON, poussant un cri de joie.

Mon oncle!... mon bon oncle!

MONTRICHARD, stupéfait.

Votre oncle!

LA COMTESSE, froidement et lui faisant la révérence.

Ici finissent mes questions, monsieur! je ne vous retiens plus; vous pouvez conduire au président... son neveu...

MONTRICHARD, interdit et regardant de Grignon avec effroi.

M. Henri de Flavigneul!

LA COMTESSE, riant.

Fi donc!... un drame! une tragédie!... nous avons mieux que cela à vous offrir! une scène de famille... (Montrant de Grignon.) M. Gustave de Grignon, maître des requêtes... que son oncle n'avait pas vu depuis longtemps; et c'est à vous, monsieur, qu'il devra ce plaisir!

MONTRICHARD, tout troublé.

Quoi?... monsieur serait... ou plutôt ne serait pas... c'est impossible!... vous voulez encore me tromper, madame!

LA COMTESSE, riant.

Vous pouvez vous en rapporter au président lui-même e à la voix du sang, qui ne trompe jamais!...

MONTRICHARD.

Et votre trouble ce matin quand j'ai fait arrêter monsieur?

LA COMTESSE.

Mon trouble? ruse de guerre!

MONTRICHARD.

Cette lettre que j'ai prise sur lui?

LA COMTESSE.

C'est moi qui venais de la lui remettre.

MONTRICHARD.

Vos larmes de douleur?

LA COMTESSE, riant.

Est-ce que j'ai pleuré? Ah! pauvre baron, il ne faut pas m'en vouloir... je vous avais promis de me moquer de vous... et je ne trompe jamais... vous le savez?

DE GRIGNON.

C'est du génie !

MONTRICHARD.

Mais alors quel est donc le coupable? car il était ici, j'en suis certain.

LA COMTESSE.

Ah! voilà! qui est-ce? cherchez!

MONTRICHARD.

Dieu! quel trait de lumière! si c'était l'autre?

LA COMTESSE.

Qui? l'autre? celui à qui vous avez donné un sauf-conduit; celui que vous avez essayé de séduire; celui pour lequel vous avez imploré ma clémence, ah! je le voudrais bien!

MONTRICHARD.

C'est lui! ah! je ne suis pas encore vaincu... et je cours..

LA COMTESSE.

Sur ses traces?... inutile!... vous ne le rattraperez jamais!

MONTRICHARD.

Vous croyez?

LA COMTESSE.

Il a un trop bon cheval!

MONTRICHARD, avec colère.

Ah!

DE GRIGNON, riant.

Ah! ah! ah!

LA COMTESSE.

Le cheval du préfet lui-même! car vraiment vous avez pensé à tout, généreux ami, même à l'équiper!... et à le solder... témoins ces vingt-cinq louis que je suis chargée de vous rendre... (Allant les prendre sur la table.) Car lui donner des honoraires pour vous tromper... c'est trop fort!

MONTRICHARD.

Ah! vous êtes un monstre infernal! Tant de duplicité, tant de sang-froid! Et moi qui ai écrit au maréchal : Je tiens le chef! Ah! je me vengerai!

SCÈNE XIII.

Les mêmes ; LÉONIE, entrant, très-agitée.

LÉONIE, à Montrichard.

Monsieur le baron, voici une dépêche très-pressée qui arrive de Lyon.
(Montrichard prend la dépêche, et Léonie s'approche vivement de la comtesse.)

MONTRICHARD.

Du maréchal!

LÉONIE, bas.

Ah! ma tante, quel malheur!

LA COMTESSE.

Quoi donc?

LÉONIE.

Il est revenu!

LA COMTESSE, bas.

Qui?

LÉONIE, de même.

M. Henri !

LA COMTESSE, bas.

Comment ?

LÉONIE, bas, et montrant un cabinet à droite.

Il est là !...

LA COMTESSE, bas.

Ciel !

MONTRICHARD fait un geste de joie, puis après avoir lu la dépêche.

Ah ! madame la comtesse !... à moi la revanche !

LA COMTESSE.

Que voulez-vous dire ?

MONTRICHARD.

Vous triomphiez, tout à l'heure !... mais à la guerre la fortune est changeante, et malgré votre esprit et vos ruses, le sort de M. de Flavigneul est encore entre mes mains ; oui, grâce à ces dépêches que m'envoie M. le maréchal, je puis forcer le fugitif, en quelque lieu qu'il soit, à se remettre lui-même en mon pouvoir.

LA COMTESSE, avec trouble.

Vous... comment ?...

MONTRICHARD.

C'est mon secret ! A chacun son tour, madame la comtesse... Je veux seulement, avant mon départ, vous montrer que je sais me venger... (A de Grignon.) Monsieur de Grignon, je vais prévenir votre oncle pour qu'il vienne lui-même vous rendre à la liberté. Au revoir, madame la comtesse !

(Il sort.)

SCÈNE XIV.

DE GRIGNON, LA COMTESSE, LÉONIE, puis HENRI.

LA COMTESSE.

Que m'as-tu dit ? Henri !...

LÉONIE.

Il est là...

HENRI, paraissant par la porte à droite.

Me voici.

DE GRIGNON, qui est au fond.

Lui !

LA COMTESSE.

Malheureux ! que venez-vous faire ici ?

HENRI, vivement.

Mon devoir !... Avez-vous pu croire que je laisserais un innocent périr à ma place ?

LA COMTESSE.

Périr ?

HENRI.

Le vieux garde qui accompagnait ma fuite m'a tout appris... M. de Grignon s'est offert pour moi... M. de Grignon a été arrêté pour moi !...

LA COMTESSE.

Et M. de Grignon est libre ! Malheureux enfant ! Tenez... qu'il vous le dise lui-même !...

HENRI, apercevant de Grignon et se jetant dans ses bras.

Ah ! monsieur, un tel dévouement...

DE GRIGNON.

Entre gens de cœur, ce n'est qu'un devoir ! (A part.) C'est étonnant... je le pense !

LÉONIE.

Et être revenu chercher le péril quand tout était dissipé... conjuré...

LA COMTESSE, avec énergie.

Tout l'est encore !...

LÉONIE.

Comment ?

LA COMTESSE, à Henri.

Le dernier lieu où l'on vous cherchera maintenant, c'est ici. M. de Montrichard va partir. (A de Grignon.) Vous, en sentinelle pour guetter son départ.

DE GRIGNON.

J'y cours.

LA COMTESSE, à Henri.

Vous... dans ce cabinet.

HENRI.

Mais...

LA COMTESSE.

Oh! je le veux !... et dans quelques instants plus de danger.

(Henri sort.)

SCÈNE XV.

LA COMTESSE, LÉONIE.

LA COMTESSE.

Oui, oui, tu peux partager maintenant ma sécurité et ma joie. (Voyant qu'elle se détourne pour essuyer ses yeux.) Eh! mon Dieu, d'où viennent tes larmes ?

LÉONIE.

Je ne pleure pas, ma tante, je ne pleure plus... (Sanglotant.) Je suis heureuse... il est sauvé !... mais en même temps, je suis au désespoir... car tout à l'heure, quand il est revenu si imprudemment... quand je l'ai caché dans ce cabinet, où je tremblais pour lui... (Pleurant toujours.) il m'a dit...

LA COMTESSE, vivement.

Quoi donc?

LÉONIE, de même.

Est-ce que je sais? est-ce que je puis me rappeler? Tout ce que j'ai compris... c'est que tout était fini pour moi!

LA COMTESSE, à part et avec tristesse.

J'entends!

LÉONIE.

Que nous ne pouvions jamais être l'un à l'autre!

LA COMTESSE, de même et à part.

C'est juste!... il fallait bien le lui dire! (Prenant la main de Léonie.) Pauvre enfant! et tu lui en veux... tu le détestes?

LÉONIE.

Oh! non!... mais j'en mourrai!

LA COMTESSE, cherchant à la consoler.

Léonie... Léonie... il faut de la raison!... car si, par exemple... il était lié à une autre personne...

LÉONIE, vivement.

Justement!... c'est ce qu'il m'a dit! lié à jamais!

LA COMTESSE, vivement.

Et il t'a nommé cette personne?

LÉONIE.

Non!... il ne l'a jamais voulu!... mais vous, ma tante, est-ce que vous la connaissez?

LA COMTESSE.

Je crois que oui!

LÉONIE.

En vérité?... savez-vous si elle l'aime... beaucoup?...

LA COMTESSE, avec force.

Oui!...

LÉONIE, à la comtesse.

Elle est aimable... elle est jolie?...

LA COMTESSE.

Moins que toi, sans doute...

LÉONIE.

Eh bien, alors?...

LA COMTESSE.

Que veux-tu, mon enfant, on ne raisonne pas avec son cœur... et, quelle qu'elle soit, s'il la préfère... si elle est aimée...

LÉONIE.

Mais pas du tout! c'est moi qu'il aime...

LA COMTESSE.

O ciel!...

LÉONIE.

C'est moi! il me l'a avoué... mais il est lié à elle par le respect, par l'amitié, que sais-je? par la reconnaissance...

LA COMTESSE, vivement.

La reconnaissance... ah!

LÉONIE.

Lié surtout par une promesse qu'il lui a faite... et qu'il tiendra même au prix de son sang! Voilà qui est absurde! dites-le-lui, ma tante, vous seule pouvez le décider!...

HENRI, qui depuis quelques instants écoutait et a cherché en vain à se contenir, s'élance de la porte à droite.

Taisez-vous! taisez-vous!

LA COMTESSE.

Ciel!

LÉONIE, à Henri.

Rentrez, rentrez de grâce! Si M. de Montrichard arrivait...

HENRI.

Que m'importe !... j'aime mieux mourir !

LA COMTESSE.

Mourir, plutôt que de manquer à votre promesse ?... c'est bien, Henri !

LÉONIE.

Mais, ma tante...

LA COMTESSE.

Laisse-moi lui parler. (Bas à Henri.) Je vous dois ma vie, disposez-en, m'avez-vous dit.

(Léonie s'éloigne de quelques pas.)

HENRI.

Qu'exigez-vous ?

LA COMTESSE.

La seule chose que j'aie désirée, rêvée, poursuivie... votre bonheur !

HENRI.

Ciel !

LA COMTESSE, fait signe à Léonie de s'approcher ; elle lui prend la main, et la met dans celle de Henri.

Henri... voici celle qu'il faut choisir.

HENRI.

Ah ! mon amie... mon amie !

LÉONIE.

Ah ! j'étais bien sûre que je vous le devrais !

(Elle se jette à ses genoux.)

DE GRIGNON, rentrant vivement par la porte à gauche.

Eh bien ! qu'est-ce que vous faites donc là ? voici M. de Montrichard !

TOUS.

M. de Montrichard !

LÉONIE, à Henri.

Oh! rentrez! rentrez!

DE GRIGNON.

Il monte par cet escalier... le voici!

LÉONIE, à part

Il n'est plus temps!

(Henri, qui est près du canapé à droite, s'y asseoit vivement; les deux femmes se tiennent debout devant lui, cherchant à le cacher.)

SCÈNE XVI.

LA COMTESSE, LÉONIE, DE GRIGNON, HENRI MONTRICHARD.

MONTRICHARD, entrant par la porte à gauche.

Je viens vous faire mes adieux, madame la comtesse..

LÉONIE, avec joie.

Ah!

MONTRICHARD.

Mais, avant de partir, je tiens à vous prouver que je ne me vantais pas en disant que cette dépêche pouvait ramener en mon pouvoir M. de Flavigneul.

LÉONIE, à part.

Je tremble!

LA COMTESSE, à part.

Que veut-il dire?

MONTRICHARD.

Cette dépêche est l'ordonnance que je sollicitais depuis si longtemps, l'ordonnance d'amnistie...

TOUS, poussant un cri de joie.

L'amnistie!

LA COMTESSE et LÉONIE, s'écartant du canapé où est assis Henri.

Il peut donc se montrer...

HENRI, se levant.

Ah ! monsieur !

MONTRICHARD, avec un air de triomphe.

Ah ! j'étais bien sûr que je le ferais reparaître.

LÉONIE.

Ciel !

DE GRIGNON.

C'était un piége ; et nous y avons donné...

(Tous restent immobiles de terreur. M. de Montrichard s'avance au bord du théâtre et sourit à lui-même avec un air de satisfaction. La comtesse s'approche doucement de lui, le regarde, saisit ce sourire et fait un geste de joie qu'elle réprime aussitôt.)

MONTRICHARD.

Monsieur Henri de Flavigneul... au nom du roi et de la loi, je vous déclare...

LA COMTESSE, s'avançant et riant.

Je vous déclare libre et gracié...

TOUS.

Comment ?

LA COMTESSE, gaiement.

Eh ! sans doute ! ne voyez-vous pas que M. de Montrichard veut prendre sa revanche, et qu'il joue là une scène de terreur à mon usage...

LÉONIE.

Il serait vrai !

LA COMTESSE, prenant le papier des mains de Montrichard.

Tenez !... lisez !... Ordonnance d'amnistie...

MONTRICHARD.

Maudite femme ! On ne peut pas plus la tromper en bien qu'en mal !

LÉONIE, à la comtesse.

Et maintenant, tous trois réunis...

LA COMTESSE.

Oui, ma fille!... mais plus tard... car aujourd'hui je dois partir.

LÉONIE.

Partir!

DE GRIGNON.

Vous partez?... eh bien, je pars aussi! Oh! vous avez beau dire! je pars! c'est fini! je vous suis! Rien ne m'arrête! je vous suis jusqu'au bout du monde! et, chemin faisant, j'accomplirai devant vous de si belles choses, que vous finirez par vous dire : Voilà un pauvre garçon dont j'ai fait un héros... faisons-en un homme heureux!

LA COMTESSE.

Ne parlons pas de cela!... (Passant près de M. de Montrichard.) Eh bien, baron?

MONTRICHARD.

J'ai perdu... madame la comtesse! je suis vaincu

LA COMTESSE, avec émotion.

Vous n'êtes pas le seul! (Affectant la gaieté.) Que voulez-vous, baron? pour gagner, il ne suffit pas de bien jouer!

MONTRICHARD.

Il faut avoir pour soi les as et les rois.

LA COMTESSE, à part, regardant Henri.

Le roi surtout!... dans les batailles de dames.

MON ÉTOILE

COMÉDIE EN UN ACTE

THÉATRE FRANÇAIS. — 6 Février 1854

PERSONNAGES. ACTEURS.

M. KERBENNEC, manufacturier . . . . MM. Provost.
M. DE PAIMPOL, son voisin. . . . . Régnier.
ÉDOUARD D'ANCENIS, son neveu . . . . . . Bressant.

HORTENSE, fille de Kerbennec. . . . . Mmes Fix.
JOSSELINE, jardinière . . . . Valérie.

En Bretagne, dans les environs de Morlaix.

MON ÉTOILE

Un salon octogone; au fond, la porte d'entrée; dans l'angle, de chaque côté, une fenêtre-porte ouvrant sur un parc; à droite, au premier plan, une porte; à droite, sur le devant de la scène, un bureau; à gauche, au premier plan, une cheminée avec du feu; près de la cheminée, une chaise, puis un guéridon sur lequel est un métier à broder. Fauteuils, chaises.

SCÈNE PREMIÈRE.

HORTENSE, KERBENNEC. Au lever du rideau Kerbennec est assis au bureau, à droite; il tient à la main une lettre qu'il finit de lire. Hortense entre par le fond.

KERBENNEC, jetant la lettre avec colère.

Ah! jamais je ne m'y serais attendu... non!...

HORTENSE, s'approchant de son père.

Qu'est-ce donc, mon père?...

KERBENNEC.

Ce procès contre d'Ancenis, mon beau-frère, ce procès en liquidation, qui dure depuis dix ans...

HORTENSE, souriant.

Comme la guerre de Troie!

KERBENNEC.

Ce procès, gagné en première instance !

HORTENSE.

Eh bien ?

KERBENNEC.

Eh bien ! perdu à Paris ! en appel. (Passant à gauche.) Mais tu sens bien que ça n'en restera pas là !... Je suis Breton, je ne cède pas ! et dès ce soir, je vais écrire à un nouvel avocat...

HORTENSE.

Encore un ! cela fera le septième !

KERBENNEC.

Un avocat à la cour de cassation... pour qu'il s'occupe de mon pourvoi.

HORTENSE, d'un air suppliant.

Mon père...

KERBENNEC.

Quand cela devrait durer dix années encore !... (Repassant à droite.) Et si je meurs d'ici là, ce sera ton héritage. J'espère bien que tu ne renonceras pas à la succession... et que, toute ta vie aussi, tu défendras nos droits.

(Il s'assied.)

HORTENSE, debout et se penchant vers son père qui est assis.

Oui, mon père... mais daignez une fois, par hasard, écouter aussi mon plaidoyer à moi...

KERBENNEC.

Un plaidoyer...

HORTENSE.

Ce sera votre huitième avocat... mais celui-là ne vous coûtera rien, il ne vous demandera rien que votre bonheur et votre repos. Dans l'origine, à combien se montait la somme qui a fait l'objet de la discussion ?

KERBENNEC.

A cinquante mille francs. (Avec chaleur.) Mon beau-frère et moi nous étions associés... mais à la mort de ma sœur... de ta pauvre tante... il a fallu liquider, régler les comptes... et d'après nos livres, j'avais avancé une somme de cinquante mille francs. Imagine-toi...

HORTENSE.

Je ne plaide pas au fond, mon père... je fais comme le tribunal de première instance... je vous donne gain de cause. C'est donc de cinquante mille francs qu'il s'agissait d'abord?

KERBENNEC.

Mais ce premier procès en a fait naître une douzaine d'autres.

HORTENSE.

Enfin!... combien, jusqu'à présent, avez-vous dépensé en principal et accessoires?

KERBENNEC, avec humeur.

Que sais-je!... à peu près quatre-vingt mille francs... mets-en une centaine... cent vingt... si tu veux...

HORTENSE.

Peu importe!... vous êtes riche... très-riche... vous me l'avez dit souvent : l'on cite partout M. Kerbennec comme un des premiers manufacturiers et des premiers propriétaires de la Bretagne! Je n'écoute pas... mais j'entends!... De plus vous n'avez qu'une fille... une fille excellente qui vous aime... qui vous soigne, qui est toujours de votre avis et jamais ne vous gronde... eh bien! avec tant de motifs d'être heureux... vous ne l'êtes pas.

KERBENNEC.

C'est vrai...

HORTENSE.

Écrivez sur vos livres de comptes tout ce que vous avez dépensé, depuis dix ans, d'inquiétudes, de soucis, de craintes, d'espérances déçues... tous les soirs vous me parliez de ce procès.

KERBENNEC.

Oui !... pendant dix ans je l'ai gagné tous les soirs.

HORTENSE.

Ajoutez l'impatience... la mauvaise humeur... qui ôtent le charme de l'intimité... la haine qui dessèche le cœur... la colère qui monte à la tête et donne les coups de sang !... Additionnez enfin, vous qui savez calculer, toutes ces tortures de chaque jour... et dites-moi si le gain de cinquante mille francs pourrait jamais les payer.

KERBENNEC.

C'est possible !... (Se levant.) Mais je ne peux pourtant pas céder, quand j'ai raison.

(Il passe à gauche.)

HORTENSE.

Tous les plaideurs en disent autant.

KERBENNEC.

Je ne peux pas laisser ce d'Ancenis... ce parent que je déteste... se pavaner dans son triomphe.

HORTENSE.

Beau triomphe, en effet !... d'abord, il lui coûte probablement aussi cher qu'à vous, et lui n'est pas riche... il a éprouvé, dit-on... de grandes pertes...

KERBENNEC, brusquement.

C'est sa faute !... pourquoi plaide-t-il, au lieu de s'occuper de ses affaires ? s'il était venu à moi, s'il m'avait dit : J'ai tort... je lui aurais abandonné... les cinquante mille francs... et deux ou trois fois cette somme, s'il avait fallu.

HORTENSE.

Ah ! c'est bien, je vous reconnais là !... Mais comment avouerait-il qu'il a tort... s'il croit, comme vous, avoir raison... s'il croit, comme vous, son honneur intéressé ?...

KERBENNEC.

Son honneur!... dis donc... son obstination... son entêtement... car il est têtu!...

HORTENSE.

Il est Breton... comme vous!

KERBENNEC.

Deux fois plus!... Te le rappelles-tu seulement?

HORTENSE.

Ce que je me rappelle, c'est que c'était un oncle très-aimable et très-obéissant, lui!... faisant toutes mes volontés... m'apportant, chaque jour, de superbes poupées, que brisait sans cesse Édouard, son fils et mon cousin...

KERBENNEC.

Avec qui tu étais toujours en dispute!...

HORTENSE.

Ce qui ne nous empêchait pas de nous aimer, et vous m'avez élevée à les regarder comme des indifférents, des étrangers, des ennemis...

KERBENNEC, brusquement.

Et j'ai eu raison... mais tu en parles comme si tu les connaissais encore... et depuis ton enfance tu ne les as pas vus.

HORTENSE.

Peut-être!...

KERBENNEC, fronçant le sourcil.

Qu'est-ce à dire?...

HORTENSE.

A Brest... il y a deux mois, au bal de la préfecture, j'étais assise à côté de mademoiselle de Kerkado, une des beautés du département, une amie, qui m'avait amenée, et qui seule me connaissait. Nous remarquâmes, dans un groupe de danseurs, un cavalier dont les regards se portaient alternativement sur ma voisine et sur moi. Il était évident qu'il hésitait à faire un choix entre nous deux.

KERBENNEC.

Ce qui excita votre curiosité.

HORTENSE, souriant.

Oui vraiment ! Enfin... il vint à moi...

KERBENNEC.

Ce qui flatta ton amour-propre.

HORTENSE.

Je ne dis pas non ! Mon danseur était trai-gai, très-amusant, de l'originalité, de l'esprit, et valsant très-bien... enfin, un cavalier remarquable !... Aussi, en revenant à ma place... je demandai à ma voisine son nom... « M. Édouard d'Ancenis !... »

KERBENNEC.

Mon neveu !

HORTENSE.

C'était mon cousin, que, depuis dix ans, vous m'aviez habituée à détester !... habitude que je me hâtai de reprendre. Je suppliai mademoiselle de Kerkado de ne pas me faire connaître, et quand il vint de nouveau m'inviter, pensant à vous, mon père, je répondis froidement que je ne danserais plus... de la soirée, et je tins parole.

KERBENNEC.

C'est bien !

HORTENSE.

N'est-ce pas ? c'est filial... c'est héroïque !... par exemple, ce que la vérité m'oblige de vous avouer, c'est qu'à dater de ce moment il renonça aussi à danser... et, ce que je n'avais pas prévu, chaque fois que ma compagne valsait ou dansait, il venait, comme par hasard, se placer sur sa chaise devenue vacante !

KERBENNEC, avec colère.

Pour te faire la cour !

HORTENSE.

Intention que je lui soupçonnais tout d'abord ! Mais mon

air imposant lui fit comprendre que tout autre sujet me plairait davantage, et un instant après, la conversation roulait sur les voyages, sur l'Amérique d'où il arrivait, sur la Bretagne où il était né, et qu'il voulait parcourir à pied, et tout cela avec simplicité, avec aisance, en ami, et presque en famille, au point que j'aurais pu me croire reconnue s'il n'eût mis, pendant le souper, tant d'insistance auprès de mademoiselle de Kerkado... pour découvrir qui j'étais, satisfaction qui ne lui fut pas donnée... Voilà, mon père, comment, sans le vouloir, j'ai fait la rencontre de ce cousin détesté.

KERBENNEC.

Que tu ne détestes plus.

HORTENSE.

C'est vrai !

KERBENNEC.

Sois franche jusqu'au bout... y a-t-il là... (Se frappant le front, puis le cœur.) ou là... plus que tu ne m'as dit ?...

HORTENSE.

Non, mon père !...

KERBENNEC.

Depuis deux mois tu as refusé trois partis... pour quel motif ?...

HORTENSE.

Parce qu'ils ne me convenaient pas.

KERBENNEC.

Et M. de Paimpol... notre voisin, ce riche propriétaire ?

HORTENSE.

Je ne pense pas que celui-là se soit encore présenté.

KERBENNEC.

M. de Paimpol est un homme sage et prudent qui ne hasarde aucune démarche avant d'y avoir mûrement réfléchi. Mais enfin s'il se présentait ?... j'en ai l'idée.

HORTENSE.

C'en est une... moi j'en aurais peut-être une autre... et si, pour votre bonheur, plus encore que pour le mien... j'osais vous la soumettre...

KERBENNEC.

Parle!...

HORTENSE.

C'est un rêve... que je vous raconte... un château...

KERBENNEC, avec impatience.

En Espagne!...

HORTENSE.

Non!... en Bretagne! D'abord, si j'étais à votre place, je penserais qu'un procès, qui cause habituellement tant de chagrins, d'ennuis et de tourments, est une chose excellente... à perdre! je me réjouirais de l'avoir perdue, et renoncerais bien vite à mon pourvoi en cassation.

KERBENNEC, avec ironie.

En vérité! (Froidement.) Ensuite...

HORTENSE.

Ensuite... j'écrirais à mon frère : « Le plus mauvais arran-
« gement vaut mieux que le meilleur des procès... (Avec un peu
« d'embarras.) Envoyez-moi donc ici, muni de vos pleins pou-
« voirs... mon neveu Édouard, votre fils, pour que nous
« puissions... »

KERBENNEC, avec ironie.

« Tout terminer à l'amiable! »

HORTENSE, baissant les yeux.

Précisément!

KERBENNEC, de même.

« En lui donnant ma fille en mariage! »

HORTENSE, souriant en regardant son père.

Allons donc! à qui une pareille pensée pourrait-elle venir?

KERBENNEC, avec colère.

A moi, jamais !

HORTENSE, froidement.

Ni à moi. Alors, raison de plus pour dire à votre neveu : « Depuis trop longtemps nous vivons comme les Capulet et « les Montaigu, en nous détestant ; que nos inimitiés s'arrê- « tent, et ne deviennent point héréditaires ! Au nom de ma « sœur, qui fut votre mère... plus de haine, plus de procès... « prenez les cinquante mille francs... » (Geste de Kerbennec.) vous l'avez dit, mon père... « et à ce prix rendez-nous des « amis et une famille !... » Voilà, mon père, la transaction que je proposerais !...

KERBENNEC.

Ah ! c'est ainsi que tu juges !...

HORTENSE.

En dernier ressort.

KERBENNEC, froidement.

C'est bien. (Il passe à droite.) Je verrai, à mon tour, si je dois approuver ou casser cet arrêt.

(Il s'assied.)

HORTENSE, après un instant de silence.

Vous êtes bien silencieux, mon père... votre front devient sombre... (Regardant du côté de la fenêtre de droite.) et le ciel aussi... c'est quelque orage qui se prépare.

KERBENNEC, regardant.

Ou qui plutôt éclate déjà...

HORTENSE.

Tant pis !... je suis superstitieuse, et c'est de mauvais présage !

SCÈNE II.

JOSSELINE, KERBENNEC, HORTENSE.

JOSSELINE, entrant du fond, effrayée, à la cantonade.

Fermez les fenêtres !... fermez donc les fenêtres !...

(Elle ferme celle de gauche.)

KERBENNEC.

Eh ! mon Dieu ! Josseline, quel effroi !...

JOSSELINE.

Une pluie épouvantable... qui déjà tombe à torrents... et un vent qui menace de briser toutes les croisées de la manufacture.

HORTENSE, regardant par la croisée à droite.

Et là-bas... là-bas... à l'extrémité de la grande avenue... un cabriolet qui arrive contre vent et marée... celui de M. de Paimpol, notre voisin !

KERBENNEC.

Tu en es sûre ?

HORTENSE, avec humeur.

Je le reconnais.

KERBENNEC.

Et moi je ne reconnais pas là sa prudence accoutumée... se mettre en route par un temps pareil...

HORTENSE, de même.

Vous allez recevoir sa visite... car moi je suis en négligé du matin.

KERBENNEC.

Du tout... j'ai à écrire à Paris... pour mon pourvoi...

HORTENSE, de même.

Votre pourvoi?

KERBENNEC.

Cela demande du temps... tandis que la toilette...

HORTENSE, de même.

Sera extrêmement longue...

KERBENNEC.

Josseline priera alors M. de Paimpol d'attendre quelques instants.

(On entend à gauche le son d'une cloche.)

JOSSELINE.

On sonne à la porte du château.

HORTENSE, avec humeur.

C'est le jour aux visites.

JOSSELINE, regardant par la fenêtre à gauche.

Un étranger qui vient ici... bien malgré lui... un jeune homme, à pied... qui est trempé... et qui demande un abri... on vient de lui ouvrir.

KERBENNEC, se levant.

De lui ouvrir? très-bien !

HORTENSE, avec ironie.

Les devoirs de l'hospitalité... cela vous regarde, mon père... moi je m'enfuis...

(Elle sort par la première porte à droite.)

KERBENNEC, à sa fille, avec impatience.

Écoute-moi donc... Au diable les toilettes !... (A Josseline.) Fais entrer ce monsieur... fais-le se chauffer... se sécher... et s'il a faim... ou soif...

JOSSELINE.

Oui, monsieur... comme toujours... on sait ça dans le pays, c'est ici la maison du bon Dieu...

KERBENNEC, avec colère.

Eh non !... car je suis d'une humeur...

JOSSELINE.

Et contre qui, notre maître ?

KERBENNEC.

Contre toi... contre moi... contre tout le monde... les visites... les affaires... je donnerais volontiers tout au diable... il suffit... je rentre dans mon cabinet.

(Il sort par le fond, à droite.)

SCÈNE III.

JOSSELINE, seule.

Est-il possible de voir un brave homme plus méchant que notre maître, quand il s'y met ! Le bien et le mal... il fait tout, comme un ouragan... par secousse et par foucade ! A la moindre faute... il parle de mettre tout le monde à la porte... Un autre jour... c'est de l'argent qu'il faut à de pauvres ouvriers... Tenez... prenez... en v'là !... à pleines mains... comme une ondée... comme celle qui tombe en ce moment.

SCÈNE IV.

JOSSELINE, D'ANCENIS.

D'ANCENIS, venant du fond, à gauche.

Ah ! la belle pluie !... O le beau ciel de la Bretagne !...

JOSSELINE.

Entrez... entrez, monsieur... j'ai ordre de vous recevoir... et de vous réchauffer.

D'ANCENIS, riant.

Toi... mon enfant...

JOSSELINE.

Oui, monsieur... le combustible n'est pas cher, dans ce pays-ci... et voilà un temps qui a bien dû vous contrarier...

D'ANCENIS.

Contrarié... moi?... je ne le suis jamais!... Je prends toujours le temps comme il vient...

JOSSELINE.

Il est venu vilain aujourd'hui.

D'ANCENIS.

C'est pour cela que demain il sera beau! et grâce à mon makintosh...

(Il ôte son manteau qu'il jette sur un fauteuil, au fond, à gauche.)

JOSSELINE.

C'est, ma foi, vrai... le voilà sec de la tête aux pieds...

D'ANCENIS.

Par brevet d'invention! (Allant à la cheminée.) ce qui n'empêche pas de jouir avec délices du foyer qui flambe, du bois qui pétille... Où est le maître de la maison?...

JOSSELINE.

Dans son cabinet, où il travaille.

D'ANCENIS.

Et la maîtresse... s'il y en a une?

JOSSELINE.

Mademoiselle est à sa toilette!

D'ANCENIS.

Alors, et pour leur présenter mes remerciments, j'attendrai... (Il s'assied devant le feu.) d'autant plus patiemment, que la pluie profite de cela pour tomber.

JOSSELINE.

Et vous, pour vous chauffer.

D'ANCENIS.

Comme tu dis... Mais attends... attends donc... toi qui m'as si bien reçu...

JOSSELINE.

Dame ! on est honnête !

D'ANCENIS

Et jolie !... Tiens !...

(Fouillant dans sa poche.)

JOSSELINE, à part, et allant à droite.

Un napoléon !... pour un homme qui va à pied !... Voyez-vous comme il faut se défier et être avenante avec tout le monde !...

SCÈNE V.

D'ANCENIS, assis à la cheminée, **PAIMPOL, JOSSELINE.**

PAIMPOL, entrant par le fond.

Quel temps !... quel horrible temps !... j'étais dans mon cabriolet comme dans une baignoire !... il ne me manquait qu'un thermomètre.

JOSSELINE.

Aussi, vous voilà comme un déluge.

PAIMPOL.

Ce n'est pas tant la chose que les conséquences.

JOSSELINE.

Le rhume du cerveau.

PAIMPOL.

Non... (A part.) Mais un jour de demande solennelle.. (Haut.) Avertis ta maîtresse que je suis ici...

JOSSELINE.

Elle s'habille !...

PAIMPOL.

Ça n'empêche pas... elle peut s'habiller et savoir que je suis ici... va toujours... Sont-elles drôles ces servantes!... Moi, pendant ce temps, je me sécherai un peu... (Regardant la cheminée.) Ah! la place est déjà prise.

JOSSELINE.

C'est un charmant jeune homme... qui vous fera volontiers place à la cheminée, il est charmant. Adieu, monsieur.

PAIMPOL.

Adieu!

JOSSELINE, à part, en regardant Paimpol.

Rien... lui!... Et pourtant il est venu en voiture.

(Elle sort par la première porte à droite.)

SCÈNE VI.

D'ANCENIS, adossé à la cheminée, à gauche, PAIMPOL.

PAIMPOL, avec défiance.

Un jeune homme... un charmant jeune homme... aurait-il les mêmes intentions que moi... qui ai réfléchi depuis deux ans... avant de faire ma demande?... (S'avançant près de la cheminée.) Monsieur...

D'ANCENIS, levant la tête.

Est-il possible!... Paimpol!...

PAIMPOL.

D'Ancenis!

D'ANCENIS, allant à Paimpol.

Que je n'ai pas revu depuis l'école polytechnique!...

PAIMPOL.

D'où tu es sorti le troisième.

D'ANCENIS.

Et toi?

PAIMPOL.

Fruit sec... tu le sais bien !

D'ANCENIS.

Je l'avais oublié... Et qu'as-tu fait depuis?... Tu avais, je crois, de la fortune...

PAIMPOL.

Mon père en avait fait une très-belle dans les messageries... mais lui succéder ne m'allait pas... à moi... ancien élève... honoraire de l'école... Il s'agissait de prendre un état...

D'ANCENIS.

Il y en a tant...

PAIMPOL.

Il y en a trop !... et comme je n'agis jamais à la légère... je les ai successivement étudiés.

D'ANCENIS.

Et lequel as-tu choisi ?

PAIMPOL.

Ils m'offraient tous des inconvénients tels... qu'après sept ou huit ans de mûres délibérations et d'études approfondies sur l'état actuel de la société, et sur la tendance de chacun à vouloir arriver et faire son chemin, j'allais décidément revenir à l'état de mon père... et me faire nommer administrateur des messageries, quand tout à coup parurent les projets de lois qui sillonnaient la France de chemins de fer.

D'ANCENIS.

Ta spéculation ne valait plus rien.

PAIMPOL.

Précisément.

D'ANCENIS.

Ce que c'est que de trop réfléchir !...

PAIMPOL.

Je pris alors le parti de me lancer dans la politique... de me proposer comme député... à un département.

D'ANCENIS.

Lequel voulais-tu représenter ?

PAIMPOL.

Lequel ?... Il y en a quatre-vingt-six, cela rendait le choix difficile... et, pour me décider en connaissance de cause, je commençai mon tour de France. Trente-huit mille communes, cela demandait du temps... et je n'avais pas encore visité toutes les localités, lorsqu'arriva 1848.

D'ANCENIS.

Un nouvel ordre de choses.

PAIMPOL.

Cinq partis en présence.

D'ANCENIS.

Avec lequel s'allier ?...

PAIMPOL.

Cela méritait de graves réflexions... je pesai longuement toutes les chances... et je me prononçai enfin pour la République... la veille du 2 décembre.

D'ANCENIS.

C'était jouer de malheur... Et maintenant ?...

PAIMPOL.

J'ai recommencé à réfléchir... et décidément j'ai idée que je demanderai quelque bonne place.

D'ANCENIS.

Laquelle ?

PAIMPOL.

Il n'y a que cela qui m'embarrasse...

D'ANCENIS, riant.

Dépêche-toi, car vu la concurrence...

PAIMPOL.

Pour en trouver une à moi tout seul... si c'est possible... j'avais bien pensé à me marier... mais c'était, pour le coup, qu'il fallait avancer avec précaution... et réfléchir à chaque pas...

D'ANCENIS, souriant.

Je comprends ta visite!... il y a ici une demoiselle... gaillard!

PAIMPOL, à part.

J'ai deviné juste!

D'ANCENIS.

Est-elle jolie?

PAIMPOL.

Médiocrement... mais, en revanche, son caractère...

D'ANCENIS.

Est charmant?...

PAIMPOL.

Il s'en faut!... Un voisin a tant d'occasions d'observer! Tu en jugeras toi-même... car tu viens probablement dans cette maison...

D'ANCENIS.

Pour me chauffer.

(Il va s'adosser à la cheminée.)

PAIMPOL, à part.

Ce n'est pas vrai... (Haut et riant.) Ainsi donc tu es arrivé?...

(Il s'assied dans un fauteuil en face de d'Ancenis.)

D'ANCENIS.

Conduit par mon étoile... mon guide ordinaire! car je ne suis pas comme toi, je ne perds pas mon temps à choisir, et persuadé qu'il y a là-haut une destinée qui en sait plus long que nous... je lui laisse volontiers la direction de mes affaires.

PAIMPOL.

Ah bah !

D'ANCENIS.

Jusqu'à présent je m'en suis bien trouvé.

PAIMPOL.

Ce n'est pas possible !

D'ANCENIS.

Juges-en toi-même... Mon père, ruiné par un procès de famille, n'avait pas de dot à me donner... et moi, sorti de l'école des Mines, je résolus d'aller chercher fortune à San-Francisco, en Sonora, ou au Mexique. Deux vaisseaux étaient en partance au Havre, la *Jeanne d'Arc* et l'*Érigone*... tous deux également bons et fins voiliers... aucune raison pour donner à l'un la préférence sur l'autre... cela t'aurait arrêté un mois, cela ne me retint pas cinq minutes !... Persuadé que mon étoile devait me diriger, je choisis à pile ou face la *Jeanne d'Arc*, sur laquelle j'arrivai à bon port.

PAIMPOL.

Et l'*Érigone?*...

D'ANCENIS.

N'arriva pas ! attendu qu'elle avait sombré en route ! Tu vois la chance !... Je te passe mes aventures californiennes ! Comme ingénieur des mines, et à force de travail, je gagnai en quelques années quelques milliers de piastres, que je rapportai en France. Ce n'était pas une fortune ! j'en donnai une partie à mon père, pour les frais d'un éternel procès ; et le peu qui me restait... il fallait l'utiliser... un bon placement n'est pas une chose facile... aussi...

PAIMPOL.

Tu te mis à réfléchir?...

D'ANCENIS.

Ma foi non !... Je me mis à écrire sur plusieurs carrés de papier... les noms de toutes les valeurs cotées à la Bourse, *le trois, le quatre, le Nord, le Strasbourg, la Vieille-Montagne...* que sais-je? et après avoir bien tourné et retourné tous ces placements...

PAIMPOL.

Dans ta tête...

D'ANCENIS.

Non! dans mon chapeau... je fis sortir de l'urne un mot inconnu! arrêt du destin... que je ne comprenais pas, mais auquel je me soumis aveuglément; mon étoile était là! et quelques jours après... c'est prodigieux, c'est effrayant, mon cher, qu'on puisse, du jour au lendemain, faire des gains aussi énormes! j'étais millionnaire! un état que, du reste, j'ai toujours affectionné, millionnaire en une semaine!... comme au temps de Law et de la rue Quincampoix.

(Il passe à droite.)

PAIMPOL, se levant.

Tu continuas ta veine?...

D'ANCENIS.

Fi donc!... c'eût été d'un joueur et je ne le suis point. Je ne m'adresse à mon étoile que quand j'ai besoin d'elle... je réalisai... je laissai ma fortune à mon père... et voyageant en touriste... en amateur... j'étais parti ce matin, à pied, pour les mines de Poullaouen!... Arrivé à un carrefour, où trois routes se croisaient, et n'ayant personne pour m'indiquer la bonne, j'ai tout naturellement, et selon mon habitude, choisi à pile ou face le chemin à gauche.

PAIMPOL.

Qui t'a trompé! car tu tournes le dos à ta destination.

D'ANCENIS.

Qu'en sais-tu?... il ne m'est pas encore prouvé que je n'aie pas pris la bonne route. J'y ai essuyé un orage, c'est vrai, mais j'y rencontre, tu le vois, un ancien camarade, un ami... qui n'a qu'un tort, celui de ne pas partager ma manière de voir.

PAIMPOL.

Je m'en vante : il est toujours dangereux de se fier *aux étoiles!*... je ne parle pas de celles de l'Opéra... mais un fou qui ne réfléchit pas...

D'ANCENIS.

Vaut souvent mieux qu'un sage qui réfléchit trop...

PAIMPOL.

Mais toi, tu te décides en une minute.

D'ANCENIS.

Et toi, tu ne te décides jamais, et, me rappelant nos classes de philosophie, tu me fais l'effet, sans comparaison, de l'âne de Buridan, lequel placé entre deux mesures d'avoine exactement semblables, et ne trouvant aucun motif déterminant pour commencer par l'une plutôt que par l'autre, se laissa mourir de faim!

PAIMPOL.

Comparaison absurde contre laquelle je m'insurge!...

SCÈNE VII.

PAIMPOL, D'ANCENIS, JOSSELINE, sortant de la porte à droite.

JOSSELINE.

Mademoiselle est visible et aura l'honneur de recevoir M. de Paimpol.

D'ANCENIS.

Adieu, mon cher... et bonne chance! la pluie a cessé... le ciel s'éclaircit...

(Il va reprendre son makintosh.)

PAIMPOL, étonné.

Tu ne restes pas?...

D'ANCENIS.

Je comptais me remettre en route après avoir remercié le maitre de la maison, que je ne connais pas encore.

PAIMPOL.

En vérité !

D'ANCENIS.

Non, pas plus que sa fille... charge-toi de lui présenter les respects et les hommages du voyageur.

PAIMPOL, à part.

Je m'étais trompé... c'est égal ! excès de précaution ne nuit jamais.

(On entend sonner avec impatience, au fond, à droite.)

JOSSELINE.

C'est monsieur...

D'ANCENIS.

Monsieur ?

(Il dépose son manteau.)

JOSSELINE.

Rien que la sonnette dit qu'il n'est pas de bonne humeur... et de ce côté l'orage n'a pas cessé.

PAIMPOL.

Il cesse rarement et je cours me mettre à l'abri, près de sa fille. Adieu !

(Il sort par la première porte à droite. Kerbennec paraît sur le seuil de porte du fond.)

SCÈNE VIII.

D'ANCENIS, au fond, à gauche, KERBENNEC, JOSSELINE.

KERBENNEC.

Tout le monde est il sourd dans la maison ?

JOSSELINE.

J'étais chez mademoiselle... j'arrive!

KERBENNEC.

Dis au piqueur de s'habiller, de seller un cheval et de venir prendre mes ordres. Il faut porter une lettre à la ville... à l'instant, à l'instant même!

JOSSELINE, sortant par le fond.

Oui, monsieur!...

KERBENNEC, la suivant d'un air menaçant.

Et si dans dix minutes il n'est pas à cheval... (Apercevant d'Ancenis qui le salue.) Pardon, monsieur... une lettre que je viens d'écrire... à Paris, à mon homme d'affaires... un pourvoi en cassation.

D'ANCENIS.

C'est à moi de vous demander pardon de ma visite indiscrète. J'ai trouvé chez vous (Montrant la cheminée.) une chaude hospitalité... dont il me tardait de vous remercier, avant mon départ.

KERBENNEC.

Déjà!

D'ANCENIS.

La pluie a cessé.

KERBENNEC.

Mais les chemins ne sont pas encore essuyés... ils doivent être affreux... et vous êtes à pied...

D'ANCENIS.

On ne voyage bien qu'ainsi!

KERBENNEC.

Je mets à vos ordres mes chevaux et ma voiture... mais ce qui vaudrait mieux encore... serait de nous rester une partie de la journée... nous dînons de bonne heure... e' vous aurez le temps de retourner... à la ville.

D'ANCENIS.

En vérité, monsieur... votre invitation...

KERBENNEC.

Doit être acceptée... comme je l'offre... sans cérémonie... et si vous n'êtes pas pressé?...

D'ANCENIS.

Jamais! je n'ai rien à faire et voyage pour mon plaisir.

KERBENNEC, lui tendant la main.

C'est donc convenu!... touchez là!...

D'ANCENIS, lui donnant la sienne.

Parbleu, monsieur, vous avez une manière d'exercer l'hospitalité...

KERBENNEC.

Toute naturelle... Ma maison est ouverte à tous les étrangers; nous en recevons beaucoup; rarement, qui aient aussi bonne tournure... sans compliment... je n'en fais jamais!... Vous parcourez donc notre Bretagne?

D'ANCENIS.

Où je suis né... et que je n'avais pas vue depuis mon enfance.

KERBENNEC.

Un compatriote!

D'ANCENIS.

J'en suis fier! On va bien loin chercher des pays... qui ne valent pas le nôtre.

KERBENNEC.

Vous avez voyagé?...

D'ANCENIS.

Mais oui! j'ai fait quelques milliers de lieues sur terre et sur mer... et nulle part je n'ai rien rencontré d'aussi pittoresque que nos côtes, nos rivages, nos rochers...

KERBENNEC, avec fierté.

N'est-ce pas?

D'ANCENIS.

Chaque jour m'offre un nouveau spectacle... une nouvelle merveille !

KERBENNEC.

Où alliez-vous de ce pas?

D'ANCENIS.

Déjeuner à Poullaouen, où il y a, dit-on, des mines de plomb et d'argent très-curieuses... et quoique je n'y connaisse personne...

KERBENNEC.

Si une lettre de recommandation peut vous être agréable, le directeur, un homme charmant, est de mes amis...

D'ANCENIS.

D'honneur, je suis confus...

KERBENNEC.

Mais d'abord vous déjeunerez... (Il va au bureau; il sonne.) et après, vous ne savez pas à quoi vous êtes exposé. J'ai ici une manufacture de toiles, de câbles et de cordages pour la marine... à l'usage des ports de Brest, de Lorient et de Cherbourg.

D'ANCENIS.

Et vous me permettez de tout voir en détail?...

KERBENNEC.

Si je vous le permets !... je vous conduirai moi-même partout... je ne vous ferai grâce de rien. (Prenant une brochure sur son bureau.) Pour commencer, voici un Mémoire de moi, que je vous prie d'accepter... vous le parcourrez plus tard.

D'ANCENIS.

A l'instant même !...
(Il va au bureau où il s'assied.)

KERBENNEC, à Josseline qui entre.

A déjeuner, ici, pour monsieur...
(Il lui donne quelques ordres, à voix basse, et pendant ce temps d'Ancenis a ouvert la brochure dont il lit les premières lignes.)

D'ANCENIS, lisant.

« *Nouveau système de mâture et de voilure*, par M. An-
« toine Kerbennec. » (Stupéfait.) Kerbennec! mon oncle
Antoine!... (Se levant.) O mon étoile!... ô hasard!... voilà
de tes coups! tu me fais serrer la main d'un parent qui me
déteste!... et tu m'installes dans sa maison qu'un procès
m'avait fermée et qu'un orage vient de m'ouvrir.

KERBENNEC, qui vient de renvoyer Josseline, se rapproche de
d'Ancenis.

J'ai de bonnes jambes!... des jambes de propriétaire, et
je vous fatiguerai, je vous en préviens! Aussi, avant notre
excursion, je veux que vous preniez des forces et je viens
de commander votre déjeuner.

D'ANCENIS, embarrassé.

Monsieur..

KERBENNEC.

Un déjeuner solide...

D'ANCENIS.

Pardon!... il me serait impossible d'accepter.

KERBENNEC.

Mais vous devez avoir faim...

D'ANCENIS.

Je ne dis pas non... mais quelque plaisir... quelque honneur que ce soit pour moi de m'asseoir à votre table... vrai!...
je dois refuser et vous demander la permission de prendre
congé de vous...

KERBENNEC, étonné.

Mais... vous aviez accepté...

D'ANCENIS.

Tout à l'heure... oui! maintenant, non!

KERBENNEC.

Et pourquoi?

D'ANCENIS.

Adieu, monsieur !

(Il va pour sortir.)

KERBENNEC, le ramenant.

Non pas ! vous resterez, monsieur, vous resterez, je vous retiendrai de gré ou de force.

D'ANCENIS, gaiement.

Il ne manquait plus que cela.

KERBENNEC.

Vous laisser partir serait manquer à tous les devoirs de l'hospitalité.

D'ANCENIS.

Et rester serait y manquer plus encore... ce serait surprendre... votre bonté, votre générosité... et depuis le nom que je viens de lire en tête de ce Mémoire...

KERBENNEC.

Qui donc êtes-vous ?

D'ANCENIS.

Par reconnaissance pour votre accueil, j'aimerais mieux... vous quitter sans vous le dire.

KERBENNEC, sévèrement.

En quelque circonstance qu'il se trouve, rien ne peut empêcher un honnête homme de se nommer.

D'ANCENIS, avec fierté.

Je n'hésite plus, monsieur !... je suis Édouard d'Ancenis, votre neveu !

KERBENNEC, atterré, tombant dans un fauteuil à gauche.

Mon neveu !...

D'ANCENIS.

Ah ! je vous avais prévenu du coup et j'aurais voulu vous l'éviter ! (Humblement.) Pardonnez-moi, mon oncle, ma visite involontaire. Quant à moi, je me féliciterai toujours de l'heureuse erreur qui m'a valu de vous une réception si cordiale et surtout une poignée de main... que je vous ai dérobée, j'en conviens!... (Gaiement, avec respect.) Et mon plus grand regret est de ne pouvoir vous la rendre.

(Il salue, va prendre son manteau qu'il pose sur son bras; en même temps Kerbennec se lève et passe à droite; d'Ancenis, au moment de sortir par le fond, salue une seconde fois son oncle.)

KERBENNEC, le retenant du geste.

Un instant, monsieur... (D'Ancenis descend, à gauche; après un instant de silence.) Je conçois que vous ayez hâte de quitter un parent qu'on vous a appris à haïr.

D'ANCENIS.

On m'a appris, dès mon enfance, à respecter le frère de ma mère.

KERBENNEC.

En vérité?... Vous n'approuvez donc pas l'obstination de votre père...

D'ANCENIS, vivement.

Je l'approuve de soutenir un procès où l'on a mis en question sa délicatesse et son honneur... je l'y aiderai jusqu'à mon dernier jour et jusqu'à mon dernier écu...

KERBENNEC, avec colère et satisfaction.

Et lui aussi... qui a du sang breton dans les veines!

SCÈNE IX.

D'ANCENIS, JOSSELINE, KERBENNEC.

JOSSELINE.

Monsieur, le piqueur est prêt, il est à cheval... et si vous voulez me donner votre lettre...

KERBENNEC, brusquement.

Pas encore!... rien ne presse... laisse-nous!

JOSSELINE, à part, près de la porte.

Il veut... il ne veut plus !... quel caractère !... Ah ! si les maîtres étaient domestiques... comme ils se feraient renvoyer... (A Kerbennec qui la regarde avec colère.) Je m'en vais, monsieur... je m'en vais.

(Elle sort.)

SCÈNE X.

D'ANCENIS, KERBENNEC.

KERBENNEC, après un instant de silence, et s'approchant de d'Ancenis.

Monsieur !... voulez-vous me donner votre parole d'honneur que ce que je vais vous dire restera entre nous, que vous n'en parlerez à personne au monde, pas même à votre père ?

D'ANCENIS.

Je vous le jure, mon oncle !

KERBENNEC.

Monsieur... voulez-vous vous marier ?

D'ANCENIS, reculant.

Ah ! mon Dieu !... vous me portez là, en pleine poitrine... un coup...

KERBENNEC.

Auquel vous ne vous attendiez pas ! Aussi je n'exige point que vous me répondiez sur-le-champ... je vous donne... une demi-heure... trois quarts d'heure... vous pouvez même, si cela vous gêne moins, me répondre par écrit !... un oui, ou un non, pas davantage ! (D'Ancenis s'incline.) Après cela... et dans le cas où vous seriez pour l'affirmation, voici ma seconde proposition : J'ai une fille... je ne vous en ferai ni l'éloge ni le portrait... vous la verrez !...

D'ANCENIS.

Quoi, monsieur, vous auriez l'idée ?...

KERBENNEC.

De terminer toutes nos discussions, d'oublier toutes nos haines, en réunissant nos deux familles... si c'est possible !... Mais n'oubliez pas que vous m'avez promis le silence, avec tout le monde, et surtout avec ma fille... qui ne peut... qui ne doit avoir connaissance de ce projet... qu'après votre réponse... vous comprenez ?...

D'ANCENIS.

Je comprends, mon oncle... mais...

KERBENNEC, l'interrompant.

Je vous laisse seul... à vos réflexions, faites-m'en connaître le résultat.

(Il va pour sortir par le fond.)

D'ANCENIS, le suivant.

Mais, mon oncle...

KERBENNEC, arrivé à la porte, se retournant.

Adieu !

(Il sort.)

SCÈNE XI.

D'ANCENIS, seul, allant déposer son manteau.

On m'avait bien dit que mon oncle était un original... et même plus !... (Se frappant le front.) il y a bien quelque chose ! et cependant... quelque étourdissante que soit sa proposition... elle n'a rien de déraisonnable... un procès ruineux qui se termine... deux familles qui se rapprochent... le plaisir que cela causerait à mon père... et pour moi, qui n'ai rien en tête... que ma passion du bal de la préfecture... mais des bals... des passions... et des préfectures on en trouve... dans tous les départements d'abord... et puis ma charmante, mon admirable inconnue, que je ne reverrai peut-être jamais... avait, je dois l'avouer, l'air de se moquer de moi !

et pour une conquête incertaine et chimérique, dédaigner des avantages sérieux, des considérations de famille... ce serait absurde, et (Se mettant au bureau à droite et écrivant.) je puis écrire à mon oncle qu'après mûres réflexions... car jamais, je crois... je n'ai réfléchi aussi longtemps, je suis décidé à me marier, et que je le prie de me présenter à ma cousine !

SCÈNE XII.

D'ANCENIS, au bureau à droite, écrivant ; JOSSELINE, apportant sur un plateau un déjeuner qu'elle place sur le guéridon à gauche.

JOSSELINE.

Ah !

D'ANCENIS.

Qui vient là ?

JOSSELINE.

Ah !... c'est monsieur qui m'avait dit de vous apporter à déjeuner !

D'ANCENIS.

Cela vient à point ! Merci, mon enfant !

JOSSELINE, mettant le couvert.

Je viens de le rencontrer dans le parc, qu'il traversait d'un air agité.

D'ANCENIS, souriant.

Vraiment !

JOSSELINE.

Et il m'a recommandé de nouveau de venir vous servir moi-même, de ne vous laisser manquer de rien... (Débouchant une bouteille.) Et si vous avez soif...

D'ANCENIS, qui s'est levé en laissant sa lettre cachetée sur le bureau à droite.

Une soif de voyageur !

JOSSELINE.

Monsieur vous envoie de son meilleur, de celui qu'il boit lui-même dans les grands jours, aux fêtes de famille !

D'ANCENIS, souriant.

Ah ! ah ! voyons-le donc !

JOSSELINE, pendant que d'Ancenis boit.

Et puis il a ajouté : « Si M. d'Ancenis te remet quelque chose pour moi, tu me trouveras de l'autre côté du parc, à la manufacture où je vais... » (Voyant d'Ancenis qui a achevé de boire, et lui versant un second verre.) Il est gentil, n'est-ce pas ?

D'ANCENIS.

Il est étonnant pour du vin de Bretagne.

JOSSELINE, avec fierté.

Aussi, il n'en est pas ! je m'en vante !

D'ANCENIS.

Tu m'en diras tant ! (Josseline sort un instant par le fond, et rentre avec des assiettes. D'Ancenis, riant.) Je devais, malgré mon appétit, refuser de m'asseor à la table d'un ennemi... mais on peut accepter le déjeuner d'un allié... surtout quand il a de bon vin... (y goûtant de nouveau.) et celui-ci me paraît excellent...

JOSSELINE, à la droite de d'Ancenis, lui versant du vin.

Alors, monsieur...

D'ANCENIS, buvant.

Un peu capiteux, par exemple !

JOSSELINE.

Je crois bien !... il suffit d'un seul verre, comme on dit, pour vous toquer !

D'ANCENIS, gaiement.

Et tu viens, coup sur coup, de m'en verser trois.

JOSSELINE.

Tiens !... je n'y pensais plus ! le mal est fait.

(Elle sort, emportant quelques assiettes.)

D'ANCENIS, riant.

Elle a raison... le mal est fait!... Il est tiré... il faut... (Il boit, puis se frappant le front.) C'est vrai!... mais on n'a plus besoin de sa tête dès qu'on a délibéré... et pris son parti!... parti... qui aurait fait hésiter tout autre que moi... (Se versant à boire.) Car enfin... abdiquer le célibat, les amours... les bonnes fortunes... (Buvant et parlant avec plus de vivacité.) c'est comme qui dirait... renoncer au champagne... pour se vouer à l'eau claire... Mais après tout, si on a un bon ménage... une jolie femme... une compagne douce et bonne... et la mienne... C'est là la question... (Buvant.) J'aurais peut-être dû, avant d'écrire, aller aux informations... (Gaiement et apercevant Josseline, qui rentre apportant du dessert qu'elle va poser sur le bureau.) Si j'interrogeais la petite?

JOSSELINE, s'avançant.

Monsieur?...

D'ANCENIS, s'arrêtant.

Non, rien... (A part.) Quelle idée! S'adresser à une servante!... Et d'ailleurs, en fait d'informations, personne ne pourrait m'en donner de meilleures et de plus exactes que mon ancien camarade, ce cher Paimpol... qui ne se doutait pas, alors, ni moi non plus... que j'allais changer l'état transitoire de voyageur... contre le poste fixe et sédentaire de l'hyménée... Lui qui est du pays... lui qui, tous les jours, vient ici, en voisin, doit connaître, mieux que qui que ce soit, la personne... et il m'a dit, ce cher ami... qu'est-ce qu'il m'a dit?... (S'adressant à Josseline.) Petite?

(Pendant que d'Ancenis a dit son monologue, Josseline a rangé son dessert sur le bureau; mais voyant que l'écritoire la gêne, elle la porte sur la cheminée auprès de laquelle elle se trouve quand d'Ancenis l'appelle.)

JOSSELINE, s'avançant.

De quoi, monsieur?

D'ANCENIS, avec plus de vivacité et d'entrain.

Le diable m'emporte si je m'en souviens... Ah! oui! c'est

bien ! je me rappelle... je n'ai plus besoin de toi... Il m'a dit : que pour jolie... elle ne l'était pas... mais qu'en revanche elle était douée d'un caractère qui promettait peu d'agrément... (Riant.) de sorte que, pour éteindre un procès... j'en aurai un chaque jour dans mon ménage... les querelles, les disputes... et ma liberté perdue !

JOSSELINE.

Monsieur ne boit plus ?

D'ANCENIS, avec impatience.

Eh non ! (Josseline sort emportant quelques assiettes.) Et je vous demande pourquoi... puisque je suis libre encore et que rien ne m'y force... je ne dirais pas franchement... (Se levant et allant à la cheminée sur laquelle il écrit.) «Mon cher oncle, après « une mûre délibération... je vous déclare avec regret que « je ne me sens aucune disposition pour le mariage... » (S'interrompant.) C'est adroit et délicat en même temps... parce que de cette manière... ce n'est pas sa fille... c'est le mariage que je refuse.

(Pliant et cachetant la lettre.)

JOSSELINE, s'approchant de lui.

Monsieur ne mange plus ?

D'ANCENIS.

J'ai fini ! Ote-moi ce déjeuner.

JOSSELINE.

Oui, monsieur ! Et votre café ?...

(Elle enlève le plateau. Pendant ce temps d'Ancenis se lève tenant à la main la lettre qu'il vient d'écrire.)

D'ANCENIS, marchant.

Comme tu voudras !... (Quittant la cheminée et marchant vers le bureau en riant.) C'est ainsi qu'il faut agir !... prendre son parti bravement, sur-le-champ... c'est mon usage... je ne suis pas comme M. de Paimpol...

JOSSELINE, apportant le café, qu'elle place sur la table à droite.

Voilà, monsieur.

D'ANCENIS.

Très-bien !... Je n'hésite jamais !... (Apercevant sur le bureau la lettre qu'il y a laissée.) Si vraiment !... j'avais oublié cette lettre... et les raisons qu'elle renferme... la satisfaction que cette alliance... causerait à mon père... oui... Mais de l'autre côté... le peu d'agrément qu'elle me donnerait... cela devient embarrassant... (Tenant une lettre de chaque main.) et me voici, comme le philosophe ancien dont je parlais ce matin, l'âne de Buridan, ne sachant plus que résoudre, ni quelle route choisir !... Prendrai-je à droite... ou à gauche ?... à gauche ou à droite ?... A qui m'en rapporter ?... Parbleu ! à mon étoile !... (Regardant Josseline.) Petite ?

JOSSELINE, sans cesser de desservir.

Qu'est-ce, monsieur ?...

D'ANCENIS.

Dis-moi un peu, as-tu du bonheur ?

JOSSELINE.

Moi !...

D'ANCENIS.

As-tu la main heureuse ?...

JOSSELINE.

Dame... je n'ai qu'un amoureux... mais c'est le plus gentil et le plus riche de l'endroit.

D'ANCENIS.

Très-bien !

JOSSELINE.

C'est Pierre Poternic... vous savez? le fils du meunier... nous nous marions dimanche.

D'ANCENIS.

A merveille !

JOSSELINE.

Par exemple, je suis forcée de vous avouer qu'il a un défaut... il est jaloux comme un tigre.

(Elle a replacé sur le guéridon le métier à broder.)

9.

D'ANCENIS.

Ça m'est égal...

JOSSELINE, passant à droite et portant le plateau sur le bureau.

A moi aussi dans ce moment! mais plus tard...

D'ANCENIS.

Ça peut devenir gênant!... Ça te regarde !... Écoute! (Josseline s'approche de lui.) Je te ferai mon cadeau de noce... un beau cadeau!... (Josseline fait la révérence.) à condition que tu vas me rendre un service...

JOSSELINE.

Tout de suite, monsieur !... d'autant que Pierre n'est pas là... voyons...

D'ANCENIS, lui présentant les deux lettres qu'il tient dans une seule main.

Voici deux lettres... deux lettres, entends-tu bien? (Se retournant.) Qui vient là?... (A demi-voix à Josseline.) Mets-les dans ta poche...

(Josseline met les deux lettres dans la poche de son tablier.)

SCÈNE XIII.

JOSSELINE, D'ANCENIS, PAIMPOL.

D'ANCENIS.

C'est mon cher ami et camarade Paimpol.

PAIMPOL, gravement.

Qui voudrait te parler... à toi... à toi seul en particulier.

D'ANCENIS.

C'est facile!... deux mots à la jardinière... (s'approchant de Josseline et à demi-voix.) Où m'as-tu dit qu'était M. Kerbennec, ton maître?...

(Paimpol s'est assis à droite.)

JOSSELINE.

A la manufacture, et en traversant le parc, vous y serez dans dix minutes!

D'ANCENIS.

Bien... Tu as mes deux lettres?...

JOSSELINE, frappant sur son tablier.

Elles sont là, dans ma poche, toutes les deux.

D'ANCENIS.

Tu vas en porter une à M. Kerbennec.

JOSSELINE.

Laquelle?...

D'ANCENIS.

Celle que tu voudras... à ton choix...

JOSSELINE.

Ah! bah!

D'ANCENIS.

Et tu me rapporteras l'autre... sur-le-champ.

JOSSELINE.

Comment, monsieur?

D'ANCENIS.

Promptitude et discrétion... mon cadeau de noce est à ce prix... tu comprends?...

JOSSELINE.

Oui, monsieur... c'est-à-dire, non... Je vas ranger là-bas mon couvert, et j'y cours. (Elle prend le plateau du déjeuner.) Ah ben! voilà qui est drôle! Adieu, monsieur!

(Elle sort par le fond.)

SCÈNE XIV.

D'ANCENIS, PAIMPOL.

D'ANCENIS, à part et la regardant sortir.

Cette fois... ce sera bien le destin lui-même qui aura prononcé par la main de la vertu... et de l'innocence... (Se retournant vers Paimpol.) Mon ami, me voici à tes ordres...

PAIMPOL, se levant.

Je ne sais pourquoi, mon cher d'Ancenis, tu t'es cru obligé d'user de diplomatie avec un ancien camarade... j'agirai plus franchement. On m'assure que tu es ici en famille.

D'ANCENIS.

Je te jure que je l'ignorais.

PAIMPOL.

Et qui te l'a appris?

D'ANCENIS, montrant le bureau.

Une brochure que...

PAIMPOL.

Je la connais.

D'ANCENIS.

Ou plutôt, mon étoile en qui j'ai confiance.

PAIMPOL.

Moi, qui ne crois pas en la mienne... j'hésitais depuis deux ans à faire une demande en mariage.

D'ANCENIS, gaiement.

Ah! bah!

PAIMPOL.

Et ce matin, enfin... je m'étais décidé à faire connaître mes intentions au père... M. Kerbennec.

D'ANCENIS, riant.

Ce matin... à mon oncle!...

PAIMPOL.

Je le quitte; je viens de la manufacture. Il m'a dit gravement : « Je ne puis vous répondre en ce moment... »

D'ANCENIS.

C'est vrai.

PAIMPOL.

« J'ai ici un membre de ma famille, mon neveu, Edouard
« d'Ancenis... que je dois consulter avant tout... »

D'ANCENIS.

C'est vrai !

PAIMPOL.

« Sa réponse dictera la mienne. »

D'ANCENIS.

C'est exactement vrai !...

PAIMPOL, avec chaleur.

Eh bien ! mon cher camarade, puisque tu as cette influence sur lui... je viens te prier, te supplier, au nom de notre ancienne amitié...

D'ANCENIS.

Tu tiens donc à ce mariage ?...

PAIMPOL.

Immensément... l'alliance la plus belle, la plus honorable; et puis, une fille unique !... la plus riche héritière du département.

D'ANCENIS.

Oui ! mais tu m'as dit qu'elle n'était pas jolie.

PAIMPOL.

Elle est charmante !...

D'ANCENIS, étonné.

Comment !... et que son caractère...

PAIMPOL.

Aimable, gracieux, spirituel...

D'ANCENIS, d'un air fâché.

Est-il possible ?... Et pourquoi alors,... ce matin...

PAIMPOL.

Je craignais que tu ne fusses un prétendant... je craignais ton étoile !... et à la guerre, comme à la guerre... chacun pour soi !... Dieu pour tout le monde !... Mais, tiens, la voilà... regarde... elle vient de ce côté...

(Il va à la fenêtre de gauche.)

D'ANCENIS, *regardant de loin.*

Tu as raison... jolie tournure... taille charmante... (*La reconnaissant.*) O ciel !

PAIMPOL.

Eh bien ! qu'en dis-tu ?

D'ANCENIS, *sans l'écouter, allant à droite.*

Quelle rencontre !... Et mon double message !... Si je pouvais le ravoir ?

(Il va pour sortir par le fond, et s'arrête tout court en voyant entrer Hortense.)

SCÈNE XV.

HORTENSE, D'ANCENIS, PAIMPOL.

HORTENSE.

Est-ce ma présence qui cause votre fuite, mon cousin ?

D'ANCENIS, *troublé.*

Pouvez-vous le penser... mademoiselle, je veux dire... ma cousine... moi qui, sans vous connaître, aurais donné tout au monde... pour l'espoir seulement des liens de parenté qui nous unissent et que j'étais loin de soupçonner.

PAIMPOL.

Quoi ! vraiment, vous ne vous connaissiez pas ?...

D'ANCENIS.

Eh ! mon Dieu non !

HORTENSE.

Mon cousin a dit vrai.

(*Elle s'assied à gauche et prend son ouvrage.*)

D'ANCENIS.

Et c'est pour cela... que je serais charmé... de faire connaissance...

PAIMPOL, *à demi-voix.*

Et de lui parler pour moi.

D'ANCENIS.

Précisément. (A demi-voix.) A une condition... cours vite... tâche de rejoindre la petite jardinière... que j'ai envoyée à la manufacture. (Regardant du côté de la porte vitrée, à droite.) Tiens, elle n'est pas encore partie... je l'aperçois au bout de l'allée, dis-lui qu'elle ne fasse point ma commission et qu'elle me rapporte à l'instant même... ce que je lui ai confié !

PAIMPOL.

Je ne comprends pas...

D'ANCENIS.

Ce n'est pas nécessaire... pars !... ne perds pas une minute...

PAIMPOL.

Dans cette famille-là... ils sont tous étonnants !... (Rencontrant un geste de d'Ancenis.) et tous pressés !

(Il sort.)

SCÈNE XVI.

HORTENSE, assise à gauche et travaillant, D'ANCENIS.

D'ANCENIS, s'approchant d'Hortense.

Ah ! que j'avais raison de croire à mon étoile ! L'orage qui m'a assailli était le présage du beau temps, et le chemin où je me suis égaré me conduisait à la bonne route !

HORTENSE, sans quitter son ouvrage.

Au sein de votre famille.

D'ANCENIS.

Oui, mademoiselle.

HORTENSE.

Vous disiez mieux tout à l'heure ! vous disiez ma cousine !

D'ANCENIS.

Vous le permettez donc ? Vous me rendez ce titre ?

HORTENSE.

Que vous ne méritiez pas ! Car dans ce bal où le hasard nous avait offerts l'un à l'autre, n'avoir pas reconnu, n'avoir pas deviné une amie d'enfance, une sœur !

D'ANCENIS.

C'est vrai !

HORTENSE, souriant.

Et la voix du sang ?

D'ANCENIS, de même.

Elle était muette !

HORTENSE.

C'était très-mal, monsieur ! le passé était si doux !

D'ANCENIS, la regardant.

Le présent était si beau ! Et en voyant cette charmante jeune fille, si railleuse et si séduisante, qui troublait et enivrait ma raison, je n'éprouvai là, je m'en accuse, aucuns sentiments de cousin !

HORTENSE.

Aucuns sentiments de cousin !

D'ANCENIS, avec amour.

Ah ! c'était bien mieux !

HORTENSE, se levant et passant à droite.

Tant pis, monsieur ! Car je ne peux, moi, écouter que ceux-là, et encore ! tout au plus.

D'ANCENIS.

Comment ?

HORTENSE.

Je viens d'apprendre par M. de Paimpol qui vous étiez !... Mais mon père l'ignore !

D'ANCENIS, vivement.

Il le sait, ma cousine, il le sait... c'est lui-même qui m'a offert l'hospitalité, et bien plus encore.

HORTENSE.

Quoi donc ?

D'ANCENIS, se reprenant.

Un déjeuner... un excellent déjeuner.

HORTENSE.

Ah ! vraiment ! c'est d'autant mieux à mon père qu'il était peu favorablement disposé, car ce matin encore nous parlions de vous...

D'ANCENIS, vivement.

Vous parliez de moi ?

HORTENSE.

Mais oui, monsieur... il me semble que c'est notre devoir à nous autres femmes... de prêcher dans les familles la paix... la concorde... et l'union.

D'ANCENIS, avec chaleur.

Ah ! vous avez raison !... J'ai toujours pensé, et maintenant plus que jamais, que rien n'était plus absurde et plus injuste que les haines de famille.

HORTENSE.

Précisément ce que je disais ce matin, à propos des Capulet...

D'ANCENIS.

Et des Montaigu !... Parce que si des grands parents se détestent... ce n'est pas une raison... pour que les fils et surtout les cousins suivent leur exemple... et je m'explique très-bien... je comprends à merveille comment Roméo et Juliette...

HORTENSE.

Ce n'est pas là la question.

D'ANCENIS.

Si, ma cousine... ne fût-ce que par esprit d'opposition ! Et à plus forte raison quand il y a d'autres motifs... des rencontres qui ne peuvent s'oublier... quand on a valsé... quand on a causé avec une personne dont la grâce vous attire, dont le sourire vous charme... dont l'esprit vous séduit... dont le souvenir enfin ne vous quitte plus, vous protége, et marche devant vous dans la vie comme votre guide et votre étoile.

(Il montre le ciel.)

HORTENSE, souriant.

Mon cousin, vous raisonniez plus sagement au bal, et je vous crois plus fort sur la valse que sur l'astronomie.

(Elle imite le geste de d'Ancenis.)

SCÈNE XVII.

HORTENSE, D'ANCENIS, PAIMPOL, sortant de la porte vitrée à droite et marchant sur la pointe du pied.

D'ANCENIS, l'apercevant.

Ah !

(Il va à lui.)

HORTENSE, à part, en passant à gauche.

C'est égal... mon cousin est très-aimable.

(Elle s'assied à gauche et travaille.)

D'ANCENIS, au fond à droite, à Paimpol et lui tendant la main.

Donne vite : tu as vu Josseline ?

PAIMPOL.

Non.

D'ANCENIS.

Comment ?

PAIMPOL.

Je me suis demandé, si pour arriver avant elle à la manufacture, le plus court serait de tourner le petit bois ou de couper par la prairie.

D'ANCENIS.

Eh bien?

PAIMPOL.

Et pendant que j'hésitais et calculais la distance...

D'ANCENIS.

Eh bien?

PAIMPOL.

Josseline, que je voyais toujours devant moi, a soudain disparu.

D'ANCENIS.

Ah!

PAIMPOL.

Impossible de la rejoindre!

D'ANCENIS.

Et tu reviens pour cela? Moi qui pendant ce temps étais là...

PAIMPOL.

A parler pour moi?

D'ANCENIS.

Parler pour toi!... (A part, en allant à droite.) Que le diable l'emporte!

PAIMPOL.

Bien... bien... que je ne te dérange pas... continue.

(Il sort par la porte du fond.)

SCÈNE XVIII.

HORTENSE, toujours à son métier et travaillant en rêvant,
D'ANCENIS.

D'ANCENIS, vivement et s'élançant vers la droite.

Ah! courons...

HORTENSE, le retenant.

Mon cousin!

D'ANCENIS, revenant, à part.

Au fait, il est trop tard... mon oncle doit avoir maintenant ma réponse... mais laquelle?... c'est peut-être la bonne!

HORTENSE.

Mon cousin!

D'ANCENIS, faisant un pas à gauche.

Mais si c'est la mauvaise?

HORTENSE.

Qu'avez-vous, de grâce?

D'ANCENIS, troublé.

Rien... Je crains que votre père... qui d'abord m'a accueilli avec tant de bonté... et même... je puis le dire... comme un fils... (A part.) Laquelle des deux a-t-il reçue! (Haut.) Je tremble... je crains!

HORTENSE.

Quoi donc?

D'ANCENIS.

Qu'il ne change tout à coup... (A part.) Si au moins Josseline revenait, on pourrait savoir... (Haut, à Hortense.) qu'il ne change à mon égard!

HORTENSE, riant et se levant.

Vous ne le connaissez pas! Il a de la peine à revenir le

premier... à faire les avances... et jamais de sa vie il ne pardonnerait un refus.

D'ANCENIS, à part.

O ciel !

HORTENSE.

Mais dès qu'il a tendu la main et qu'on a accepté... il devient, en vrai Breton, aussi entêté dans son amitié qu'il l'était dans sa haine.

D'ANCENIS, hors de lui.

L'amitié... la haine !... C'est justement ce que je dis !... Laquelle des deux ? (se reprenant.) Pardon, ma cousine... (se troublant.) Mais, c'est que, voyez-vous, dans la situation où je suis... (A part.) Et Josseline qui ne revient pas ! (Haut.) Situation que vous ne pouvez comprendre...

HORTENSE.

Peut-être !...

D'ANCENIS.

Je tiens tant à son estime... à son affection... que, s'il faut y renoncer, je suis perdu !

HORTENSE.

Perdu... et pourquoi donc ?

D'ANCENIS, avec agitation.

Au fait !... vous avez raison... on peut perdre... on peut gagner... c'est une chance... autant à parier d'un côté que de l'autre !

HORTENSE, étonnée.

Que dites-vous là ?...

D'ANCENIS, de même, et se promenant.

Je voulais dire que mon étoile, qui tant de fois m'a favorisé, ne m'abandonnera pas dans le moment le plus important de ma vie ! Non... non... et j'y compte !

HORTENSE, étonnée.

Mon cousin, vous n'êtes plus à la conversation.

D'ANCENIS.

C'est vrai !... Jamais je n'aurais eu plus besoin de ma tête... et de mon sang-froid... ne fût-ce que pour me montrer à vous sous un jour favorable, ou du moins pour ne pas trop vous déplaire, et je sens que le trouble dont je ne peux me défendre... (Apercevant Josseline qui entre et poussant un cri.) Ah ! quel bonheur ! C'est elle !...

HORTENSE, très-étonnée.

Qui ? elle !... qui donc ?...

D'ANCENIS, cherchant à se remettre.

Est-ce que j'ai dit : elle !... je voulais dire vous !... et la preuve... c'est que j'ai ajouté : quel bonheur !

SCÈNE XIX.

HORTENSE, D'ANCENIS, JOSSELINE.

JOSSELINE, entrant en courant.

Mademoiselle... mademoiselle... une voiture... une visite... deux dames de la ville... la femme du receveur... et la femme du préfet !

HORTENSE.

Mon père ne peut-il les recevoir ?...

JOSSELINE.

C'est lui qui m'a dit... en entrant dans son cabinet... dont il a refermé la porte : « Je n'y suis pas, avertis ma fille... « va vite... » et voilà !

(Elle se retire au fond, à droite.)

HORTENSE.

Une visite administrative... quel ennui ! Deux dames... dont l'une est peut-être la plus bavarde du département...

D'ANCENIS.

Laquelle ?

HORTENSE.

Toutes les deux !... Je vais tâcher d'avoir une migraine...

D'ANCENIS, vivement.

Ah ! quelle reconnaissance !

HORTENSE.

Et de les renvoyer au plus vite, car vous me devez une explication, mon cousin... oh ! vous me la devez... et je ne vous en tiens pas quitte... Adieu !... et à bientôt !

(Elle sort par la gauche.)

SCÈNE XX.

D'ANCENIS, JOSSELINE.

D'ANCENIS, après s'être assuré qu'Hortense s'est éloignée, prend Josseline par la main et l'amène au bord du théâtre.

Eh bien ?...

JOSSELINE, d'un air triomphant.

Eh bien... c'est fait !...

D'ANCENIS, avec inquiétude.

Tu as remis la lettre ?...

JOSSELINE.

Bravement... comme vous me l'aviez dit.

D'ANCENIS, vivement.

Laquelle ?...

JOSSELINE.

Je n'en sais rien... la première qui est sortie de la poche de mon tablier.

D'ANCENIS, tremblant d'émotion.

Il suffit... donne-moi l'autre. (A part.) Ah ! j'éprouve là une émotion... et une crainte... (Haut à Josseline, avec impatience.) Donne vite...

JOSSELINE, avec embarras.

L'autre...

D'ANCENIS.

Eh oui !...

JOSSELINE.

Ah ! dame !... monsieur.... je ne l'ai plus !

D'ANCENIS.

Et où est-elle ?...

JOSSELINE.

Je n'en sais rien...

D'ANCENIS.

Comment ! tu n'en sais rien ?...

JOSSELINE.

Après avoir remis la première à M. Kerbennec notre maître... qui était à la manufacture, j'ai rencontré dans le parc... Pierre le meunier, mon futur... vous savez ?...

D'ANCENIS.

Eh oui !... Quelle patience !...

JOSSELINE.

Tout botté et tout éperonné... qui allait au marché pour acheter du grain... je lui fais une petite révérence... comme ça... pour lui dire bonjour... mais lui qui est jaloux... comme une espèce de léopard... avait déjà insinué sa vue dans la pochette de mon tablier... — Qu'est-ce que c'est que ça ? qui dit, en s'emparant de la lettre... un billet doux pour vous. — Eh non, vraiment. — Si, morbleu ! — Une dispute qui s'engage...

D'ANCENIS, avec colère.

Il n'avait qu'à lire l'adresse.

JOSSELINE, criant avec force.

Mais Pierre ne sait pas lire...

D'ANCENIS.

Il ne sait pas lire !

JOSSELINE.

Ce qui le rend plus défiant encore.

D'ANCENIS.

Quelle fatalité! quelle chance!

JOSSELINE.

N'est-ce pas?... ça peut servir des fois... mais là... c'était à se désespérer... et il s'est enfui en me criant : Je ferai lire ça au marché.

D'ANCENIS.

Où il est allé?...

JOSSELINE.

Au grand galop!... Mais rassurez-vous... de ce train-là... il sera de retour... (Calculant.) avant... ah! moins que ça... avant une heure.

D'ANCENIS.

Mais d'ici là... que faire?... que devenir?... C'est à se brûler la cervelle.

JOSSELINE.

Tiens!... pour un chiffon de papier...

D'ANCENIS.

Mais dis-moi... l'autre lettre... la première... celle que tu as remise à M. Kerbennec...

JOSSELINE.

C'est bien simple... il allait entrer dans son cabinet. Notre maître... notre maître! que je lui ai dit... une lettre pour vous de la part de ce jeune voyageur... — De mon neveu Édouard! s'est-il écrié avec empressement... et c'est comme ça que j'ai appris que vous étiez le neveu de la maison...

D'ANCENIS.

Après?...

JOSSELINE.

Dont mam'selle parlait si souvent!... Sans cela... et à vous voir... je ne me serais jamais douté...

D'ANCENIS, lui prenant le bras avec force.

Après... après ? va donc !

JOSSELINE.

Ah ! où en étais-je ?...

D'ANCENIS, hors de lui.

Elle me le demande !

JOSSELINE.

Monsieur a pris la lettre... et un éclair de joie et de curiosité brillait dans ses yeux... « Mes besicles, mes besicles, » a-t-il dit, en cherchant sur lui, (Riant.) car il ne peut pas lire sans lunettes... et il court toujours après elles... En ce moment la voiture est arrivée... « Je n'y suis pas ! que « personne ne vienne me déranger... dis à ma fille de rece- « voir... » et il a refermé sur lui la porte dont je lui ai entendu tirer les verrous en dedans.

D'ANCENIS.

O ciel ! Et il est encore dans ce cabinet...

JOSSELINE.

Oui, monsieur...

D'ANCENIS, la pressant de partir.

Vas-y... tu frapperas !... tu lui diras...

JOSSELINE.

Ah bien ! oui ! Après sa défense !... bien hardi qui oserait s'y risquer.

D'ANCENIS, se promenant avec agitation.

Avertis-moi alors dès que Pierre sera revenu... s'il revient jamais...

JOSSELINE, effrayée.

Comment ! s'il en reviendra !

D'ANCENIS.

C'est bon... laisse-moi !

JOSSELINE.

Il ne vous faut pas autre chose ?...

D'ANCENIS.

Non... va-t'en !...

JOSSELINE, à part.

Et mon cadeau de noce?... oh! il ne peut pas manquer, puisque c'est le neveu de la maison.

(Elle sort par le fond.)

SCÈNE XXI.

D'ANCENIS, seul.

Impossible de rien savoir!... obligé d'attendre ici mon sort... et quand je pouvais ne le devoir qu'à moi-même, l'attendre de mon étoile à laquelle je me suis confié! Je commence à croire que c'est un mauvais système... (Avec impatience.) Ah !... Paimpol... que me veut-il, celui-là ?

SCÈNE XXII.

PAIMPOL, D'ANCENIS.

PAIMPOL.

Eh bien! tu as parlé pour moi?

D'ANCENIS.

Non!

PAIMPOL.

Et pour quel motif?

D'ANCENIS.

Tu m'avais tantôt accusé de diplomatie... je ne mériterai plus ce reproche. J'aime mademoiselle Hortense Kerbennec, ma cousine.

PAIMPOL.

Heir?... (A part.) J'avais raison ce matin. (Haut.) Et toi, toujours si prompt dans tes résolutions, tu l'épouses sans doute?

D'ANCENIS.

C'est le plus ardent de mes vœux!

PAIMPOL, à part.

Et moi qui viens de me déclarer... Voilà ce que c'est que de se presser! (Haut.) Alors tu as fait ta demande?

D'ANCENIS.

Plût au ciel!

PAIMPOL, avec joie.

Tu ne l'as donc pas encore faite?

D'ANCENIS, avec embarras.

Peut-être!... c'est possible... cela dépend...

PAIMPOL.

Mon Dieu!... tu n'as pas besoin de jouer au fin avec moi! Je te prie seulement et en galant homme, de me faire connaître tes intentions!... Si tu te présentes, je me retire!... si tu te retires... je me représente! on ne peut pas, je crois, agir plus loyalement!

D'ANCENIS.

A coup sûr!

PAIMPOL.

Et bien alors, réponds! c'est facile.

D'ANCENIS, avec impatience.

Pas dans ce moment! plus tard...

PAIMPOL.

C'est pourtant bien simple! es-tu pour ou contre ce mariage... est-ce oui?

D'ANCENIS, hésitant.

Je... je... n'en sais rien!...

PAIMPOL.

Est-ce non?

D'ANCENIS.

Je... je... ne peux le dire...

PAIMPOL, insistant.

Est-ce oui ?... ou non ?

D'ANCENIS, avec impatience.

Je ne puis te le dire encore... il y a des raisons... des motifs... qui font qu'avant une heure... peut-être deux... peut-être jamais ! (Avec colère.) Mais que diable, te voilà bien pressé, toi qui es d'ordinaire si lent à prendre un parti.

PAIMPOL.

Et toi qui d'ordinaire te décides si vite...

D'ANCENIS.

Ton exemple m'a gagné... je veux réfléchir et devenir raisonnable.

PAIMPOL.

Par extraordinaire !

D'ANCENIS.

Oui.

PAIMPOL.

Et exprès pour moi !

D'ANCENIS.

Oui.

PAIMPOL.

C'est un mauvais procédé.

D'ANCENIS.

Comme tu voudras.

PAIMPOL.

C'est d'un mauvais camarade.

D'ANCENIS.

A la bonne heure !... Aussi bien, dans ce moment... je mourais d'envie de chercher querelle... à quelqu'un... au premier venu... autant se trouver en pays de connaissance... et puisque la proposition vient de toi...

10.

PAIMPOL.

Je n'ai pas dit cela.

D'ANCENIS.

Je te laisserai le choix des armes.

PAIMPOL, vivement.

Un instant... il faut le temps de choisir... avec toi surtout... qui as une bonne étoile...

D'ANCENIS, avec colère.

Fatale en ce moment!

PAIMPOL, criant.

Raison de plus.

SCÈNE XXIII.

HORTENSE, PAIMPOL, D'ANCENIS.

HORTENSE.

Eh! mon Dieu... qu'y a-t-il... une discussion, une dispute?...

PAIMPOL.

Qui vous regarde, mademoiselle.

HORTENSE.

Je me récuse alors et refuse d'entendre la cause... on ne peut être juge et partie... (A Paimpol.) Une autre affaire, d'ailleurs, vous appelle, monsieur. Au moment de monter en voiture, la femme du préfet, apprenant, par moi, que vous étiez ici, a, de son côté, une querelle et une demande à vous faire.

D'ANCENIS.

Deux affaires à la fois!

HORTENSE.

Vous êtes trop galant pour faire attendre une jolie dame... mais soyez tranquille... (Montrant d'Ancenis.) votre autre adversaire ne vous échappera pas... je le retiendrai ici... je l'essaierai du moins... (A Paimpol.) Allez vite !...

PAIMPOL, s'inclinant.

C'est pour vous obéir, mademoiselle.

D'ANCENIS.

Au revoir, monsieur.

PAIMPOL.

Adieu !

(Il sort par le fond.)

SCÈNE XXIV.

HORTENSE, D'ANCENIS.

HORTENSE.

Et nous, mon cousin, parlons raison !

D'ANCENIS.

Si c'est possible...

HORTENSE.

Vous dites vrai... car je ne vous reconnais plus, et je vais être obligée, à mon grand regret, de renoncer à la bonne opinion...

D'ANCENIS, vivement.

Que vous aviez de moi ?

HORTENSE.

Et que vous semblez prendre à tâche de diminuer... A peine arrivé chez mon père... que signifie cette querelle, avec un de nos voisins, un de vos amis ?

D'ANCENIS.

Lui mon ami !... Il ne l'est plus.

HORTENSE.

Et pour quels motifs ?...

D'ANCENIS, hésitant.

Des motifs... des motifs... il veut vous épouser !

HORTENSE.

Et vous trouvez cela absurde ?

D'ANCENIS.

Au contraire !... mais il s'adresse à moi...

HORTENSE.

N'êtes-vous pas mon cousin ? et de plus un homme raisonnable !... Il pouvait le croire... je m'y suis trompée moi-même !... Il est, en effet, bien singulier que vous, monsieur, qui, dans le tumulte d'un bal, étiez calme, réfléchi, et presque sérieux, vous soyez ici... dans une agitation... un trouble qui semble croître à chaque instant... Je vous préviens, monsieur, que cela inquiète beaucoup votre famille... et lui fait craindre pour votre raison.

D'ANCENIS.

Et cette raison... si je l'avais perdue !... si je vous aimais !... si je ne pouvais plus vivre sans vous, ma cousine !... que diriez-vous ?

HORTENSE, baissant les yeux, en souriant.

Je dirais... je dirais : mon cousin, tâchez de ne pas mourir !

D'ANCENIS, poussant un cri de joie.

L'ai-je bien entendu ? aimé ! aimé de vous !... Ah ! je suis le plus heureux... (Avec fureur.) non... le plus malheureux des hommes.

HORTENSE, étonnée.

Eh bien ! par exemple...

D'ANCENIS, hors de lui.

Pardon !... je voulais dire que ce bonheur-là est le dernier coup qui m'était réservé... le juste châtiment que j'ai mérité...

HORTENSE.

Mais c'est encore pis, mon cousin! voilà que cela vous reprend et que, de nouveau, vous perdez la tête.

D'ANCENIS.

Il y a de quoi!... car si je vous disais...

HORTENSE.

Il faut tout me dire!

D'ANCENIS.

Vous ne me le pardonnerez jamais!

HORTENSE.

Que je pardonne ou non, je veux tout savoir.

D'ANCENIS.

Eh bien!... (Apercevant Paimpol, qui entre.) M. de Paimpol!... impossible devant lui.

HORTENSE.

N'importe... achevez!... Je le veux!

(Elle s'assied à gauche.)

D'ANCENIS.

Eh bien! apprenez...
(Il lui parle à voix basse et à l'oreille pendant que Paimpol descend le théâtre.)

SCÈNE XXV.

HORTENSE, assise; D'ANCENIS, debout; PAIMPOL, entrant par le fond.

PAIMPOL, descendant en rêvant.

Comme c'est agréable... une querelle!... parce que je n'ai pas souscrit à son concert au profit des pauvres... et une demande!... vingt billets à prendre dans sa loterie pour les jeunes orphelines... et tout cela parce que je suis garçon!... célibataire, taillable et corvéable à merci... je me marierai... j'y suis résolu! ne fût-ce que par économie!...

HORTENSE, à d'Ancenis en se levant.

Ah! qu'avez-vous fait là?...

PAIMPOL, à d'Ancenis.

Eh bien!... monsieur est-il enfin décidé?...

D'ANCENIS, regardant Hortense, avec fermeté.

Oui, monsieur!

HORTENSE, sévèrement, passant au milieu.

Mais c'est moi qui ne le suis pas!

D'ANCENIS, à part.

O ciel!

PAIMPOL, avec joie.

Le cousin serait distancé... quel bonheur!

HORTENSE, à demi-voix, à d'Ancenis.

De sorte que, grâce à cette folie... ou plutôt à ce mépris de toutes les convenances que mon père ne pardonnerait pas... vous ignorez encore...

D'ANCENIS, à demi-voix, et avec émotion.

Oui... (Apercevant Josseline.) C'est Josseline... ma messagère... je vais connaître mon sort.

(Il va à Josseline.)

SCÈNE XXVI.

HORTENSE, D'ANCENIS, JOSSELINE, PAIMPOL.

JOSSELINE, à demi-voix, à d'Ancenis.

Pierre est revenu.

D'ANCENIS.

Ma lettre?...

JOSSELINE.

Sur le vu de l'adresse, tout le monde lui a dit que la lettre n'était pas pour moi...

D'ANCENIS.

Où est-elle ?

JOSSELINE, la tirant de sa poche à droite.

La lettre !... ah ben ! je l'ai là.

D'ANCENIS.

Donne-la-moi.

HORTENSE, la prenant.

C'est bien !... c'est moi qui reçois toutes les lettres adressées à mon père !

(Elle décachette la lettre et la lit sans aucun signe d'émotion, pendant que d'Ancénis la regarde en tremblant.)

D'ANCENIS.

Mais, ma cousine... Eh bien ? eh bien ?... (Regardant vers le fond.) Ciel ! M. Kerbennec... quel air sévère !... c'est lui qui a la mauvaise !

(Hortense cache de sa main gauche, et contre sa robe, la lettre qu'elle vient de lire.)

SCÈNE XXVII.

D'ANCENIS, KERBENNEC, HORTENSE, PAIMPOL, JOSSELINE.

KERBENNEC, froidement, à Hortense.

Tu n'as pas de commission, ni de lettres pour Paris, ma chère enfant ?

HORTENSE.

Non, mon père...

KERBENNEC.

C'est que je fais partir à l'instant un de mes gens à cheval.

HORTENSE.

Qu'y a-t-il donc de si pressé ?

KERBENNEC.

Je veux envoyer, sans plus attendre, et par le courrier de ce soir, mon pourvoi en cassation dont je viens de rédiger moi-même le projet...

HORTENSE.

Quoi, mon père... cet éternel procès?...

KERBENNEC.

Va recommencer plus chaudement que jamais, je m'en flatte... M. Edouard, que je ne retiens plus, peut l'annoncer à son père...

HORTENSE, à demi-voix.

Congédier ainsi votre neveu!...

PAIMPOL, à part.

Décidément le cousin est distancé.

HORTENSE.

Qu'a-t-il fait?... que lui reprochez-vous?

KERBENNEC.

Ce qu'il a fait?... Tiens, et pour que tu ne sois plus tentée de prendre sa défense... lis!...

(Il remet toute pliée et dans la main droite d'Hortense la lettre qu'il a reçue de d'Ancenis; puis, passant derrière sa fille, il va causer avec Paimpol. Hortense a pris la lettre et l'a mise, de la main droite, dans sa poche, tandis qu'elle lit celle qu'elle a prise à Josseline, et qu'elle tenait cachée dans sa main gauche.)

HORTENSE, froidement.

Je ne vois pas, mon père, ce qui a pu vous blesser dans une lettre pleine de respect et de convenance.

KERBENNEC, avec colère.

De convenance...

HORTENSE, lisant.

« Monsieur, j'accepte avec empressement et reconnais-
« sance... »

KERBENNEC, stupéfait et se frottant les yeux.

Il y a cela?

HORTENSE.

En propres termes!

KERBENNEC, prenant la lettre.

Ce n'est pas possible... et ce n'est pas là ce que je viens de lire.

HORTENSE, timidement.

C'est que vous avez mal lu. La prévention et la colère peuvent tellement aveugler!

KERBENNEC.

C'est trop fort! (Cherchant sur lui.) Mes besicles, où sont mes besicles?... (A Josseline.) Il doit y en avoir là! (Il montre le bureau.) Ou plutôt vous, mon cher voisin, (S'adressant à Paimpol.) faites-moi le plaisir de me relire cette lettre?

PAIMPOL.

Très-volontiers. (Lisant.) « Monsieur, j'accepte avec em-
« pressement et reconnaissance... une proposition qui éteint
« toutes les haines. »

KERBENNEC, lui arrachant la lettre.

Et vous aussi qui êtes du complot...

D'ANCENIS.

C'est là ce que j'ai écrit, monsieur, c'est là ce que je pense...

HORTENSE.

C'est là ce que mon cousin me répétait à l'instant même.

PAIMPOL.

C'est là, je dois le dire, ce que monsieur m'a toujours affirmé.

D'ANCENIS.

Vous l'entendez?...

HORTENSE.

De la bouche même d'un rival.

(Josseline remet les besicles à Kerbennec, et passe à gauche.)

KERBENNEC, prenant les besicles, lisant vivement.

« Monsieur, j'accepte avec empressement et reconnais-
« sance... » C'est à confondre... car enfin, ce que j'ai lu
tout à l'heure... je l'ai lu... ce qui s'appelle lu !

HORTENSE, d'un air câlin.

Quoi... Vous en croyez vos yeux... (Montrant Paimpol.) plus
que la parole d'un galant homme... plus que les serments
de votre neveu, plus que les prières de votre fille...

KERBENNEC.

Mais...

HORTENSE.

Que vouliez-vous après tout... son acceptation ?... sa promesse ?...

D'ANCENIS, avec chaleur.

Je la donne !

HORTENSE.

Il la donne !

JOSSELINE.

Il l'a donnée... et plutôt deux fois qu'une... car il l'a écrite
deux fois... j'en suis témoin.

D'ANCENIS, à voix basse à Josseline.

Silence !... ou sinon...

KERBENNEC.

Qu'entend-elle par ces deux fois ?...

HORTENSE.

Qu'il l'a donnée, mon père, à vous... (Se retournant vers
d'Ancenis.) et à moi !...

KERBENNEC, secouant la tête.

On me trompe, j'en suis sûr... (A sa fille.) Et toi-même...

HORTENSE, d'un air caressant.

Quand ce serait vrai !... Trompons les gens pour leur bonheur.

D'ANCENIS, gaiement.

Et prions Dieu qu'on nous le rende !

KERBENNEC, ému.

C'est possible ! (Regardant encore la lettre.) Mais être trompé... sans savoir comment !

D'ANCENIS, gaiement.

N'est-ce que cela, mon oncle ? vous le saurez !

KERBENNEC, vivement, à d'Ancenis.

Quand cela ?

HORTENSE.

Le lendemain du mariage.

KERBENNEC, gaiement.

Ne fût-ce que par curiosité, je serais tenté de dire oui...

TOUS, vivement.

Vous l'avez dit !

(Kerbennec regarde avec émotion sa fille qui le supplie, puis tend la main à son neveu qui la saisit et se précipite dans ses bras.)

HORTENSE, les regardant.

Plus de Montaigu !

D'ANCENIS.

Ni de Capulet !

KERBENNEC.

Et j'espère qu'en rival généreux M. de Paimpol nous servira de témoin.

PAIMPOL.

Il est sûr que !... Peut-être... je demande à réfléchir.

HORTENSE, à demi-voix.

A la condition que mon cousin ne croira plus à son étoile !

D'ANCENIS, la regardant.

Je ne croirai plus que ma femme.

LA CZARINE

DRAME EN CINQ ACTES

Théatre-Français. — 15 Janvier 1855.

PERSONNAGES.	ACTEURS.
LE CZAR PIERRE Ier . . . . MM.	BEAUVALLET.
MENZIKOFF, premier ministre	GEFFROY.
LE COMTE SAPIEHA, Polonais.	BRESSANT.
VILLERBECK, Hollandais, amiral au service de la Russie	MONROSE.
JAKINSKI, capitaine des gardes, chargé de la police du palais et de la ville	MAUBANT.
UN HUISSIER	MASQUILLIER.
LA CZARINE. . . . . Mmes	RACHEL.
OLGA, fille de Menzikoff	FIX.

En janvier 1725. — Dans le palais de Peterhof, aux environs de Saint-Pétersbourg, pendant les deux premiers actes. — Dans le palais de Menzikoff, au troisième acte. — Dans le palais du czar, aux deux derniers actes.

J'ai consulté, à l'occasion de cet ouvrage, l'*Histoire de la Russie*, par Lévesque, celle de Karamsin, plusieurs mémoires, entre autres ceux de l'amiral Villebois ; mais surtout l'histoire si consciencieuse et si éloquente de *la Russie* et de *Pierre le Grand*, par M. le comte Philippe de Ségur.

Celui-ci, j'ai fait mieux que le consulter ; je lui ai emprunté textuellement des détails qui semblaient m'appartenir, car c'était du drame aussi bien que de l'histoire. Mais quand on a emprunté, il faut rendre, même aux riches ! C'est ce que je fais ici, en remerciant hautement mon illustre confrère à l'Académie française de ce qu'il a bien voulu me prêter.

EUGÈNE SCRIBE.

LA CZARINE

ACTE PREMIER

Un salon très-riche dans le style Louis XIV. — Porte au fond, deux portes latérales. — A gauche un canapé. — A droite un fauteuil près d'une table.

SCÈNE PREMIÈRE.

VILLERBECK, SAPIEHA, entrant ensemble.

SAPIEHA.

L'amiral Villerbeck à la cour!

VILLERBECK.

Le comte Sapieha, mon jeune ami!

SAPIEHA.

Quelle surprise!

VILLERBECK.

Pas pour moi, qui vous savais à Saint-Pétersbourg.

SAPIEHA.

Et moi, je vous croyais sur la Baltique!

VILLERBECK.

J'arrive du lac Ladoga, dont le czar poursuit les travaux avec ardeur.

SAPIEHA.

En janvier! et par un hiver comme celui de 1725!

VILLERBECK.

Chargé d'une mission pour les bords de la mer Caspienne... et de dépêches pour Saint-Pétersbourg, j'ai couru en kibitk jour et nuit!

SAPIEHA.

Il y a de quoi mourir de froid.

VILLERBECK.

Peu importe au czar... pourvu qu'on arrive ! Et me voilà!

SAPIEHA.

Obéissance passive! déjà Moscovite à ce point... vous, un citoyen de la Hollande! un ami de la liberté!

VILLERBECK.

C'est pour cela même!... Menacé d'être jeté en prison, traqué, poursuivi pour dettes, duels et mauvaises affaires, je ne savais où donner de la tête, quand j'ai entendu dire qu'il y avait un pays en Europe où il suffisait d'être aventurier, étranger et sans ressources, pour parvenir!... J'ai dit : Ma fortune est faite! Sans calculer les difficultés ni la distance, je suis parti pour la Russie, et par la mordieu, ma faible bourse épuisée, je mourais en route de faim et de misère, si je n'avais rencontré à Varsovie un jeune et beau seigneur, brillant, recherché, l'idole de toutes les dames polonaises, qui daigna me venir en aide.

SAPIEHA.

Ne parlons pas de cela, mon cher! je tiens à la Hollande par alliance. Mon père, le comte Sapieha, avait épousé une nièce du stathouder; vous voyez que nous sommes presque compatriotes.

VILLERBECK.

Vous m'avez traité comme tel! vous m'avez prêté de quoi faire figure! Et arrivé ici... a beau mentir qui vient de loin, on m'a pris pour un homme de talent, on m'a offert, à moi, contre-maître, le grade de capitaine de vaisseau dans une flotte qui, comme mon mérite, n'existait pas encore. J'ai accepté de confiance, et... Et vous, monsieur le comte, comment vous trouvez-vous à Pétersbourg ?...

SAPIEHA.

Malgré moi! car j'aime, vous le savez, mes aises, mes plaisirs, les jouissances du luxe et l'élégance des cours policées! Élevé par le roi Stanislas Lekzinski, j'étais près de lui aux jours de sa fortune, je l'accompagnais encore dans sa fuite quand, détrôné, il trouvait un asile en France, à la cour du régent. Depuis, mon père, dont il ne m'appartient pas de discuter la conduite politique, mon père, resté en Pologne et grand maréchal de la diète, votait en faveur du roi Auguste, que soutenaient les armes du czar; il avait même accepté un commandement important dans les armées russes, et, blessé dangereusement dans la campagne de Suède, il m'écrivit de venir recevoir des adieux qu'il croyait les derniers. Grâce au ciel, il se trompait. Après une longue convalescence, il est hors de danger, et je vais bientôt, je l'espère, quitter la Russie !

VILLERBECK, souriant.

Je ne le crois pas !

SAPIEHA.

Et pourquoi, s'il vous plaît ?

VILLERBECK.

Il y a deux jours, et pendant son dîner, le czar recevait un rapport de Jakinski, son nouveau favori, que l'on nomme *l'œil du czar!* capitaine des gardes, chargé de la police du palais et de la ville !... l'homme le moins bavard de la cour, car il ne dit jamais que deux mots : Oui, sire !...

SAPIEHA, souriant.

Mais il paraît qu'il regarde... et fait des rapports!

VILLERBECK.

Et dans celui que le czar parcourait à demi-voix, il était question d'un jeune Polonais, le comte Sapieha, fils du général de ce nom! « Sapieha!... dit le czar, je l'ai vu à « mon voyage en France! c'était un des jeunes seigneurs à « la mode, un des illustres de la régence! Et dans ma cour « à demi barbare, où le bon ton, l'urbanité et les belles « manières sont inconnues, sa présence fera bien! je veux « qu'il reste!... »

SAPIEHA, avec ironie.

Je veux!...

VILLERBECK.

« J'ai emprunté, continua-t-il, à Fontainebleau et à Marly « leurs palais, leurs jardins, leurs eaux jaillissantes; c'était « aisé! Mais acclimater sur les bords de la Néva et dans les « marécages de Pétersbourg les mœurs et les habitudes élé- « gantes de Versailles... c'est plus difficile! Ce sera!... « et si j'offrais au fils du général Sapieha une place à ma « cour... »

SAPIEHA.

Je refuserais!

VILLERBECK, étonné.

Refuser le czar!

SAPIEHA.

Que voulez-vous? Le souverain qu'on nomme Pierre le Grand n'a jamais eu mes sympathies. Au contraire... pour des raisons à moi connues... je le déteste!

VILLERBECK.

Eh bien! moi je l'aime! Avec lui, il faut que chacun obéisse, et sans réplique; que tout cède à sa volonté! car la loi... c'est lui! et un empire que l'on gouverne comme un vaisseau, cela me va, cela me convient. Je l'aime se promenant à pied sur nos ports, dans nos arsenaux, avec sa redoutable *dubina*, son gros jonc à pomme d'ivoire, que tout le monde connaît dans l'empire, depuis les derniers fonctionnaires publics jusqu'aux sénateurs, jusqu'à son favori même, le prince Menzikoff! Je crois me voir à bord, la garcette à la main, distribuant mes ordres à tout mon équipage, depuis le mousse jusqu'au lieutenant! C'est ainsi qu'on administre!

SAPIEHA.

En Russie!

VILLERBECK.

Voilà comme on crée, à vue d'œil, des flottes, des ports, des fortifications; comme l'on change en une ville superbe des marais infects!

SAPIEHA.

En y engloutissant par année cent mille malheureux...

VILLERBECK, froidement.

Peut-être plus!... c'est possible! Mais le grand homme s'est élevé à l'extrémité de son empire une capitale qui excite l'admiration de l'Europe! Du reste, nous avons décidé, par un ukase, que le Moscovite ne possédant rien, tout appartenait au czar! Il s'ensuit que tous ses sujets sont, de droit, ouvriers admis à travailler pour lui toute leur vie; voilà pour les fabriques!... qu'il est le seul négociant de la Russie; voilà pour le commerce! Bien plus, il s'est déclaré le seul cabaretier d'un empire où tout le monde est ivrogne... ce qui lui constitue un revenu inextinguible, comme la soif de ses sujets... revenu auquel nous contribuons souvent ensemble!... car Sa Majesté ne dédaigne pas de boire avec moi!

SAPIEHA.

En effet, amiral, je crois me rappeler que vous buvez bien!

VILLERBECK.

Le czar, mieux encore : trente, quarante verres de suite, sans qu'il y paraisse!

SAPIEHA.

C'est une grande capacité !

VILLERBECK.

Un grand homme! qui, même en s'enivrant, ne songe qu'à réformer son peuple! Un génie civilisateur!

SAPIEHA.

Qui aura immolé la moitié de ses sujets, pour apprendre à vivre à l'autre moitié.

VILLERBECK.

Que voulez-vous? il faut qu'il arrive!... Et il est pressé! Il a son but!

SAPIEHA.

Qu'il est facile d'atteindre ! quand on brise tout sur son passage, quand aucun frein ne vous arrête!... On trame contre lui d'obscurs complots! (Avec ironie.) et au lieu, comme nos souverains d'Europe, de perdre son temps à la recherche des vrais coupables, au lieu de s'astreindre à ces obstacles gênants qu'on nomme justice ou tribunaux, il fait massacrer en masse quinze ou vingt mille vieux soldats, compagnons d'armes de son père!... Il est vrai, comme vous le dites, qu'il est pressé, et cela épargne du temps et des frais; il pousse même l'économie jusqu'à servir lui-même de bourreau ! C'est à table, au dessert, qu'on lui amène ses victimes, et, joyeux convive, la hache et le verre à la main, il fait tomber une tête à chaque gobelet qu'il vide !... Je passe sous silence sa sœur renversée du trône ! et sa première femme, condamnée au knout et à la réclusion ! et son propre fils immolé de sa main... Tenez, Villerbeck, ne parlons plus de ce tyran sanguinaire et grossier qui excite votre admiration, qui ne m'inspire à moi que dégoût, et dont la renommée me prouve seulement que dans le Nord on est grand homme et grand monarque à bon marché !

(Sapieha va s'asseoir sur le canapé à gauche.)

VILLERBECK.

Eh! par la mordieu! on n'est pas parfait! Mais aux détails près, l'ensemble est magnifique! (Allant s'asseoir près de Sapicha sur le canapé à gauche.) Vous avez dû trouver, dans Pétersbourg, des objets dignes de votre admiration, je ne vous parle pas de nos beautés moscovites... (D'un air fin.) auprès desquelles vous avez eu, comme toujours, des succès brillants!

SAPIEHA.

Moi!...

VILLERBECK.

Le rapport en parlait.

SAPIEHA.

Preuve qu'il ne faut pas se fier aux rapports!

VILLERBECK.

Celui-ci contenait même quelques anecdotes qui ont fait rire le czar!... car il rit quelquefois!... et alors, je ris aussi! Il était question, entre autres aventures, d'une princesse Lapoukin qui vous adorait, d'une petite comtesse Bestutcheff qui faisait des folies pour vous... car il paraît, mon cher comte, que malgré le climat, les ardeurs sont les mêmes, et qu'ici, comme à Versailles, comme à Varsovie, vous aimez toujours les femmes!

SAPIEHA, souriant.

Toujours! Et vous, amiral?...

VILLERBECK.

Moi, franchement, j'aime mieux le vidrecome et le flacon de rhum... c'est d'un abord facile... tandis que les femmes auxquelles il faut plaire, c'est ennuyeux!... c'est long.

SAPIEHA, riant.

Et vous êtes pressé!... comme le czar... votre maître...

VILLERBECK.

Mais vous qui avez le temps et surtout l'habitude des conquêtes, qui avez-vous préféré?

SAPIEHA.

Personne!

VILLERBECK, d'un air d'incrédulité.

Allons donc!... Aucune femme de la cour ne vous a paru digne de vos hommages?

SAPIEHA.

Si vraiment!... Une seule!... que sa beauté, son mérite et son rang désignent à tous les regards!

VILLERBECK, effrayé.

O ciel! la czarine!

SAPIEHA.

Précisément.

VILLERBECK.

Vous l'aimez?...

SAPIEHA.

Je ne dis pas cela!... mais je la trouve charmante!... tout en elle vous éblouit... vous attire... et puis... c'est la czarine!

VILLERBECK.

Taisez-vous!... Éloignez de pareilles idées... elles sont fatales, elles sont mortelles! et l'année dernière, pour avoir osé élever ses regards jusqu'à sa souveraine, Mœns de la Croix a porté sa tête sur l'échafaud.

SAPIEHA, souriant.

Oui, c'est par la hache que Pierre punit les amours! (Se levant du canapé et passant à droite du théâtre.) Et les amours ne puniraient pas ce tyran!

VILLERBECK, se levant aussi.

Silence donc!... Il y a ici tant d'autres grandes dames que l'on peut aimer sans péril!

SAPIEHA.

C'est peut-être pour cela qu'elles me sont indifférentes... (Avec chaleur.) tandis que celle-ci!... voyez-vous, Villerbeck...

c'est... c'est... la czarine!... et par orgueil, par amour-propre... par un sentiment que je ne puis définir... soit admiration pour elle... ou bien haine pour le czar!... j'ai rêvé plus d'une fois que...

VILLERBECK.

Si l'on vous entendait?...

SAPIEHA, gaiement.

Un rêve!... punit-on ici les rêves? n'est-il pas permis d'avoir une idée... une idée fixe?...

VILLERBECK.

Si!... mais de la dire!

SAPIEHA.

A vous, Villerbeck! est-ce que vous me trahirez?

VILLERBECK.

Jamais! je vous le jure!... je suis à jeun, d'ailleurs! mais si on ne l'était pas!... qui sait? Aussi par l'amitié, par la reconnaissance que je vous dois... agissez comme vous l'entendrez! mais ne me dites jamais rien!... je vous le demande en grâce!...

SAPIEHA.

Rassurez-vous!... je n'aurai rien à vous confier... par malheur!

VILLERBECK.

Par bonheur!... (A demi-voix.) Silence! voici Sa Majesté, avec le prince chancelier.

SCÈNE II.

VILLERBECK, à gauche, **LA CZARINE**, précédée de ses femmes qui restent au fond à gauche, **MENZIKOFF, SAPIEHA**, à droite.

LA CZARINE, en entrant, aperçoit Sapieha qui la salue. Elle se tourne vivement vers Menzikoff.

Vous m'assurez, prince, que des dépêches sont arrivées ce matin, apportées par l'amiral Villerbeck.

VILLERBECK, s'avançant et saluant.

Qui attendait, pour se présenter, le lever de Votre Majesté.

LA CZARINE.

Bonjour, amiral ! le czar va bien ?

VILLERBECK.

Toujours sur pied, du matin au soir ! une volonté de bronze dans un corps de fer !

LA CZARINE.

Et le canal Ladoga auquel Pierre attache tant d'importance ?

MENZIKOFF.

Avec raison, canal nourricier de Saint-Pétersbourg, qui doit rejoindre les eaux du nord de l'Asie à celles de l'Europe !

LA CZARINE.

Comment vont les travaux ?...

VILLERBECK.

Fort bien, Majesté, pour moi qui ne m'y connais pas ! Mais le czar, trouvant qu'ils n'allaient pas assez vite, est entré en fureur contre l'ingénieur Pisareff !... Il l'a frappé de sa canne en s'écriant : Tu n'es qu'un drôle ! et il a chargé le lieutenant général Munnich de refaire et de terminer cet ouvrage ; puis, comme on prétendait que quatre mille travailleurs étaient morts de froid la semaine dernière, il a écrit à ce sujet à Votre Majesté.

LA CZARINE, qui a ouvert et parcouru la lettre.

Oui... il accorde à Munnich vingt-cinq mille ouvriers à dépenser... et ordonne de les lui envoyer... (Remettant la lettre à Menzikoff.) Cela vous regarde, prince.

MENZIKOFF, s'inclinant.

Les intentions du czar seront exécutées.

LA CZARINE, lui montrant la lettre de la main.

D'autres ordres encore dont vous prendrez connaissance... (Regardant Sapieha.) Ah! vous ici, monsieur le comte ? je ne vous avais pas vu, approchez : le czar me parle de vous ! En considération des services du général Sapicha, votre père, Sa Majesté vous offre à sa cour le titre de chambellan.

SAPIEHA.

C'est une faveur au-dessus de mes désirs et de mon mérite! Les titres et les honneurs ne sont point l'objet de mes vœux, et je prie Votre Majesté de vouloir bien faire agréer au czar mes remercîments et mes regrets, je quitte demain Saint-Pétersbourg !

LA CZARINE, avec émotion.

Ah!...

SAPIEHA.

Je pars pour la France.

LA CZARINE, de même.

Où des souvenirs... où des affections vous rappellent... Nous n'avons pas le droit de vous retenir,.. Adieu, monsieur le comte... A tantôt, mesdames...

(Villerbeck à gauche du théâtre et Sapieha à droite saluent et sortent par le fond. — Toute la cour s'éloigne. La czarine se laisse tomber sur un fauteuil à droite et garde le silence. Menzikoff est debout près d'elle.)

SCÈNE III.

LA CZARINE, MENZIKOFF.

MENZIKOFF, qui a parcouru les papiers que lui a remis la czarine, s'approchant d'elle.

Quoi! le czar entend que vous alliez le rejoindre et que vous dirigiez avec lui, au cœur de l'hiver, ces horribles travaux?

LA CZARINE.

Ce n'est pas la première fois que j'aurai bravé à ses côtés la rigueur des saisons et les périls de la guerre !

MENZIKOFF.

Mais alors vous ne sortiez pas d'une longue maladie, vous n'étiez pas encore faible et souffrante ! Et s'il vous appelle à Ladoga en ce moment... c'est qu'il veut vous tuer !

LA CZARINE, souriant.

Je le crois !

MENZIKOFF.

Et vous obéirez ?

LA CZARINE.

Autant périr de froid là-bas que d'ennui ici ! Pierre m'a raconté que, dans un de ses voyages, il avait vu la veuve Scarron, la femme de Louis XIV, qui, regrettant son second mariage, se mourait lentement de gloire et de grandeurs... Je ne pensais pas que ce fût possible... je le crois maintenant.

MENZIKOFF.

Votre Majesté s'ennuie...

LA CZARINE.

Horriblement !

MENZIKOFF.

Moi de même !

LA CZARINE.

Vous !...

MENZIKOFF.

Oui !

LA CZARINE, froidement.

Cela doit être ! Arrivé au sommet de la fortune et des honneurs, votre ambition ne sait plus où se prendre ! elle n'a plus rien à désirer... rien !... que le trône !

MENZIKOFF, froidement.

C'est ce que je me disais ce matin.

LA CZARINE.

Eh bien !... y fussiez-vous placé... vous voyez par moi !... (Avec un soupir.) Ah ! si l'on pouvait redescendre !

MENZIKOFF.

Oui !... pour remonter...

LA CZARINE.

Vous dites vrai : pendant le trajet on désire... on craint... on espère ! mais lorsqu'on a touché le but...

MENZIKOFF.

On s'aperçoit qu'il ne vaut pas les efforts faits pour y parvenir !

LA CZARINE, vivement.

N'est-ce pas ?

MENZIKOFF.

Tout vous devient indifférent ou importun !

LA CZARINE, de même.

N'est-ce pas ?

MENZIKOFF.

Surtout dans ce pays de frimas où le froid gagne le cœur... et où l'on donnerait tout...

LA CZARINE.

Pour un rayon de soleil... ou un souvenir du jeune âge ! Te souviens-tu de ce temps heureux où tout me souriait, même la misère !... Je vois encore l'orpheline, la pauvre servante, recueillie chez le bon pasteur luthérien... puis tout à coup ce foyer paisible troublé par la guerre... le sac et le pillage menaçant Marienbourg... (Regardant Menzikoff.) le général russe vainqueur, désarmé par moi, jeune fille, devenue son esclave.

MENZIKOFF, vivement.

Si je me le rappelle !

LA CZARINE.

Oui! tu m'aimais alors, tu le disais du moins, et pourtant, moins amoureux que courtisan, tu me cédais malgré moi, malgré toi-même, à ce maître altier devant qui tu tremblais déjà! (Avec mépris.) Non jamais, jamais, je ne t'ai pardonné l'honneur ou l'affront qui me rendit la compagne d'un souverain. Mais si ma fortune fut grande, je puis dire ici que je ne me laissai point dominer par elle, que je m'élevai à sa hauteur... et cette position que je n'avais pas désirée, je sus la conquérir et la mériter! Tant de services rendus! tant de soins de tous les instants qui lui étaient nécessaires, indispensables peut-être!... il les a payés par une couronne! je le sais!... Je ne suis pas ingrate, je ne le serai jamais, et si parfois il oublie les services, moi je n'oublie pas la récompense!... Mais tant d'amour et de dévouement ne peuvent se payer que par le dévouement et l'amour, et, depuis longtemps je l'ai vu, il ne m'aime plus! Le souvenir de ce qu'il me doit lui pèse! la reconnaissance le gêne! mon aspect l'humilie...

MENZIKOFF.

Comme un bienfait reproché!

LA CZARINE.

S'il revient à moi, c'est dans le danger ou la souffrance, mais il s'en éloigne avec empressement dans le bonheur ou le plaisir... Alors le voile est tombé!... le prestige s'est dissipé... je n'ai plus vu en lui le grand homme, le héros, le génie puissant qui brille au dehors... mais chez lui, dans son intérieur... le tyran égoïste, sacrifiant à ses idées d'ambition tous les sentiments du cœur, tous les liens de l'amitié et de la famille... je n'ai plus vu que ses mœurs brutales, ses honteuses orgies, vices grossiers que la gloire cache à tous les yeux, excepté aux miens... L'amour avait disparu, le dégoût m'a saisie... j'aurais voulu fuir... mais comme le soldat russe qui tombe immobile à son poste, je reste au mien n'ayant plus que ma vie à donner, et je l'abandonne au czar en échange de ce trône... que je lui dois... pour qu'en mourant du moins je sois quitte et n'emporte rien à lui...

MENZIKOFF.

Mourir!... Allons donc... il y a mieux que cela pour une femme telle que Catherine...

LA CZARINE, froidement.

Oui!... Se taire et pardonner!...

MENZIKOFF, de même.

Moi! je ne pardonne jamais!

LA CZARINE.

Et que fais-tu donc?

MENZIKOFF.

J'attends!... Sorti des derniers rangs du peuple, soldat, sergent... général, c'est moi qui à Kalisz triomphais, pour la première fois, en bataille rangée, des Suédois invincibles jusqu'alors... c'est moi qui à Pultawa commandais l'aile gauche quand la fortune de Charles XII vint se briser contre nos bataillons et les glaces de nos déserts; c'est moi qui fis prisonnier Lewenhaupt et tout son corps d'armée.

LA CZARINE.

Oui... vous avez comme moi aidé le czar dans toutes ses entreprises, dans toutes ses grandes actions.

MENZIKOFF.

Si ce n'était que cela!... (A voix basse.) Je lui suis venu en aide dans tous ses crimes... Mes mains se sont rougies, comme les siennes, du sang des Strelitz; dans le procès d'Alexis, c'est moi qui intimidais ses juges, promettant que le czar pardonnerait au coupable si on le condamnait... et ils l'ont condamné... et devant moi... Pierre...

LA CZARINE, se levant et détournant la tête.

Ah!...

MENZIKOFF.

Aussi, et pour me payer, il m'a accablé d'honneurs et de richesses! Mais les trésors jetés par lui dans la balance n'égalaient pas le poids de haine amoncelé sur son favori! J'entendais les cris de vengeance qui s'élevaient de tous les points de l'empire... je voyais l'orage s'amasser sur ma tête... peu m'importait!... la foudre ne frappe que les cimes élevées, et je consentais à être foudroyé pourvu que ce fût au sommet. Je voulais bien tomber, mais non pas descendre! je consentais à être redouté, exécré... mais non pas méprisé! et lui-même m'a flétri aux yeux de tous! Moi, son compagnon d'armes, son ami, son complice!... moi, le plus grand de l'empire après lui, il m'a frappé du bâton, comme un esclave, devant ces vils courtisans, enivrés de mon injure et à qui mon infamie semblait rendre l'honneur!... Ah! quand il aurait ceint mon front, comme le vôtre, de la couronne des czars, il est des bienfaits dont la honte dégage, et dans mon cœur, dès ce jour, l'affront a tué la reconnaissance! Pour un traitement pareil... un artiste* s'est tué de désespoir!... Il était Français... moi, je suis Tartare!... Et chez nous ce n'est pas en mourant qu'on se venge.

LA CZARINE.

Qu'osez-vous dire?...

MENZIKOFF, froidement.

Rien!... Je veille... pour moi... pour mes amis... la tâche n'est pas grande... j'en ai peu! car excepté vous, Catherine, excepté mes filles bien-aimées, mes filles, mon bonheur et ma joie, et pour qui le Tartare donnerait sa vie, tout le reste ici-bas ne m'est rien! Ces richesses, ces honneurs dont on me dit si avide, je n'y tiens pas! je les jetterais!... (Avec force.) mais je ne veux pas qu'on me les prenne... qu'on me vole... ce qui m'a coûté si cher... et je saurai me défendre...

* Leblond, architecte français, venu en Russie sur l'invitation du czar.

Aussi ce n'est pas pour moi que je crains, Catherine... c'est pour vous...

LA CZARINE.

Pour moi?...

MENZIKOFF.

Le czar... je voulais vous laisser ignorer cette nouvelle injure, le czar, en partant, m'a chargé de veiller sur vous... d'épier vos démarches...

LA CZARINE.

Il serait possible!...

MENZIKOFF.

Comme il a chargé Jakinski, son favori actuel, de lui rendre compte des miennes... Je le sais et ne m'en étonne pas ! Le czar brise volontiers le marchepied qui lui servit à s'élever. Aux vieilles amitiés, que le temps attiédit, il préfère la chaleur d'un zèle récent. Son nouveau favori lui inspire plus de confiance que moi, car ma fortune est faite et la sienne est à faire ; aussi, dans la ferveur de son ambition naissante, Jakinski est homme à nous dénoncer tous les deux, moi, pour ne pas avoir dénoncé Votre Majesté...

LA CZARINE.

Et moi!... pourquoi?...

MENZIKOFF, souriant.

Pourquoi?... Faut-il vous le dire?... (La regardant.) Eh mais !... Votre Majesté est émue ! qu'elle se rassure ! Pierre peut faire des ministres... mais non pas des talents, et cet homme d'État, improvisé par le caprice du maître, n'est pas encore assez habile pour deviner ce que moi, vieux courtisan, j'ai su à peine lire !... Depuis un mois, une pensée constante vous préoccupe et vous absorbe !

LA CZARINE.

Erreur !...

(Elle s'approche du canapé à gauche sur lequel elle s'assied.)

MENZIKOFF.

Je vous connais trop bien pour me tromper! J'ai cru d'abord qu'il s'agissait de quelque grand projet digne de vous, de ces desseins hardis dont la témérité est prudence, d'un de ces coups bien frappés qui changent la face d'un empire!

LA CZARINE, vivement.

Moi!... conspirer!...

MENZIKOFF.

Je l'espérais du moins... il n'en est rien! Si telle eût été votre idée, vous l'eussiez dérobée à tous les yeux sous un air plus riant! Vous vous seriez entourée de tous ceux dont le zèle ou le ressentiment pouvaient vous servir; les bals, les fêtes eussent déguisé et favorisé vos réunions et vos desseins! rien de tout cela : votre tristesse, votre isolement, la cour que vous semblez fuir, des larmes que j'ai souvent surprises dans vos yeux... tout me dit qu'un autre sentiment fait pâlir votre front ou battre votre cœur! Achevez, ma souveraine, confiez-vous à moi!... je ne veux savoir que pour veiller sur vous et éloigner le péril!

LA CZARINE, tristement.

Le péril, s'il y en a eu un, est passé! et je puis en parler à vous, mon seul ami, comme le matelot qui, à l'abri du danger, aime à raconter la tempête! Ainsi que moi, ainsi que toute la cour, vous avez frémi, il y a un an, de l'horrible aventure qui fit tomber sous la hache du bourreau une imprudente et généreuse victime!..

MENZIKOFF.

Mœns de la Croix!... dont l'amour fatal...

LA CZARINE, se levant.

Amour que jamais je n'encourageai! je te le jure! je l'atteste devant lui, devant son ombre sanglante, devant Dieu qui m'entend!... Mais admis dans mon intimité par sa sœur Anna, ma première dame d'honneur, accueilli par moi avec bonté, il s'était épris d'une folle passion qu'il fallait plaindre et non punir de mort!... La jalousie de Pierre, jalousie effrénée qui ne raisonne pas, qui n'écoute rien, commença par frapper, quitte à juger et à se repentir plus tard! Sans redouter pour lui et pour moi la honte d'un éclat qui devait compromettre mon honneur, il condamna Mœns de la Croix à mort, il condamna au knout et à la Sibérie Anna Mœns, sa sœur!... c'était l'acte d'un furieux... Mais le soir même, il dirigea ma voiture vers l'endroit du supplice, au pied du poteau où étaient attachés les restes de sa victime! Il me força de contempler cette tête sanglante, ces lèvres décolorées qui, en mourant, peut-être avaient murmuré mon nom! Accablée d'horreur, j'eus le courage de ne pas frémir! mon visage ne trahit pas ces paroles que prononçait mon cœur Tigre, je te hais!... (Avec chaleur.) Oui... c'est dans ce sang que toute reconnaissance, que tout amour s'est éteint! Ce n'est plus, à mes yeux, de la main du czar mais de celle du bourreau que j'ai reçu la couronne qui brille sur mon front, et dans la pourpre même dont il m'entoure, je ne vois encore que du sang!

(Elle passe vivement à la droite du théâtre.)

MENZIKOFF, effrayé.

Plus bas! plus bas! de grâce!...

LA CZARINE.

Depuis ce jour, il se peut, je le crains, que je n'aie pas assez déguisé le dégoût qu'il m'inspire et qu'il n'a pu comprendre ou deviner! Il partit, appelé par de nouvelles guerres, par de nouveaux travaux, et, pour la première fois, il ne m'ordonna pas de l'accompagner. Il me laissait, il est vrai, sous votre surveillance, l'empire à gouverner; aussi, depuis plusieurs mois, dans ce palais de Peterhof qu'il vient d'élever à grands frais... son Versailles, à lui... je m'occupais sans relâche, et pour m'étourdir, de tous les soins qui m'étaient confiés; le soir seulement et à l'heure où chacun est retiré, je descendais dans les jardins du palais, et, il y a un mois, ma promenade solitaire me conduisit près d'un pavillon où j'entendis causer et prononcer ce nom qui me fait toujours tressaillir... celui de Mœns de la Croix. C'étaient de jeunes seigneurs qui tous plaignaient son sort; un seul, dont je ne connaissais pas la voix, semblait l'envier. « Aimer la czarine, « disait-il, c'est déjà un bonheur! je n'en sais qu'un plus « grand, celui d'être aimé d'elle! Oui, messieurs, chacun « son ambition, mais pour une gloire pareille je risquerais « avec joie la Sibérie ou la hache!... » On répondit par un éclat de rire... et je m'éloignai, je disparus dans l'ombre. Le lendemain, à la réception du soir, je me pris, malgré moi, à écouter avec plus d'attention les différentes voix qui frappaient mon oreille; aucune ne me rappelait celle de l'inconnu... lorsque le comte Zouboff, grand maître des cérémonies, me présenta un jeune Polonais, arrivé depuis la veille à Saint-Pétersbourg. L'étranger s'inclina avec respect devant moi, et aux premiers mots qu'il m'adressa, je tressaillis! C'était le jeune comte Sapicha!

MENZIKOFF.

Le fils du général!

LA CZARINE.

J'évitai de lui adresser la parole et même de le regarder, et cependant il me fut impossible de ne pas remarquer combien ses manières distinguées et polies, son bon ton et sa grâce contrastaient avec les formes rudes et incultes de nos boyards et surtout avec l'élégance d'imitation et d'emprunt de nos jeunes seigneurs russes, élégance européenne greffée par le czar sur un fond asiatique. J'aurais pu attribuer au souvenir de la veille cette prévention, cette préférence involontaire, si nos dames de la cour n'avaient pris soin de la justifier par leurs suffrages! Bientôt les plus belles, les plus fières, s'empressèrent de lui prodiguer leurs plus doux sourires, elles semblaient solliciter ses regards, se disputer ses hommages! Et moi, le voyant séduit par leur beauté ou leur coquetterie, je détournai la tête en silence, m'efforçant de cacher à tous les yeux le trouble que je cherchais à combattre et que je ne pouvais vaincre... Oui, sans que jamais il l'ait soupçonné, sans l'avouer à personne, sans me l'avouer à moi-même, je l'aimais! mon cœur fatigué d'ambition, rassasié de grandeurs, brisé par des scènes terribles, retrouvait avec délices des illusions et des rêves! Cet amour sans avenir et sans espérance, cet amour auquel je m'abandonnais, sans y croire, m'avait rendu une existence nouvelle! Par lui j'oubliais les tourments de ma vie et les ennuis du trône, par lui mes jours moins sombres ressemblaient à ces nuages qui parfois s'entr'ouvrent et laissent voir le ciel!... Rassure-toi, les nuages se sont refermés; adieu pour toujours, adieu mes derniers rêves! Tu l'as entendu tout à l'heure... il refuse cette place qui l'aurait retenu à la cour!... Demain je pars pour Ladoga... et lui pour la France!... l'espace et le devoir nous séparent!... Oublie ce que je t'ai dit, comme je l'oublie moi-même!... nous ne nous reverrons plus!

(Elle s'assied à gauche.)

SCÈNE IV.

OLGA, MENZIKOFF, LA CZARINE, assise.

OLGA, qui entre par la porte à gauche, aperçoit la czarine et veut se retirer.

LA CZARINE.

N'est-ce pas la princesse Olga, votre fille?

MENZIKOFF, prenant sa fille par la main, et la faisant passer près de la czarine.

Oui, Majesté.

LA CZARINE, la regardant.

Pourquoi ne pas me l'avoir présentée plus tôt?

MENZIKOFF.

Il est des trésors dont on est jaloux, dont on est avare;

et c'est peut-être un sentiment d'égoïsme paternel... qui m'a fait retarder jusqu'ici sa présentation à la cour. Je redoute ce monde qui va me la disputer et me l'enlever!

OLGA.

Pouvez-vous le penser?

LA CZARINE.

Sa place est près de moi, près de sa souveraine! Elle sera ma pupille, ma fille!

OLGA.

Ah! madame... une telle bonté...

LA CZARINE, souriant.

Est peut-être une combinaison politique! Au milieu de ses grandeurs, le prince votre père me négligeait beaucoup! Je le force ainsi à me voir chaque jour, car vous ne me quitterez plus! je vous garde en otage!... Mais vous veniez, mon enfant...

OLGA.

Rappeler à mon père une promenade en traîneau qu'il m'a promise, et remettre au ministre des lettres... des papiers importants que l'on vient d'apporter pour lui.

(Elle remet plusieurs papiers à Menzikoff.)

MENZIKOFF, à la czarine.

Votre Majesté permet-elle?...

LA CZARINE.

Nous l'exigeons... dans l'intérêt de l'État!... (A Olga.) Rassurez-vous... ce ne sera pas long! Sa fille attend!. les affaires auront tort!

MENZIKOFF, qui a jeté les yeux sur la lettre.

Excepté celle-ci, qui regarde Votre Majesté.

(Il remet la lettre à la czarine.)

LA CZARINE, lisant, à part et avec émotion.

« Le comte Sapieha prie Son Excellence de vouloir bien
« lui faire obtenir de sa gracieuse souveraine une audience

« particulière ! Il serait heureux, avant son départ, d'offrir
« ses respects à Sa Majesté et de prendre ses ordres pour la
« France. » (Avec agitation.) Une audience particulière... à
lui... c'est impossible !

MENZIKOFF.

La réponse de Votre Majesté ?

LA CZARINE.

Je la ferai moi-même !... Adieu, prince ! (A Olga.) Adieu,
mon enfant, à bientôt. (A part et réfléchissant.) Avant son départ, dit-il... et pour la dernière fois... (Avec un sentiment de désir.) Ah ! (Vivement.) Non... non... (Avec force et courage.) Je ne le reverrai pas !

(Elle sort par la porte à droite.)

SCÈNE V.

MENZIKOFF, OLGA.

MENZIKOFF, à part et la regardant sortir.

Catherine !... Catherine ! la plaie est plus profonde que
je ne le pensais.

OLGA.

Eh bien, mon père, partons-nous ?

MENZIKOFF.

Je vais faire préparer les traîneaux.

OLGA.

C'est fait.

MENZIKOFF.

Qui a donné les ordres ?

OLGA.

Moi ! Ai-je eu tort ?

12.

MENZIKOFF.

Non, non, mon enfant! J'aime à te voir dans mon palais commander à tous et à moi-même!

OLGA.

A celui qui gouverne la Russie?

MENZIKOFF.

Et qui est heureux d'obéir à sa fille bien-aimée!

OLGA.

De sorte que, si je le voulais, c'est moi qui gouvernerais l'empire?

MENZIKOFF.

Il n'en irait pas plus mal!

OLGA.

Eh mais?...

MENZIKOFF.

Car, malgré ta jeunesse et ta candeur, j'ai cru voir déjà que tu ne manquais ni de caractère ni d'énergie.

OLGA, souriant.

C'est de famille, mon père!... qualités, du reste, bien inutiles pour une femme, pour moi!

MENZIKOFF, secouant la tête.

Qui sait?... Nous vivons dans un pays, ma fille, où la plus haute faveur touche toujours à l'extrême disgrâce! Saint-Pétersbourg et Tobolsk sont souvent bien près l'un de l'autre.

OLGA, d'un ton caressant.

Fi donc! Quel sombre pressentiment! Et pourquoi s'y livrer?

MENZIKOFF.

Tu as raison... au moment où la czarine est, pour toi, si gracieuse et si bonne... Que dis-tu de son projet de t'avoir sans cesse près d'elle?

OLGA, gaiement.

Il me charme!

MENZIKOFF.

Vraiment! je ne te croyais pas tant d'ambition.

OLGA, riant.

C'est de famille, mon père!... Mon ambition à moi, ce sont les fêtes et les bals de la cour.

MENZIKOFF.

Tu aimes donc la danse et les plaisirs?

OLGA.

Comme vous les grandeurs!... (Souriant.) Mais ce que j'aime surtout ce sont les promenades en traîneau... Partons.

MENZIKOFF, la retenant.

Un instant!... Nous avons si peu d'occasions de causer!... (Souriant.) A la cour, il se présentera, sans doute, à tes yeux quelque jeune seigneur... (Olga fait de la tête un signe affirmatif.) jeune... aimable... (Même signe.) qui te plaira! (Même signe.) Je te dis cela, ma fille... parce que souvent je pense à ton mariage.

OLGA.

Moi aussi!

MENZIKOFF, étonné.

Ah!... (Avec bonhomie.) Eh bien, parlons-en! (L'emmenant vers le canapé à gauche.) Quand tu étais toute petite encore, je rêvais déjà pour toi les partis les plus brillants, les plus élevés! Je ne te voulais pas moins qu'un trône!

OLGA.

Et vous dites, mon père, que vous n'êtes plus ambitieux...

MENZIKOFF.

Quand on ne l'est plus pour soi, on l'est pour ses enfants... Je veux avant tout que mes filles soient glorieuses et grandes!...

OLGA.

Si nous commencions par être heureuses!

MENZIKOFF.

C'est une idée... Tu as raison, mon enfant ! ton bonheur avant tout ! Et je te jure que si tu avais fait un choix...

OLGA.

Je ne dis pas non !

MENZIKOFF, vivement.

Tu aimerais quelqu'un ?

OLGA.

C'est possible !

MENZIKOFF, la faisant asseoir près de lui sur le canapé.

Et tu ne me le disais pas !... Et tu n'avais pas en moi assez de confiance ?...

OLGA.

On a confiance !... mais on n'ose pas !

MENZIKOFF.

Et qui te retient ? quand tu peux aspirer à tout ! quand il n'est personne qui ne soit fier de notre alliance ! Sais-tu quel est notre pouvoir, quels sont nos titres, nos richesses ? Sais-tu que de la Courlande en Perse, de Riga à Derbent, nous pouvons, en voyageant, nous arrêter chaque soir dans quelqu'une de nos terres ? (Avec chaleur.) Parle, mon enfant, parle ! Je te donnerai qui tu voudras, prince ou roi !

OLGA.

Et si ce n'était ni un prince, ni un roi ?

MENZIKOFF.

Si tu l'as choisi... si tu l'aimes... qu'importe ! c'est chose faite. Quel est-il ? Comment, depuis quand l'as-tu connu ?

OLGA.

Depuis quinze jours à peine ! Nous traversions la Néva au grand galop de six chevaux de l'Ukraine, conduits par Iwan, qui, dès le matin, était ivre.

MENZIKOFF.

Le misérable !...

OLGA.

En l'honneur de mon jour de naissance! Et puis la neige qui tombait par flocons empêchait d'apercevoir un endroit où la glace était à peine prise. On avait beau crier de loin : Arrêtez! arrêtez! impossible de retenir les chevaux ; les deux premiers de l'attelage étaient déjà engloutis! A l'aspect du danger, Iwan, abandonnant les guides, avait eu, ainsi que ma gouvernante, le temps de se jeter hors du drowski ; mais moi, enveloppée dans mes fourrures, dont je ne pouvais me défaire, j'allais être précipitée dans l'abîme... (Voyant le geste d'effroi de Menzikoff.) Rassurez-vous, mon père : me voilà! Un beau jeune homme, qui avait sauté de son traineau, s'élance, au risque de sa vie, m'enlève dans ses bras et m'emporte sur la glace qui craquait sous ses pieds, tandis qu'Iwan, pâle et tremblant, nous suppliait, mon libérateur et moi, de ne pas parler de cet accident, assurant que vous le tueriez indubitablement.

MENZIKOFF.

Il peut y compter... et rien ne m'en empêchera.

OLGA.

Que moi, mon père! moi qui demande sa grâce! car, sans lui, sans sa maladresse, je n'aurais pas été sauvée par le bel inconnu... Et si vous saviez quels soins il m'a prodigués!... comme il attachait sur moi ses regards inquiets et pleins d'expression! Je n'osais lui demander à qui nous devions un tel service. Ma gouvernante a été plus hardie! « Je suis Polonais, a-t-il répondu, le comte Sapieha! »

MENZIKOFF, poussant un cri.

Sapieha!

OLGA.

Depuis, et plusieurs fois à cette heure-ci, je l'ai rencontré à la promenade sur la Néva.

MENZIKOFF, à part.

Sapieha!

OLGA.

Chaque fois que son traîneau passait près du mien, il me saluait avec respect.

MENZIKOFF.

Voilà pourquoi, tout à l'heure, tu tenais tant à sortir en traîneau !

OLGA.

Précisément... Venez... je vais vous le montrer !

MENZIKOFF, avec impatience.

Eh ! je ne le connais que trop !

OLGA.

Que voulez-vous dire ?

MENZIKOFF, à demi-voix.

Qu'il faut oublier et cette aventure... et le comte Sapicha!...

OLGA.

Et pourquoi ?...

MENZIKOFF, avec embarras.

Pourquoi ?... parce que dès demain, il retourne en France... et quitte la Russie pour toujours !

OLGA.

Mais son père l'habite !... et puis s'il savait, par vous, que celle qu'il a sauvée lui garde une éternelle reconnaissance !... s'il savait surtout que le premier ministre l'accepte pour gendre... j'ignore ce qu'il répondrait, je ne puis le deviner... mais il me semble qu'à sa place... je resterais !

MENZIKOFF, effrayé.

Et s'il restait... ce serait plus terrible encore !... de plus grands obstacles...

OLGA.

Lesquels ?...

MENZIKOFF, de même.

Ne m'interroge pas ! Mais pour ton repos, mon enfant,

pour le bonheur de ta vie... je ne puis te le donner pour époux... c'est le seul que je doive exclure...

OLGA, pleurant.

Et vous me disiez de choisir?...

MENZIKOFF.

Silence!... (Se retournant avec impatience.) Qui vient là?...

SCÈNE VI.

OLGA, MENZIKOFF, VILLERBECK, SAPIEHA.

VILLERBECK, entrant en causant avec Sapieha.

Oui, mon cher comte, d'après les ordres du czar je repars ce soir... (Apercevant Menzikoff.) Et je venais, mon prince, demander à Votre Excellence ses instructions pour la mer Caspienne...

(Sapieha s'incline devant Olga qui lui rend son salut.)

MENZIKOFF.

Mes dépêches seront prêtes! (Prenant Olga par la main.) Viens, mon enfant!

(Il sort avec Olga par la gauche.)

SCÈNE VII.

SAPIEHA, qui a remonté la scène, redescend, et donne à Villerbeck une poignée de main; VILLERBECK.

SAPIEHA.

Nous quitter déjà, amiral, et cette fois peut-être pour toujours!

VILLERBECK.

Non pas; j'espère bien, à mon retour, vous retrouver encore ici!... car vous avez beau dire, monsieur le comte, vous réfléchirez et ne persisterez pas à refuser la place que le czar vous offre.

SAPIEHA.

Si vraiment! Plus je vois de près les mécomptes de l'ambition et plus je reste fidèle à mon système.

VILLERBECK.

Lequel?

SAPIEHA.

De n'être rien et de n'aimer rien... que les femmes... Oui, amiral, il n'y a que cela de bon, de désirable au monde! le jeu, l'ambition, l'amour de l'or, toutes les autres passions nous abaissent, le culte des femmes nous élève! il ennoblit le cœur et la pensée, adoucit les mœurs, donne du charme, de l'esprit, de l'élégance aux manières!... il donne enfin le désir de plaire, et par là nous rend meilleurs; sans les femmes, en un mot, ce ne serait pas la peine de vivre, car sans elles, l'existence de l'homme n'aurait ni assistance au commencement, ni bonheur au milieu, ni consolation à la fin!

VILLERBECK, secouant la tête.

Permettez!... c'est selon les beautés que vous aimerez.

SAPIEHA.

Je les aime toutes!... présentes, elles ont mon hommage; absentes, mon souvenir! leur tendresse a ma reconnaissance, et leur rigueur a mon estime, car lorsqu'elles cèdent je les aime!...

VILLERBECK.

Et quand elles ne cèdent pas?

SAPIEHA.

Je les adore!

VILLERBECK.

S'il en est ainsi, ne partez pas et acceptez la clef de chambellan qu'on vous offre! Une place où vous ferez la cour aux dames, cela rentre complétement dans votre spécialité.

SAPIEHA.

Beaucoup trop!... et j'ai là des lettres d'adieux, deux surtout qui me désolent.

VILLERBECK.

Comment cela ?

SAPIEHA.

Par la difficulté d'y répondre... (Les tirant de sa poche.) Jugez plutôt! (Lisant.) « Je n'ai, dans la soirée, qu'un instant à vous « donner... Le comte va ce soir au sénat à dix heures... »

VILLERBECK, à part.

C'est la petite comtesse Bestutcheff.

SAPIEHA, lisant une autre lettre.

Et cette autre!... (Lisant.) « Le prince préside à dix heures « le sénat... Venez... » (Avec impatience.) Toutes les deux... à dix heures!...

VILLERBECK.

C'est une heure fatale !

SAPIEHA.

Pour moi !

VILLERBECK.

Non! pour le sénat !

SAPIEHA.

Je ne sais, en conscience, quel parti prendre...

VILLERBECK, à demi-voix.

Silence!... c'est un huissier du palais...

(L'huissier salue Sapieha, lui remet une lettre et sort après avoir salué de nouveau.)

SAPIEHA, décachetant la lettre et lisant, à part.

« Le secrétaire des commandements a l'honneur de pré« venir M. le comte de Sapieha que Sa Majesté le rece« vra en audience particulière ce soir à dix heures! » (Haut.) O ciel!

VILLERBECK.

Qu'est-ce donc? un nouvel embarras?

SAPIEHA.

Au contraire !

VILLERBECK.

Un moyen d'en sortir?...

SAPIEHA, vivement.

Précisément... Je n'hésite plus!..: (Relisant avec bonheur.) « Ce soir à dix heures. »

VILLERBECK.

Un troisième adieu!... Prenez garde, monsieur le comte!... (Tous les deux remontant le théâtre.) je connais mieux que vous le pays, nous avons des boyards féroces, des maris peu civilisés et qui se fâchent pour... pour un rien... Sous ce rapport, on est encore ici dans la barbarie.

SAPIEHA.

Rassurez-vous... il n'y a là rien à craindre !

VILLERBECK.

Et moi... j'ai idée que, de gaieté de cœur, vous allez vous exposer à quelque grand danger.

SAPIEHA.

C'est possible !

VILLERBECK.

Qu'il serait plus sage d'éviter.

SAPIEHA.

Vous pouvez avoir raison.

VILLERBECK.

Eh bien alors? eh bien ?...

SAPIEHA.

J'irai!... Adieu !...

(Il sort par le fond, Villerbeck par la gauche.)

ACTE DEUXIÈME

Même décor.

SCÈNE PREMIÈRE.

OLGA, debout; MENZIKOFF, assis à droite.

OLGA.

Vous voyez bien, mon père, que les politiques les plus habiles ne peuvent répondre des événements... que les ministres même se trompent! Vous étiez certain, il y a quinze jours, que M. le comte Sapicha devait partir le lendemain pour la France, et il est encore ici, à Peterhof.

MENZIKOFF, d'un air sombre.

Oui !

OLGA.

Et il a accepté la clef de chambellan qu'il avait refusée d'abord !...

MENZIKOFF, de même.

Oui !

OLGA.

Et, depuis quinze jours, il paraît presque tous les soirs au cercle de l'impératrice, ce qui nous plaît beaucoup, à nous autres demoiselles d'honneur! surtout quand il raconte des anecdotes de la cour de France! c'est si amusant ! Il parlait hier du roi Louis, un czar qu'on appelait aussi le Grand... mais bien plus aimable que le nôtre...

MENZIKOFF.

Silence!

OLGA.

Et de mademoiselle de La Vallière, une pauvre demoiselle d'honneur qu'il adorait... cela nous intéressait toutes ; et de M. de Lauzun, un de ses favoris, si élégant, si brillant !... Ces dames se disaient tout bas que M. de Sapicha lui ressemblait !

MENZIKOFF.

Et toi?

OLGA.

Moi! je ne disais rien! Vous m'avez défendu de lui parler, et même de le regarder... j'y fais mon possible. Mais pourquoi?... je vous le demande!...

MENZIKOFF, se levant et passant à gauche.

Parce qu'il le faut.

OLGA.

Il doit me prendre pour une ingrate et surtout pour une sotte, ce qui est très-désagréable!

MENZIKOFF, avec impatience.

Qu'importe? puisque tu ne peux être à lui! puisqu'il ne peut t'épouser!... Crois-moi, mon enfant, je n'en suis que trop certain.

OLGA.

Oui, mon père! Mais vous vous étiez déjà trompé une première fois, sur son départ! vous pourriez bien vous tromper encore cette fois...

MENZIKOFF.

Non!... Et je t'en conjure, Olga, ne parlons plus de lui... (Après un instant de silence.) Comment la czarine est-elle pour toi?

OLGA.

La plus gracieuse du monde... elle m'accable de bontés

et m'a donné le titre et le rang de première demoiselle d'honneur. Le jour je ne la quitte pas ! et la nuit j'habite près d'elle... dans le pavillon du Sud... aussi, j'excite déjà l'envie de toutes les autres dames, qui prétendent que là, comme ailleurs, notre famille envahit toutes les places. Et moi, je me fais petite et modeste pour me faire pardonner ma faveur... et la vôtre.

MENZIKOFF.

Et dis-moi, Olga, puisque tu ne quittes pas la czarine, as-tu remarqué quelque changement dans son caractère et dans son humeur ?

OLGA.

Un très-grand ! Elle était triste... elle est gaie ! Tout l'importunait, tout lui plaît et l'amuse... Au lieu de vivre isolée et retirée dans ses appartements, ce qui eût été bien ennuyeux pour moi, elle multiplie les bals, les concerts ! Hier soir encore, une fête magnifique... et pour surcroît de plaisir... vous savez que depuis deux jours nous avons un ambassadeur turc, Son Excellence Baltadjy-Mehemet.

MENZIKOFF.

Homme de tête et de cœur ! brave général et habile diplomate...

OLGA.

Il a pour toutes les demoiselles d'honneur les phrases turques les plus galantes et les présents les plus précieux, mais c'est surtout près de la czarine qu'il redouble de soins et d'attentions !.... Je le regardais hier, car celui-là vous ne m'avez pas encore défendu de le regarder, et quand ses yeux se tournaient vers Sa Majesté, ils brillaient d'une expression bien singulière... chez un Turc !...

MENZIKOFF, réfléchissant.

Ah ! tu as remarqué...

OLGA.

Oui !...

MENZIKOFF, de même et passant à droite.

C'est en effet... extraordinaire... (Après un instant de silence.) Encore un mot : M. le comte Sapieha...

OLGA, vivement.

C'est vous qui en parlez, mon père ! ce n'est pas moi !

MENZIKOFF.

C'est juste ! je m'en accuse... Mais, dis-moi, quel est son air et son maintien auprès de la czarine ?...

OLGA.

Très-froid et très-respectueux ! ne levant jamais les yeux sur Sa Majesté, qui de son côté le regarde à peine.

MENZIKOFF, après un instant de silence.

C'est bien ! Et maintenant, mon enfant, laisse-moi... Eh bien, qu'as-tu donc... tu trembles ?...

OLGA, avec embarras et regardant à droite.

Ah ! c'est que...

MENZIKOFF.

Qu'est-ce donc ?... (Il regarde aussi à droite.) Courage, ma fille... courage... (A part, regardant Olga qui sort par la gauche.) Pauvre enfant ! (Regardant Sapieha qui entre.) Ah ! il faut qu'il parte ! il le faut ! pour elle... et pour une autre encore !

SCÈNE II.

MENZIKOFF, SAPIEHA.

MENZIKOFF, à Sapieha, qui est venu de la droite et va sortir par le fond.

Un mot, monsieur le chambellan.

SAPIEHA.

A vos ordres, mon prince.

MENZIKOFF.

Le czar m'a donné l'ordre d'observer exactement tout ce

qui se passera en son absence à Saint-Pétersbourg et à la cour.

SAPIEHA, souriant.

Les observations que Votre Excellence a pu faire promettent-elles un recueil amusant et original...

MENZIKOFF.

Vous allez en juger, car avant d'en donner connaissance à Sa Majesté... je veux vous en faire part.

SAPIEHA.

A moi, Excellence ?... c'est là une bonne fortune...

MENZIKOFF.

Différente de celles auxquelles vous êtes habitué.

SAPIEHA.

Et qui n'en aura alors que plus de piquant.

MENZIKOFF.

Première observation : Il y a quinze jours, vous deviez quitter la Russie, vous l'aviez annoncé à tous vos amis ; mais à veille de votre départ vous avez obtenu de la czarine une audience particulière.

SAPIEHA.

J'ai eu cet honneur.

MENZIKOFF.

J'ignore ce qui s'est dit dans cette audience, mais le lendemain vous n'êtes pas parti pour la France... c'était une faute ! Quitte à revenir, il fallait partir au jour annoncé.

SAPIEHA.

Que voulez-vous dire ?

MENZIKOFF.

Seconde observation : Vous avez alors accepté la clef de chambellan que vous aviez publiquement refusée la veille... ce qui était encore une faute... (A Sapieha, qui fait un geste.) ou une imprudence, si vous l'aimez mieux. Vous me répondrez que vous en avez commis bien d'autres, parce que dans l'ivresse du succès on ne voit rien... mais l'observateur de sang-froid ne perd aucun détail! et si je faisais part au czar, qu'on attend, de mes remarques et conjectures...

SAPIEHA.

Suppositions injurieuses et fausses!

MENZIKOFF.

Qu'un mot changerait en certitude... Et si la nuit dernière, après le bal, quelqu'un, monsieur le comte, vous avait suivi?...

SAPIEHA, à part.

O ciel!...

MENZIKOFF, sévèrement.

Je sais tout! vous le voyez... nier avec moi l'évidence n'est plus le devoir d'un galant homme, mais l'acte d'un insensé qui veut perdre ce que l'honneur lui ordonne de sauver!... Je reprends donc ma phrase que vous avez, à tort, interrompue! D'ici à quelques jours l'on attend le czar; je n'ai qu'un mot à dire... et votre tête tombe!

SAPIEHA.

Je n'y tiens pas!

MENZIKOFF.

Moi, j'y tiens! et je vous donnerai un conseil... celui de vous éloigner... par intérêt...

SAPIEHA.

Pour moi?...

MENZIKOFF.

Non! pour quelqu'un... (Se reprenant.) ou plutôt pour des raisons à moi connues et pour lesquelles vous ne me devez aucune reconnaissance... Partez donc ce matin, à l'instant; j'ai donné les ordres nécessaires et vous trouverez sur votre route les relais préparés par mes soins.

SAPIEHA.

Merci, mon prince... Mais un mot, de grâce! est-ce de votre part seulement que me vient cet avis?

MENZIKOFF.

Oui, monsieur le comte, on ignore ma démarche.

SAPIEHA.

Je reste, alors.

MENZIKOFF.

Mais ce que j'ai vu, d'autres peuvent le deviner... ce que je tairai, d'autres peuvent le dire... le nouveau favori, Jakinski, veille sans cesse sur la czarine et sur moi; au moindre soupçon vous êtes perdu... et vous ne savez pas quels dangers vous environnent... vous et elle...

SAPIEHA.

Raison de plus pour rester et ne pas l'abandonner.

MENZIKOFF.

Quand la mort vous menace...

SAPIEHA.

La mort !... (Souriant.) Un jour de combat ou de complot, ce mot-là, mon prince, vous eût-il arrêté ?

MENZIKOFF.

Non, parbleu !... mais quand il s'agit de la fortune...

SAPIEHA, avec exaltation.

Et quand il s'agit d'une femme !

MENZIKOFF.

Ce n'est pas la même chose.

SAPIEHA.

C'est plus encore !... pour moi, du moins.

MENZIKOFF.

Mais c'est de la folie !

SAPIEHA.

C'est du bonheur !... chacun le sien !

MENZIKOFF.

Vous êtes donc bien enchaîné, bien amoureux, bien épris?

13.

SAPIEHA.

Éperdument!... et si une chose m'étonne, c'est de ne pas l'être davantage! J'aurais donné, sans hésiter, ma vie entière pour quelques minutes passées près d'*elle!* parce qu'il y a là, vous comprenez... un prestige qui vous éblouit, qui vous enivre! De loin, c'est plus qu'une mortelle, c'est un être divin qu'on ose à peine adorer!... mais quand on a osé... quand on a rêvé le ciel...

MENZIKOFF, froidement.

Il y a toujours un moment où l'on redescend sur terre, où l'on s'éveille et l'on se retrouve dans la réalité...

SAPIEHA, vivement.

Réalité qui me charme... qui me charmera toujours! je l'atteste!... Aussi, que celle qui a reçu mes serments soit déesse ou mortelle, l'amour et la reconnaissance m'enchaînent, l'honneur commande, et tant qu'elle ne m'aura pas rendu mes serments, tant qu'elle ne m'ordonnera pas elle-même de m'éloigner... et de l'oublier.. je resterai, quel que soit le danger! je resterai près d'elle, car je ne crains rien... que de lui paraître ingrat!

MENZIKOFF.

O jeunesse insensée! qui pour un amour d'un instant, pour un rêve, un caprice, compromet tout un avenir...

SAPIEHA, souriant.

Vous n'avez jamais été ainsi?...

MENZIKOFF.

Jamais!

SAPIEHA.

Eh bien! je vous plains!

MENZIKOFF.

Et moi je vous trouve... absurde!

SAPIEHA.

Soit!... j'aime mieux avoir tort... comme moi, que raison... comme vous.

MENZIKOFF.

Rappelez-vous, monsieur le comte, que je voulais vous sauver; et si la foudre éclate... n'accusez que vous-même qui l'aurez attirée sur votre tête... Adieu!

(Il sort par le fond.)

SCÈNE III.

SAPIEHA, seul.

Eh! oui sans doute... il y va de ma tête... je le sais bien! C'est une chance! et je les ai toutes acceptées... aussi ce n'est pas de moi qu'il s'agit... mais de Catherine qu'il faut sauver, n'importe à quel prix, je l'ai juré... et ce n'est pas seulement le danger, c'est le soupçon qu'il faut éloigner d'elle!... Mais l'aventure d'hier, au sortir du bal, est tellement inexplicable, que ma raison ne sait comment conjurer un péril qu'elle ne comprend pas! On vient... Allons! éclairons ce front sombre, cachons ces rides de conspirateur qui éveilleraient les soupçons! C'est charmant... il faut ici être gai... sous peine d'être criminel!

SCÈNE IV.

SAPIEHA, VILLERBECK.

SAPIEHA, se retournant gaiement.

Eh!... c'est mon amiral!... Est-ce qu'il conspirerait par hasard? Sa physionomie, d'ordinaire si insouciante, me semble aujourd'hui méditative et défaite.

VILLERBECK.

Il y a de quoi!

SAPIEHA.

Aurions-nous été battu?

VILLERBECK.

Moi! amiral russe!...

SAPIEHA.

Cela peut se voir!

VILLERBECK, avec impatience.

Eh bien oui!... battu! Comment? je l'ignore!... Par qui?... je n'en sais rien... je ne sais pas même au juste si c'est une réalité... ou un cauchemar... Le seul fait dont je sois certain... c'est que j'étais gris!

SAPIEHA.

Par extraordinaire!

VILLERBECK.

Non! tout naturellement!... J'avais été invité à dîner par les officiers de l'amirauté hier à mon arrivée, car j'arrive de la mer Caspienne... mission dont il s'agit de rendre compte au czar, aussitôt son retour... mais alors il s'agissait de dîner... Je vous passe les détails et le nombre des bouteilles... ce serait trop long. Ce que je me rappelle seulement, c'est qu'il était midi quand nous nous sommes mis à table, et qu'il faisait nuit noire quand nous en sommes sortis. Dans l'intention d'aborder à mon hôtel, j'avais mis le cap sur la droite et je me suis trouvé à gauche... dans un grand parc au milieu de sapins et de bouleaux. Minuit sonnait, la température était glaciale, et, le nez enveloppé dans mon manteau... je cherchais à m'orienter et surtout à reconnaître un pavillon vis-à-vis duquel je me trouvais en ce moment.

SAPIEHA, à part.

Ah! mon Dieu!

VILLERBECK.

Lorsque au balcon du premier étage, une persienne s'entr'ouvre, une main passe et me jette une clef qui tombe à mes pieds sur la neige! Une clef, à quoi bon?... et que faire de cette clef?... c'est ce que je me disais, en m'abritant sous le balcon et en m'adossant contre une petite porte que je n'avais pas vue d'abord!... Les clefs ne vont pas sans porte et les portes ne vont pas sans clef... Or, la porte et la clef avaient été faites l'une pour l'autre, car la clef ouvrait la porte, que je ne refermai pas, pour m'assurer, à tout hasard, une retraite. Mon idée, si j'en avais une, était de trouver, pour le reste de la nuit, un asile plus chaud que la rue... Devant moi un escalier qui, heureusement, avait une rampe; puis une antichambre, ou un salon, je ne sais pas au juste; puis à droite, à moins que ce ne fût en face, une porte entr'ouverte d'où s'échappait un rayon de lumière; je m'élance en trébuchant, et j'aperçois, enveloppée d'une pelisse blanche, une femme qui jette un cri et renverse son flambeau.

SAPIEHA, vivement.

Malheureux!

VILLERBECK.

C'est justement... ce que me dit d'une voix étouffée... quelqu'un qui montait vivement derrière moi, et qui, me saisissant d'une main vigoureuse, me forçait à rétrograder. Depuis ce moment, tout est vague et confus... d'autant que l'escalier, redescendu en roulant, avait contribué à renverser mes idées qui n'étaient pas déjà très-nettes... Je crois pourtant... me rappeler que, ranimé par le grand air... je luttai quelques instants en dehors, à la porte du pavillon, contre mon adversaire inconnu... Tout le reste ne m'apparaît plus qu'au travers des nuages, des vapeurs, des tourbillons de neige... et je me suis réveillé, ce matin, dégrisé et gelé, devant la porte de mon hôtel... où j'avais passé la nuit!...

SAPIEHA, riant.

C'était un rêve... mon cher... un mauvais rêve...

VILLERBECK.

Vous croyez?... C'était ma première pensée... Mais, d'un autre côté, mes habits déchirés... les traces et les suites de la lutte me font croire à la réalité de l'aventure... et celui qui m'a insulté et frappé...

SAPIEHA.

Ne vous connaissait pas... et comme vous peut-être... était dans l'ivresse... une autre ivresse!... La seule chose importante eût été de savoir où se passait l'anecdote... et vous ne le savez pas?

VILLERBECK.

Non.

SAPIEHA, à part.

Je respire!

VILLERBECK.

J'ai idée cependant... que les grands arbres verts appartenaient à quelque parc impérial...

SAPIEHA.

Allons donc!... Des sapins... et des bouleaux... il y en a partout... il n'y a pas d'autre verdure en Russie... Et là... franchement, vous n'avez pas distingué les traits de la beauté mystérieuse?...

VILLERBECK.

Non... je n'ai rien vu!...

SAPIEHA, à part.

Nous sommes sauvés!

VILLERBECK.

Rien!... mais au cri que cette femme a poussé... c'est bien singulier... il m'a semblé...

SAPIEHA, vivement.

Quoi donc?...

VILLERBECK.

Rien!... la nuit tous les cris se ressemblent...

SAPIEHA, le pressant.

Mais encore?...

VILLERBECK, vivement.

Non... ce serait trop absurde!... Il faut être ivre pour avoir des idées pareilles... (Rêvant.) Ce qui aurait pu les justifier... cependant... c'était la richesse de l'ameublement... j'étais, à coup sûr, chez une grande dame.

SAPIEHA, vivement.

Raison de plus alors pour vous taire.

VILLERBECK, de même.

Vous croyez?...

SAPIEHA.

Sinon ce serait s'exposer au courroux de quelque famille puissante... qui, pour assoupir cette affaire... vous enverrait loin! bien loin!... Et les nuits de la Sibérie sont plus froides encore que celle passée à la porte de votre hôtel.

VILLERBECK.

Vous avez raison!... J'en grelotte d'avance! Et si quelque rumeur circulait à ce sujet...

SAPIEHA, vivement.

Je les éloignerais... comptez sur moi...

VILLERBECK.

Silence! c'est la czarine!...

SCÈNE V.

SAPIEHA, LA CZARINE et QUELQUES PERSONNES DE LA COUR, VILLERBECK.

LA CZARINE, qui est entrée par la droite, aperçoit Sapieha et dit à voix haute et gaiement.

Ah! monsieur le comte Sapieha, notre chambellan!

SAPIEHA.

Qui vient prendre les ordres de Votre Majesté pour la composition du concert de ce soir.

(La czarine fait signe à Sapieha d'approcher. Celui-ci s'incline.)

LA CZARINE, à voix basse à Sapieha.

Je me meurs d'inquiétude! Savez-vous quelque chose?...

SAPIEHA, toujours incliné, à voix basse et sans lever la tête.

Je sais tout! Rien à craindre, et dès que vous connaitrez les détails...

LA CZARINE, de même.

Il faut que je vous parle!

SAPIEHA, de même.

Comment?

LA CZARINE, à voix haute.

N'oubliez pas que ce concert est donné en l'honneur de Son Excellence Baltadjy-Mehemet; il nous faudra quelque mélodie de son pays... quelques airs de l'Orient... Du reste, vous me soumettrez la composition du concert ici... dans une demi-heure.

(Sapieha salue et s'éloigne par le fond.)

SCÈNE VI.

LES MÊMES, moins Sapieha; MENZIKOFF, entrant par la droite d'un air agité.

LA CZARINE, se tournant vers lui.

Eh mon Dieu! prince, qu'y a-t-il?

MENZIKOFF.

Il est arrivé... Je viens de le voir!

TOUS.

Le czar!...

LA CZARINE, étonnée.

Arrivé!... arrivé!... sans me faire prévenir... sans se présenter chez moi!...

MENZIKOFF.

Il est furieux et ne veut recevoir personne... que Jakinski et Villerbeck, qu'il a fait demander.

VILLERBECK, effrayé.

Moi !... (A part.) Serait-ce pour la mer Caspienne, ou saurait-il déjà mon aventure ? (A Menzikoff.) Vous croyez qu'il est furieux ?...

MENZIKOFF.

Et je vous conseille de laisser passer le premier moment...

VILLERBECK.

C'est ce que je ferai.

(Il sort vivement par le fond.)

LA CZARINE, aux personnes de sa suite.

Plus tard le czar recevra vos hommages... Laissez-nous !

(Tous sortent par le fond.)

SCÈNE VII.

LA CZARINE, MENZIKOFF.

MENZIKOFF.

Il est dans un de ces accès de colère... dans une de ces crises où sa raison semble prête à l'abandonner... Il m'a accueilli, la menace et l'injure à la bouche ! Et comme je lui parlais d'annoncer son arrivée à Votre Majesté : « Qu'elle « ne s'offre point à ma vue ! s'est-il écrié ; qu'elle ne se pré- « sente pas devant moi... ou je la briserai comme ceci... » Et il a fait voler en éclats la grande glace de Venise qui orne le premier salon.

LA CZARINE, froidement.

Connaissez-vous la cause de cette fureur ?

MENZIKOFF.

Non !... Il tenait à la main un papier qu'il froissait convulsivement.

LA CZARINE, à part et froidement.

Il sait tout ! Jakinski a découvert mon secret ! La foudre

devait me réveiller, je m'y attendais; mais pas encore!... Quitter la vie quand on est aimée!... c'est trop tôt!... (A Menzikoff.) Dites à Sapieha de partir.

MENZIKOFF.

Je le lui ai dit... et il refuse.

LA CZARINE, avec joie.

Ah!... c'est bien!... mais ce n'est pas juste! Coupable, c'est moi qui dois mourir... et non pas lui... Je vais trouver le czar...

(Elle passe à droite.)

MENZIKOFF, écoutant.

C'est lui!... c'est lui!... Je crois l'entendre!...

LA CZARINE, vivement à Menzikoff.

Va dire à Sapieha que je lui ordonne de vivre... Qu'il parte!...

MENZIKOFF.

Et vous?...

LA CZARINE.

Je reste!

(Menzikoff sort par la porte à gauche.)

SCÈNE VIII.

LA CZARINE, au fond, à droite; LE CZAR, entrant par la droite.
Il marche avec agitation, traverse le théâtre sans proférer une parole, puis va se jeter dans un fauteuil à droite, près d'une table qu'il frappe du poing avec violence. Il lève les yeux et aperçoit la czarine, qui est venue se placer devant lui. Il reste immobile d'étonnement et de fureur.

LE CZAR, avec une colère qu'il cherche à modérer.

Ici! devant moi! après ma défense!... Ne sais-tu pas ce que peut ma colère?...

LA CZARINE, froidement.

Elle vous a fait briser le plus bel ornement de votre palais... Qu'y avez-vous gagné ?

LE CZAR, avec fureur et se levant.

Catherine !... à genoux !...

LA CZARINE.

Le front que vous avez ceint de la couronne ne s'incline plus que devant Dieu !

LE CZAR, de même.

A genoux !... ou le châtiment le plus terrible...

LA CZARINE.

J'attends mon arrêt.

LE CZAR.

Tu sais donc l'avoir mérité ?

LA CZARINE

Je sais que tel est votre caprice ! cela suffit !... Vous m'avez mise sur le trône, vous m'en faites descendre ! Résignée à tous vos bienfaits, je les accepte.

LE CZAR.

Tu te poses en victime quand ton crime t'accuse ! Ce n'est pas seulement moi, c'est l'État que tu trahis. Et cette lettre de Baltadjy-Mehemet !...

LA CZARINE, avec joie.

Ah ! ce n'est que cela !...

LE CZAR.

Cette lettre, interceptée par des serviteurs fidèles, prouve que le nouvel ambassadeur... t'est dévoué... à toi...

LA CZARINE.

Appelez-vous cela trahir la Russie?

LE CZAR, avec colère.

Pourquoi alors cette correspondance à mon insu? Pourquoi des intelligences avec ces Turcs nos ennemis ?

LA CZARINE.

Des ennemis... quand nous sommes en paix !...

LE CZAR.

Jamais !... C'est dans la paix qu'on fait la guerre... c'est plus tard qu'on la déclare. (Avec impatience.) Enfin de quel droit un de mes sujets, même la czarine, esclave couronnée, se permet-elle dans ma cour, dans mon empire, une seule démarche que j'ignore ? Il y a donc trahison !... répondez ? (Avec une fureur croissante.) Mais parlez donc ! qu'attendez-vous ?

LA CZARINE, froidement.

Que vous soyez plus calme.

LE CZAR, tombant dans un fauteuil et cherchant à modérer sa colère.

Je le suis... je le suis !

LA CZARINE, debout.

Depuis le jour où Charles XII laissa dans nos déserts son armée, mais non pas sa gloire... rien ne vous sembla plus impossible !... et dans vos rêves ambitieux, l'Europe vous appartenait déjà. Attaquée par vous, à l'improviste, sans armées, sans généraux, la Turquie n'avait pour elle que la justice de sa cause... et l'on commande à la justice, disiez-vous, quand on commande trois cent mille hommes !... Il n'en fut pas ainsi... et sur les bords du Pruth, Baltadjy-Mehemet, ce vizir que vous méprisiez, vous avait vaincu et vous tenait prisonnier.

LE CZAR, avec fureur, se levant et passant à gauche où il s'assied.

Tais-toi, tais-toi, ne me rappelle pas cette nuit fatale...

LA CZARINE.

Où vous voyiez s'écrouler en un moment le rêve de la puissance moscovite ! Toutes vos espérances d'ambition et de gloire détruites ! le présent et l'avenir anéantis !... Aucun de vos officiers n'osait entrer dans votre tente où vous vous rouliez furieux et désespéré... J'y pénétrai, je ranimai votre courage, je fis briller à vos yeux un rayon d'espoir ! « Cathe-
« rine, vous êtes-vous écrié alors, en tombant à mes genoux,

« Catherine, si tu sauves mon empire et mon armée, si tu
« me préserves de l'affront d'être traîné en triomphe à Cons-
« tantinople, le dévouement de ma vie entière, l'amour de
« mon peuple et le mien ne pourront jamais nous acquitter ! »
Vous l'avez dit ! « Va, fais comprendre à ce vizir que l'intérêt
« de son souverain n'est pas de nous abattre... Enfin, et pour
« le gagner, porte-lui notre or, nos diamants... donne-lui tout...
« promets-lui plus encore ! » Vous me l'avez dit ! (Froidement.)
Je suis partie !... Le soir même les rangs de l'armée ottomane
s'ouvraient pour laisser passer la nôtre, vous étiez libre !
vous emportiez ce traité qui vous sauvait et que déjà vous
cherchiez à rompre ! Et l'Europe a publié que le grand
vizir tenait entre ses mains le czar et son armée, qu'il pouvait
les jeter dans le fleuve ou les faire prisonniers, et qu'il s'est
laissé désarmer et séduire par nos présents... et l'histoire
un jour le répétera !... Mais vous, sire, vous général d'armée,
vous ambitieux et conquérant, avez-vous pu croire que pour
de l'or et des diamants, dont son souverain l'aurait comblé,
le vizir aurait laissé échapper sa proie ?... l'auriez-vous fait,
vous ?...

LE CZAR, vivement et se levant.

Jamais !

LA CZARINE.

Eh bien... ces Turcs, que vos Kalmouks appellent des barbares, sont aussi habiles que vous ! aussi braves et surtout
plus généreux ! A la vue de l'or, Baltadjy a détourné la tête
en rougissant ; en écoutant vos arguments politiques, il a
souri de pitié ! « Catherine, m'a-t-il dit, vos présents sont
« des injures ; vos raisons, des chimères ! agissez avec plus
« de franchise ! Vaincus, implorez ma clémence, et femme...
« ma générosité... Sorti des rangs du peuple, comme vous,
« parvenu au rang suprême, comme vous !... dès longtemps
« et de loin, je vous estime et vous admire ! Vous voyant
« défendre avec tant de courage et de dévouement un roi
« dans le malheur, sa part me paraît la plus belle et le vain-

« queur porte envie au vaincu! Dût Charles XII, que j'attends,
« m'accabler de sa colère, et mon souverain de sa disgrâce,
« le traité que vous m'offrez... je le signe!... les conditions
« que vous me demandez... je vous les accorde à vous... à
« vous seule! et ne vous demande, pour toute reconnaissance,
« que de laisser tomber sur moi un seul de vos regards!... »
Ce regard... je le lui donnai!

LE CZAR, avec colère.

Ah! plus encore!...

LA CZARINE, froidement.

Peut-être!

LE CZAR.

Vous osez l'avouer aujourd'hui?...

LA CZARINE.

Vous avez osé ne pas le voir alors! Votre jalousie, qui sommeillait à l'heure du danger, s'éveille quand il est passé... et n'ayant plus de mémoire pour le service, vous en avez encore pour l'outrage.

LE CZAR.

Moi!...

LA CZARINE.

J'ai tout dit! Depuis plus de six ans, depuis le jour où, sur les bords du Pruth, j'ai sauvé votre empire et votre armée, je n'ai pas revu le vizir Baltadjy-Mehemet, et depuis qu'il est arrivé, comme ambassadeur, à Pétersbourg, cette lettre, que je n'ai pas reçue... cette lettre que vous avez fait intercepter contre tout droit des gens, est le seul souvenir qu'il m'ait adressé... Prononcez maintenant!...

LE CZAR, rêvant et passant à droite.

J'attendrai! et je saurai pardonner ou punir... selon que le châtiment ou la clémence...

LA CZARINE, froidement.

Vous sera utile!... (A part.) Peu m'importe, Sapieha est sauvé!

(Elle fait un pas pour sortir.)

LE CZAR, la retenant.

Où allez-vous?... restez !... Voici Jakinski dont nous lirons ensemble les rapports.

LA CZARINE, étonnée.

Je suis donc rentrée en faveur?...

LE CZAR.

Ne m'en remerciez-vous pas?...

LA CZARINE.

Je ne sais... (A part.) Ah! je préférais ma disgrâce...

(Elle va s'asseoir à gauche.)

SCÈNE IX.

LA CZARINE, LE CZAR, JAKINSKI, VILLERBECK.

LE CZAR, allant s'asseoir près de la czarine.

Approche, Jakinski...

JAKINSKI, droit et immobile.

Oui, sire !

LE CZAR.

Et dis-nous avant tout... (Apercevant Villerbeck, qui est entré en même temps que Jakinski.) Ah! qu'est-ce qui t'amène, toi?...

VILLERBECK.

Je venais, comme Sa Majesté me l'avait commandé, lui rendre compte à son retour... de ma mission...

LE CZAR.

C'est vrai! sur la mer Caspienne?

LA CZARINE, à demi-voix.

La mer Caspienne !... vous la voulez aussi?...

LE CZAR, de même.

Oui!

LA CZARINE.

La Russie est déjà si grande!

LE CZAR.

Vous trouvez? moi, j'y étouffe! Serré comme je le suis, par la Finlande au nord et la Turquie au midi!... c'est à ne pas respirer!...

VILLERBECK.

Sire...

LE CZAR, à Villerbeck.

Je t'écouterai (Montrant Jakinski.) dès que j'aurai fini avec Jakinski! (A Jakinski.) Tu as là les rapports de ce qui s'est passé en mon absence?...

JAKINSKI, présentant les rapports.

Oui, sire!

LE CZAR, lisant.

« Les boyards murmurent... et me reprochent ma cruau-
« té!... » Oui, j'ai été barbare, mais contre la barbarie! La raison convient aux lumières, et le despotisme à l'ignorance! (Lisant.) Ah!... « Le clergé, défenseur de Moscou la sainte,
« m'appelle impie et demande à quoi bon deux capitales? » Ils ne voient pas qu'avec Moscou je n'étais qu'un roi tartare!... avec Saint-Pétersbourg, je suis un roi d'Europe. (Lisant.) « Ah! l'on me déteste!... »

VILLERBECK.

Ce n'est pas vrai, Majesté!

LE CZAR.

Tais-toi! je m'en rapporte à Jakinski.

JAKINSKI, droit et immobile.

Oui, sire!...

VILLERBECK.

Ce n'est pas vrai!

LE CZAR.

Il a raison!... il me dit tout!... (Lisant.) « On me déteste,

« on m'exècre aujourd'hui... » Eh! par saint Nicolas! que m'importe le présent à moi, qui ne vis que pour l'avenir?... (Lisant.) Ah! « le chapitre des anecdotes particulières... » A la bonne heure... des intrigues de cour, des aventures galantes, des futilités, du scandale!... Je leur prouverai que Saint-Pétersbourg est aussi une grande ville, et que la civilisation y fait des progrès... (Lisant.) « La nuit dernière... » C'est récent! « un surveillant du palais de Peterhof est ac« couru nous avertir qu'il avait aperçu un homme enveloppé « d'un manteau... »

VILLERBECK, effrayé et à part.

Ah! mon Dieu!... c'était moi!

LE CZAR, continuant de lire.

« Se glisser furtivement dans le pavillon du Sud! » (s'arrêtant.) Le pavillon du Sud... c'est l'habitation d'hiver de la czarine et de ses demoiselles d'honneur... Et cet homme?... (A part.) Si c'était Baltadjy!... (A Jakinski.) Cet homme?... Parle donc! quel est-il? l'as-tu vu?...

JAKINSKI.

Oui!... (Se reprenant.) c'est-à-dire... non, sire!

LE CZAR, avec colère, se levant.

Tu ne l'as pas vu!! misérable!... à qui je donne deux cent mille roubles par an! tu ne le connais pas? et moi j'entends que tu le connaisses...

JAKINSKI.

Oui, sire, je le connaîtrai.

LE CZAR.

A la bonne heure!

JAKINSKI.

J'en ai là le moyen!... un moyen certain...

VILLERBECK.

C'est fait de moi! je suis perdu!...

LE CZAR.

Lequel?

VILLERBECK, se jetant aux pieds du czar.

Grâce, sire, grâce! c'était moi.

LA CZARINE, à part, avec étonnement et joie.

Lui!...

LE CZAR, avec colère.

Toi...

VILLERBECK, hors de lui.

Moi-même!... Hier, un dîner à l'amirauté, où nous avions bu à la santé du czar... si longtemps... qu'à minuit...

LA CZARINE, à Villerbeck.

Oser pénétrer dans ce pavillon!... d'où te venait cette audace?...

VILLERBECK.

Je n'en sais rien, Majesté... la santé du czar m'avait tellement porté à la tête... et le trouble où je suis...

LE CZAR, se tournant du côté de Jakinski et en souriant.

Il boira toujours!

JAKINSKI, souriant.

Oui, sire!... (Gravement.) Votre Majesté ordonne-t-elle la Sibérie?...

LE CZAR, souriant.

Il était ivre!...

JAKINSKI, de même.

Oui, sire!... (Gravement.) Alors le knout?

LE CZAR, avec impatience.

Il était ivre, te dis-je!... je lui pardonne!... (A la czarine en montrant Jakinski.) mais non pas à lui! Comment le palais et l'appartement des dames sont-ils donc gardés, pour qu'on y puisse pénétrer aussi facilement?

VILLERBECK.

Pas si facilement, sire... témoin le poing énergique qui m'a fait descendre l'escalier.

LE CZAR, étonné et fronçant le sourcil.

Comment ?...

LA CZARINE, vivement.

Un des gens du palais, sans doute... un moujik...

VILLERBECK, à la czarine.

Un vigoureux gaillard avec lequel j'ai lutté devant la porte du pavillon, et alors, Majesté...

LA CZARINE, l'interrompant.

Il suffit ! va-t'en ! (Avec sévérité.) Va-t'en !

LE CZAR, avec douceur.

Oui ! nous causerons plus tard... (A Jakinski.) Et toi, as-tu quelque chose encore à me dire ?...

JAKINSKI.

Oui, sire... A la porte du pavillon, à l'endroit où probablement la lutte a eu lieu, on a trouvé ce matin sur la neige cet objet en or...

VILLERBECK, qui était prêt à partir, revenant sur ses pas.

De l'or !... je déclare d'avance que ce n'est pas à moi !

LE CZAR.

Cela n'appartient cependant pas non plus à un moujik. (A Jakinski.) Donne ! (Regardant.) Une clef de chambellan...

LA CZARINE, à part.

Grand Dieu !

LE CZAR, à Villerbeck et à Jakinski après un instant de silence.

C'est bien ! laissez-nous.

(Jakinski et Villerbeck sortent par le fond; la czarine passe à droite.)

SCÈNE X.

LE CZAR, LA CZARINE.

LE CZAR, à la czarine.

C'est un de vos chambellans qui, hier soir, en grand costume et après la fête sans doute, s'est permis cette promenade nocturne et cette rencontre avec Villerbeck ? Il faut sans bruit, sans éclat, savoir qui ce peut être, et lui parler sévèrement. Dès qu'il s'agit de vos demoiselles d'honneur, cela vous regarde... c'est vous-même que cela touche, et quel que soit le coupable...

SCÈNE XI.

SAPIEHA, LE CZAR, LA CZARINE, UN HUISSIER.

UN HUISSIER.

M. le comte Sapieha.

LE CZAR.

Le fils du général... si dangereusement blessé... Je lui destinais une récompense... que je serai charmé de lui envoyer par son fils... (A Sapieha qui s'incline.) Vous prendrez à la chancellerie un paquet cacheté que vous porterez aujourd'hui même au général.

LA CZARINE, avec émotion.

D'après les ordres du prince chancelier, je croyais monsieur le comte... absent...

SAPIEHA.

Le devoir me retenait ici, madame ! j'avais à soumettre à Votre Majesté la composition du concert de ce soir... et comme votre chambellan...

LE CZAR, vivement.

En effet!... M. de Sapieha est un de vos chambellans, le dernier nommé par moi!... Il a fait ses premières armes à la cour de France, et je ne m'étonne pas des succès qu'il obtient dans le Nord. (A demi-voix en souriant à la czarine.) Je crois même que nous n'aurons pas besoin de chercher plus loin le héros dont nous étions en peine. (A Sapieha.) Approchez, monsieur!... (Le czar prend Sapieha à part et lui dit à voix basse.) Vous étiez la nuit dernière dans le pavillon du jardin... où vous vous êtes rencontré avec Villerbeck. Nous savons tout par lui!... D'ailleurs, ces insignes, qui sont les vôtres, (Lui montrant la clef.) et où je vois gravés votre chiffre et l'aigle de Pologne, auraient dissipé tous mes doutes s'il avait pu m'en rester !

SAPIEHA.

Quoi, sire ! Votre Majesté pourrait supposer...

LE CZAR.

Je ne me fâche pas!... vous le voyez! En fait de galanteries, je suis bon prince... (Sévèrement.) mais en tout, et toujours, j'ai aimé à savoir ce qui se passait chez moi! (En souriant.) Pour qui veniez-vous?

SAPIEHA, interdit.

Sire !...

LE CZAR, de même.

Était-ce pour la princesse Lapoukin ou pour la comtesse Bestutcheff, dont on m'a déjà parlé ?...

SAPIEHA.

Quelle idée !...

LE CZAR.

C'est juste !... elles n'habitent pas au palais... Mais alors, pour qui donc? répondez!...

SAPIEHA.

Votre Majesté ne peut m'en vouloir de mon silence, dès qu'il s'agit de l'honneur d'une dame...

14.

LE CZAR.

Supposez-vous donc que je ne saurais pas le garder, et que les secrets d'État ne sont pas en sûreté avec nous? La czarine vous dira que vous pouvez parler sans crainte.

SAPIEHA.

Jamais! l'honneur me le défend!

LE CZAR.

Et moi, je vous l'ordonne!... Ici, monsieur, le premier devoir est d'obéir au souverain... il y va de la tête!

LA CZARINE, qui a écouté jusque-là avec angoisse.

O ciel!...

LE CZAR.

Et une plus longue résistance me ferait supposer...

SAPIEHA.

Quoi donc?...

LE CZAR.

Qu'il y a pour me dérober ce secret des raisons que je tiens maintenant à savoir... (Avec force.) et que je saurai!

(Il remonte.)

SAPIEHA, le suivant.

Mais, sire...

LE CZAR, appelant à droite.

A moi, quelqu'un! (Se retournant à gauche.) Eh bien! viendra-t-on? (Voyant entrer Olga et les dames.) Ah! enfin!

SCÈNE XII.

Les mêmes; OLGA, toutes les Dames de la cour entrant par la gauche, DES SEIGNEURS DE LA COUR par la droite.

OLGA, effrayée.

Le czar!... eh mon Dieu, qu'y a-t-il?...

LE CZAR, s'adressant aux femmes de la czarine, et allant vers elles.

Quelles sont les demoiselles d'honneur qui habitent dans le pavillon du Sud, près de la czarine?

OLGA.

Moi, sire.

LE CZAR.

Et les autres?

OLGA, naïvement.

Pas d'autres.

LE CZAR, étonné.

Vous seule!... princesse Menzikoff..

SAPIEHA, vivement au czar, à voix basse et avec effroi.

Sire, au nom du ciel! Votre Majesté m'a promis le silence!... Une jeune fille qui ne payait mon amour que d'indifférence...

LE CZAR, avec ironie.

C'est bien invraisemblable!

SAPIEHA.

Et dans mon désespoir, dans ma folie... j'ai osé, à son insu, pénétrer dans ce pavillon... pour elle...

LE CZAR, regardant du côté de la czarine.

Pour elle?

LA CZARINE, voyant le czar qui la regarde.

Qu'avez-vous donc, sire?

LE CZAR, s'approchant d'elle lentement et après un instant de silence.

Je fais une remarque... c'est que M. de Sapieha est bien ému.

LA CZARINE, essayant de sourire.

C'est facile à comprendre!...

LE CZAR.

Et que la personne la plus calme de nous (Regardant Olga.) est celle qui devrait l'être le moins! Approchez, ma fille; j'avais promis au prince, votre père, qu'aussitôt votre présentation à la cour je m'occuperais de vous marier...

OLGA, tristement.

Rien ne presse, sire !

LE CZAR, la regardant, ainsi que Sapieha et la czarine.

Je pense le contraire ! Vous épouserez, ce soir... dans la chapelle du palais, le comte Sapieha.

OLGA, avec joie.

Moi !...

LA CZARINE, avec douleur.

Lui ! grand Dieu !...

SAPIEHA, stupéfait.

Qu'entends-je ?

ENSEMBLE.

LA CZARINE.

Mais, sire !...

LE CZAR, sévèrement.

Ce sera !

LA CZARINE.

Mais cependant...

LE CZAR, à la czarine.

Y trouvez-vous quelque objection ?...

LA CZARINE.

Moi, sire... aucune... Mais cette jeune fille, peut-être...

LE CZAR.

Qu'a-t-elle à dire ?

OLGA, baissant les yeux.

Que je serais heureuse de me soumettre à la volonté de Votre Majesté ! mais jamais... je le sais... (voyant Menzikoff qui entre par le fond.) jamais mon père ne consentira...

LE CZAR.

C'est ce que nous verrons !

SCÈNE XIII.

Les mêmes; MENZIKOFF.

LE CZAR, faisant signe à Menzikoff d'avancer près de lui, et lui parlant à demi-voix.

Prince... j'ai depuis longtemps idée que votre dévouement cache de secrètes et sourdes trahisons... que je sens... que je devine...

MENZIKOFF.

Et quelle preuve ?...

LE CZAR, avec colère.

La preuve... c'est qu'aujourd'hui même je devais punir... Je ferai grâce encore !... je ferai plus ! je comblerai de nouveaux honneurs, toi, ta fille et ton gendre...

MENZIKOFF.

Mon gendre, sire !...

LE CZAR.

Le gendre que j'ai choisi, et que tu accepteras à l'instant !... Sinon, pour toi et tous les tiens... la Sibérie !...

MENZIKOFF, avec une colère concentrée.

Marier ma fille... et à qui donc ?

LE CZAR.

Au comte Sapicha ! (Menzikoff regarde la czarine et Sapicha.) J'attends, monsieur.

MENZIKOFF lève les yeux et voit sa fille qui le regarde d'un air suppliant.

Je consens...

LE CZAR, à Menzikoff.

C'est bien ! (S'approchant de Sapicha.) Vous voyez qu'on a raison de se fier à moi ! je récompense celui qui me dit la vérité... (Le regardant ainsi que la czarine.) comme je frappe sans pitié tous ceux qui me trompent... (Lui montrant Olga qui est à gauche du théâtre et qu'il va chercher.) Comte Sapieha, voici votre femme !...

SAPIEHA, qui est près de la czarine, à droite.

Ma femme !... jamais !...

LA CZARINE, à demi-voix.

Obéissez, ou vous êtes perdu !

SAPIEHA.

Peu m'importe !

LA CZARINE, avec effroi.

Ou je le suis !

(En ce moment le czar revient avec Olga qu'il présente à Sapieha. Celui-ci, après avoir un instant hésité et sur un nouveau regard de la czarine, offre la main à Olga et sort par le fond avec elle, suivi de Menzikoff et de ses parents. Le czar est placé à droite près de la czarine qu'il regarde et qui est assise.)

ACTE TROISIÈME

Un salon, dans le goût oriental, dans le palais de Menzikoff. Trois portes au fond, une porte dans chaque angle et deux latérales. Au fond, un jardin en serre chaude. A gauche, une grande table avec une carte géographique étalée dessus. A droite, une petite table et un fauteuil.

SCÈNE PREMIÈRE.

MENZIKOFF, seul, entrant du fond à gauche.

Mon enfant ! mon enfant sacrifiée !... Car, même en la donnant à celui qu'elle aimait, j'ai signé son malheur et sa honte !... Mais un refus nous envoyait tous en Sibérie ! Hier déjà, sans raison aucune, et dans la naïveté de son despotisme, le czar m'y avait condamné !... Destinée qui m'attend tôt ou tard !... Adieu alors mon beau palais, et vous, dômes de verdure, parc entier que j'ai élevé en serre chaude, il me faudra vous quitter pour les frimas de Tobolsk... soit ! Mais ma fille que j'ai élevée comme vous, mes fleurs, je la verrais succomber sous un souffle glacé !... Non, non, plutôt mourir !... (Se promenant.) Le jour où l'on tombe n'est rien. On trouve du courage contre un malheur accompli ! C'est la veille de la chute qui est terrible ! Et vivre toujours à la veille ! Et frémir sans cesse pour soi ou pour les siens... (Se retournant.) Ah ! c'est mon gendre !... ce fils imposé à ma tendresse par rescrit impérial !

SCÈNE II.

SAPIEHA, entrant par le fond à gauche; MENZIKOFF.

SAPIEHA, s'approchant de Menzikoff.

Je vous trouve seul, mon prince; j'en suis heureux, car j'ai à vous parler. Si je me suis incliné hier sous un joug de fer, si j'ai obéi, non pour moi, mais pour celle dont mon refus faisait tomber la couronne et la tête... c'est que j'ai pensé, comme vous sans doute, qu'une union formée par la contrainte était nulle devant Dieu et devant les hommes.

MENZIKOFF.

Que dites-vous?

SAPIEHA.

Que moi, gentilhomme sans fortune, je n'ai aucun droit à votre alliance et à vos richesses... Votre fille qui m'épouse par ordre ne m'aime pas, ne peut pas m'aimer... Ce mariage, je le sens, doit lui être odieux! Peut-être même avait-elle déjà fait un choix... J'ai compris tout cela... Et loin d'abuser de la position que le hasard m'a faite, je viens vous déclarer que dès que ce mariage pourra se rompre, mon consentement vous est acquis à vous et à ma fiancée. D'ici là, monseigneur, et tant que j'aurai l'honneur d'être votre gendre, je vous promets, comme je l'ai promis à la czarine, d'aimer et de respecter votre fille comme une sœur... Je vous le jure, et dès hier déjà, en sortant de la chapelle, j'ai quitté ce palais où je ne suis qu'un étranger!... Si j'y rentre ce matin, c'est dans la crainte des remarques que mon absence pourrait faire naître, et pour ne pas réveiller la défiance du czar, qui, dans ce moment, grâce au ciel, n'a plus de soupçons.

MENZIKOFF.

Erreur, monsieur! Le czar en a toujours! Violent, emporté, et en même temps adroit et fourbe, il ne reculera devant aucun moyen pour arriver à la vérité qu'il poursuit. Il suffit qu'il ait eu un doute sur la czarine et sur vous, pour que sa défiance plane sur votre vie entière, vous surveille, vous épie et vous frappe, au moment où vous croirez sa vengeance endormie à jamais.

SAPIEHA.

Eh! morbleu... un pareil supplice...

(Il remonte au fond du théâtre.)

MENZIKOFF.

Ah! je vous en avais prévenu, monsieur ! les conquêtes coûtent cher!...

SCÈNE III.

SAPIEHA, MENZIKOFF, OLGA, sortant de la porte latérale à droite.

OLGA, courant à Menzikoff sans voir Sapieha.

Bonjour, mon père !... Qu'il y a longtemps que je ne vous ai vu! Mais depuis hier, c'est comme un fait exprès... la czarine, qui voulait toujours m'avoir près d'elle, et mes compagnes qui ne me quittaient pas et qui, fidèles à nos usages, ont accompagné la mariée jusque chez elle... pas un moment seule avec vous, et impossible de vous dire combien j'étais touchée et reconnaissante de vos bontés... c'était si bien à vous d'avoir consenti à ce mariage... qui faisait mon bonheur...

SAPIEHA, descendant vivement à droite.

Comment ?

OLGA, effrayée.

O ciel !... vous, monsieur !... Ah! que c'est traître ! Qui pouvait vous soupçonner là ?...

SAPIEHA.

Pardon!... pardon, mademoiselle!... Mais vous disiez tout à l'heure...

OLGA.

Si je l'ai dit, tant pis!... Je ne peux pas le rétracter... Ne m'en veuillez pas, monsieur; mais ce qui arrive aujourd'hui est si singulier... si étonnant!... Qui me l'aurait prédit il y a quinze jours?... quand je racontais à mon père irrité notre aventure de la Néva... quand je lui parlais de mon libérateur... quand j'excitais sa colère en lui avouant que, malgré moi, je pensais à lui!...

SAPIEHA.

Se peut-il?

MENZIKOFF, bas à Olga.

Tais-toi!

OLGA.

Et pourquoi donc?... A son mari... on peut tout dire... d'autant qu'alors ce mariage me semblait impossible... (A Sapieha.) Vous d'abord, monsieur... vous ne faisiez aucune attention à moi... vous me regardiez à peine... et même pas du tout!... C'est le czar qui m'a appris que vous m'aimiez... Je ne m'en serais pas aperçue sans lui... Mais dès que le czar le dit... j'ai dû le croire, sans compter qu'il ajoutait d'un air fin : « qu'il en avait des preuves!... des preuves acquises par lui-même!... » Quel grand homme! Comme il s'occupe de tout!

MENZIKOFF, avec impatience.

C'est bien! c'est bien!... Et puisque enfin ce mariage est fait...

OLGA.

Ce n'est pas votre faute! Car vous aussi me disiez hier : Pour ton bonheur, ma fille, jamais je n'y consentirai... jamais! (Souriant.) Et pourtant vous avez consenti... non sans peine, j'en conviens! (Se retournant vers Sapieha.) C'est pour cela que je lui en sais tant de gré.

SAPIEHA.

Quoi! ce que je viens d'apprendre?... (Voyant entrer Villerbeck.) Allons, Villerbeck!

SCÈNE IV.

MENZIKOFF, VILLERBECK, OLGA, SAPIEHA.

MENZIKOFF.

Vous, amiral? qu'est-ce qui vous amène en mon palais?

VILLERBECK.

Le czar!... que je précède.

MENZIKOFF.

Le czar!...

VILLERBECK.

Il est là, avec Jakinski.

(Montrant la gauche.)

MENZIKOFF.

Chez moi!...

VILLERBECK.

Je venais enfin, et non sans peine, de lui faire mon rapport sur la mer Caspienne, rapport qui avait amené une discussion à laquelle Jakinski ne pouvait répondre... ni moi non plus... alors il s'est écrié avec impatience : Le premier ministre?... prévenez-le!... non!... courons chez lui... Et il arrive.

MENZIKOFF, vivement.

Comme autrefois.

OLGA.

Pour travailler avec vous...

VILLERBECK.

Et il vous attend dans votre cabinet où il s'est déjà mis à griffonner.

OLGA, à Menzikoff.

Vous voilà revenu en faveur !

VILLERBECK, à Olga.

Et moi aussi !... il me donne le commandement de Cronstadt ! C'est un grand prince !

OLGA.

Précisément ce que je disais tout à l'heure.

VILLERBECK.

Oui, mais il ne faut pas le faire attendre... venez !...

MENZIKOFF.

Vous avez raison.

(Ils sortent par la porte de l'angle de gauche.)

SCÈNE V.

SAPIEHA, qui pendant la scène précédente est remonté dans la serre au fond, en redescend en ce moment ; OLGA se mettant, près de la table à droite, à broder.

SAPIEHA, debout à gauche et à part.

Je voulais, comme à son père, tout lui avouer... c'était franc et loyal... cela me semblait facile... et maintenant... et depuis ce qu'elle vient de m'apprendre... ce n'est plus aussi aisé... cela me coûte! cela ressemble à une trahison ! Pauvre enfant !...

OLGA, levant les yeux.

Comme vous me regardez, monsieur !

SAPIEHA.

Ah ! c'est que je ne vous avais pas encore vue comme en ce moment.

OLGA.

Et il me semble, moi, lire dans vos yeux de l'inquiétude, de la crainte ! Je comprends !... (Souriant.) vous avez peur de moi... c'est tout simple !... vous ne me connaissez pas ! tandis que moi... c'est différent !

SAPIEHA, vivement.

Vous me connaissez ?

OLGA.

Beaucoup ! il me suffisait pour cela d'écouter !... car ces dames parlaient de vous toute la journée !

SAPIEHA, s'approchant du fauteuil où Olga est assise.

Ah !... était-ce en bien ?

OLGA.

Oui ! c'est-à-dire en mal ! elles disaient que vous étiez léger, inconstant... aimant toutes les femmes... et, bien pis !... aimé d'elles !... Aussi tous nos jeunes seigneurs vous portaient envie !... Et moi je vous plaignais !

(Elle se lève.)

SAPIEHA.

Comment cela ?

OLGA.

Je me disais : Un gentilhomme tel que lui et d'un mérite si élevé a autre chose à faire que d'être un élégant et un homme à la mode; ce n'est pas par le nombre des conquêtes que l'on est heureux ! Voyez plutôt notre empereur ! Mais comme, en même temps, on ajoutait que vous étiez bon, généreux, que vous aviez de l'esprit, du jugement et surtout un excellent cœur... je me disais : L'erreur ne peut durer !... et pour qu'il ouvre les yeux, il lui suffira d'éprouver une affection véritable !... C'était là, il est vrai, le difficile !... Mais d'après ce que m'a dit le czar... j'ai de l'espoir...

SAPIEHA.

En vérité !

OLGA.

L'espoir de vous changer !... Je tâcherai, du moins, et

cela ne m'effraie pas! Je vois votre étonnement; vous me croyez bien futile, bien jeune. Détrompez-vous! on mûrit vite en ce palais : témoin intime des prospérités de mon père, j'ai passé ma jeunesse à le consoler de ses grandeurs, dont je ne voyais que les chagrins! Aussi, que d'autres nous envient le pouvoir, la richesse, l'éclat au dehors; pour moi la vie d'intérieur et de famille, le bonheur au logis m'a toujours semblé le plus doux des rêves et le premier des biens! (Se tournant vers Sapieha.) Vous le verrez.

SAPIEHA.

Olga! vous aviez raison! je ne vous connaissais pas! et croyez bien... (Avec embarras.) croyez... quoi qu'il arrive... que là, au fond du cœur... je conserverai toujours, pour vous, respect et admiration, et, si vous me le permettez, le dévouement le plus vrai... l'amitié la plus vive et la plus tendre...

OLGA, souriant.

Eh! mais... j'y compte bien! vous le devez, monsieur, sous peine d'être ingrat!

SAPIEHA, poussant un cri.

Olga! (On entend sonner une heure.) Ah! mon Dieu!...

OLGA.

Qu'avez-vous donc?

SAPIEHA.

Je pars.

OLGA.

Déjà!

SAPIEHA.

Depuis une demi-heure je devrais être près de la czarine... ma place de chambellan, mon devoir m'y obligent; je l'avais oublié.

OLGA, vivement.

Vrai! Eh bien! le grand mal!... et moi aussi je dois tantôt assister à sa réception comme dame d'honneur!

SAPIEHA.

Vous !... c'est bien différent !... Que va-t-elle penser ?...
(Il passe à droite en remontant.)

OLGA.

La vérité !... que vous étiez à causer avec votre femme et que vous avez oublié la czarine !... Oh ! je le lui dirai.

SAPIEHA, avec effroi.

Non ! non ! gardez-vous en bien...

OLGA, riant.

Oh ! comme vous avez peur !... vous voilà comme mon père, peur de perdre votre place... moi, je dirais tant mieux !... (D'un air boudeur.) Adieu, monsieur.

SAPIEHA.

Adieu ! Olga, à bientôt.
(Il sort vivement par le fond à droite.)

SCÈNE VI.

OLGA, seule.

Les inconvénients de l'ambition !... au lieu de rester chez soi, près de sa femme... obligé d'aller à la cour et d'interrompre une conversation qui devenait très-intéressante !... (Écoutant.) Ah ! mon Dieu ! quel bruit dans le cabinet de mon père où l'on tient conseil !... un conseil... qui a l'air d'une dispute !
(Elle sort par la porte latérale de droite au moment où entre le czar.)

SCÈNE VII.

MENZIKOFF, LE CZAR, JAKINSKI, sortant de la porte de l'angle de gauche.

LE CZAR, en dehors.

Je ne me mets pas en colère, (Entrant en scène.) mais va-t'en au diable !... Dès que ce Villerbeck n'est plus sur son vaisseau, il ne comprend rien et ne sert à rien dans le conseil! (A Jakinski.) Mais toi! réponds : Qui de nous deux a tort? quel est ton avis?

JAKINSKI, droit et immobile.

Oui, sire.

LE CZAR.

C'est juste! sa réponse ordinaire!... (A Jakinski.) Préviens la czarine et amène-la. (Jakinski sort.) Je m'en rapporterai à elle, (A Menzikoff.) elle prononcera entre nous, (S'asseyant devant la table à gauche.) ce ne sera pas la première fois, et elle décidera...

MENZIKOFF.

Que j'ai raison.

LE CZAR.

Que tu as tort.

MENZIKOFF.

Non, sire. Méditer une guerre en Asie... dans la Perse...

LE CZAR.

Oui!

MENZIKOFF.

A l'extrémité de l'empire.

LE CZAR.

Oui!

MENZIKOFF.

Pour s'agrandir de ce côté-là!... A quoi bon? je vous le demande...

LE CZAR.

Je vais te le dire : tout le monde ici, comme toi tout le premier, se méprend sur les véritables intérêts de la Russie... ce n'est pas la terre qui lui manque, elle n'en a que trop, c'est la mer qu'elle doit chercher à conquérir!

MENZIKOFF.

La mer !... qu'en avons-nous besoin, nous autres soldats?

LE CZAR.

Bien ! tu raisonnes en soldat, et moi en empereur ! Comment, sans commerce, civiliser un peuple barbare? et comment le rendre commerçant, si la mer lui est fermée ? Aussi me raidissant contre tous les obstacles, j'ai élevé à l'entrée de la Baltique cette capitale que ses flots menacent d'engloutir ! Pourquoi un si grand travail ? non-seulement pour commander aux golfes de Finlande et de Bothnie, mais pour que mes sujets devinssent pilotes et matelots ! Et si je n'ai jeté aucun pont sur la Néva, si les boyards et les bourgeois de Saint-Pétersbourg sont obligés de traverser un fleuve dangereux, en barques ou en chaloupes, c'est que j'ai voulu, malgré eux, les habituer à la rame et à la voile.

MENZIKOFF, haussant les épaules.

Et s'ils se noient?

LE CZAR.

S'ils se noient?

MENZIKOFF.

Oui.

LE CZAR.

Ça m'est égal ! pourvu qu'ils deviennent marins. (Frappant avec sa canne sur la table.) Et par le sang des Romanoff... ils le deviendront !

OLGA, effrayée et rentrant.

Ah mon Dieu! mon père !...

LE CZAR, l'apercevant et allant à elle.

Ah ! votre fille ! notre nouvelle mariée !

OLGA.

Qui entendait de l'appartement voisin...

LE CZAR.

Une discussion avec votre père... qui est un entêté...

MENZIKOFF, murmurant entre ses dents.

Je ne suis pas le seul...

LE CZAR.

Mais je le battrai aujourd'hui... comme je l'ai battu hier à l'occasion de votre mariage... (Regardant Olga en souriant.) Eh bien, comtesse Sapicha, que dites-vous du mari que vous me devez ? un aimable gentilhomme, n'est-il pas vrai ?

OLGA.

Oui, sire !

LE CZAR.

J'ai bien fait d'ordonner votre bonheur... en maître absolu !

OLGA.

Oui, sire !

LE CZAR, souriant.

L'absolutisme a du bon ! Car maintenant, nous pouvons en convenir, la circonstance était grave !

OLGA, naïvement.

Comment cela ?...

LE CZAR, avec bonhomie.

Vous vous trouviez un peu compromise, si notre volonté toute-puissante n'eût jeté un voile sur votre imprudence.

OLGA, de même.

Que veut dire Votre Majesté ?

LE CZAR.

Il suffit ! vous devez me comprendre.

OLGA.

Mais non vraiment !

LE CZAR, à demi-voix.

Quoi !... Accorder au comte Sapicha... une entrevue... la nuit...

OLGA, avec indignation.

Jamais !

MENZIKOFF, de même.

Une pareille calomnie !

LE CZAR.

Calomnie!... quand on l'a surpris dans le pavillon du Sud!... quand lui-même est convenu...

OLGA, vivement.

De quoi?...

LE CZAR.

Me soutiendriez-vous, comme lui, qu'il y était à votre insu ?

OLGA, hardiment.

Oui, sire !

LE CZAR.

Que vous ignoriez la présence de ce brillant cavalier qui vous aimait, qui vous adorait et dont vos rigueurs repoussaient les vœux ?

OLGA, avec dignité.

J'ignore qui a pu débiter de pareilles fables à Votre Majesté, mais jamais... avant d'avoir le droit de me le dire, M. le comte Sapicha ne m'a avoué qu'il m'aimait.

LE CZAR, vivement.

Il serait possible ?

OLGA.

Je vous l'atteste, sire ! (A Menzikoff qui lui fait signe de se taire.) Eh oui, mon père, c'est la vérité !

LE CZAR, froidement et après un instant de silence.

A la bonne heure !... Il y a tantôt réception... je ne vous empêche pas, madame la comtesse, de vous occuper de votre toilette.

(Olga salue et sort par la porte de droite.)

SCÈNE VIII.

MENZIKOFF, LE CZAR.

LE CZAR, à part.

Voilà qui est singulier!... Sapicha me tromper!... dans quel but?...

MENZIKOFF, à part, l'observant.

Le soupçon s'éveille!... et tout est perdu, si la Perse ne fait pas diversion! (S'asseyant au bout de la table à gauche, et à voix haute.) Votre Majesté a beau dire!... plus je regarde sur cette carte...

LE CZAR, avec impatience.

Eh bien?...

MENZIKOFF.

Et moins je vois pour nous quel avantage immédiat...

LE CZAR, vivement.

Quel avantage!... (A part.) Et si en réalité il n'aime pas cette jeune fille...

MENZIKOFF, regardant toujours la carte.

Quand nous régnerions sur la mer Caspienne... où cela nous mènerait-il?...

LE CZAR, avec impatience et chaleur.

Où cela nous mènerait?... mais à travers la Caspienne, à travers la petite et la grande Boukharie... Ne pouvons-nous pas essayer un jour de nous ouvrir le commerce de l'Inde... et puis... (A part.) Et puis... s'il ne l'aimait pas éperdument comme il le prétendait... pourquoi la nuit cette tentative audacieuse... dont il est convenu lui-même?

MENZIKOFF, regardant toujours la carte et le czar.

Et quand Votre Majesté aurait raison...

LE CZAR, vivement.

Quand j'aurais raison...

MENZIKOFF.

Nous avons mieux que cela! Les Indes sont bien loin... la Pologne est bien près!

LE CZAR, s'avançant vers la table.

La Pologne !

MENZIKOFF.

Oui, sire, il ne tient qu'à nous de nous en emparer ; car, à l'occasion du Holstein, on nous attaque, grâce au ciel! Une occasion superbe et légitime, ce qui est rare !

LE CZAR, regardant sur la carte.

La Pologne?... C'est à y penser.

MENZIKOFF, vivement.

N'est-ce pas?

LE CZAR.

Car enfin... il y a un fait... un fait évident... c'est que... c'est que... (s'éloignant de la table et à part.) C'est qu'il était cette nuit dans le pavillon du parc... Et si ce n'était pas pour elle... pour qui donc?

MENZIKOFF, suivant son idée.

Je la prendrais !

LE CZAR, de même, à part.

Pour qui?

MENZIKOFF, froidement.

Pour nous !

LE CZAR, de même.

Quoi ?

MENZIKOFF.

La Pologne.

LE CZAR, avec impatience.

Il ne s'agit pas de cela... Plus tard, je ne dis pas... mais pas encore !

SCÈNE IX.

MENZIKOFF, puis **LA CZARINE** paraissant au fond suivie de deux de ses femmes auxquelles elle fait signe de s'éloigner; **JAKINSKI, LE CZAR**, sur le devant du théâtre et toujours réfléchissant.

JAKINSKI.

La czarine !...

MENZIKOFF, allant à la czarine.

Sa Majesté peut seule nous mettre d'accord ! (Avec intention.) Car il s'agit ici d'une question grave...

LA CZARINE, s'adressant au czar.

Et vous me faites l'honneur, comme autrefois, de m'appeler au conseil ?

LE CZAR, rêvant.

Oui. (S'avançant d'un air préoccupé vers la czarine.) Croiriez-vous que cette jeune fille... pour qui le comte Sapieha risquait les escalades et courait la nuit les grandes aventures...

LA CZARINE, souriant.

C'est à ce sujet que vous me consultez ?

LE CZAR.

Que cette jeune fille prétend que jamais le comte ne lui avait parlé de son amour. C'est bizarre... n'est-ce pas ?... Et qu'en pensez-vous ?...

LA CZARINE, souriant.

Je pense... que Votre Majesté pourrait s'inquiéter de sujets plus importants... et que celui-ci mérite peu son attention.

LE CZAR.

Tout ce qui est problème à résoudre... me préoccupe... et j'en cherche malgré moi la solution... Jakinski... au nombre des amis à moi, que je t'ai ordonné de surveiller, tu inscriras le comte Sapieha, et tu continueras, comme je te l'avais dit hier, à me rendre compte de toutes ses actions !

JAKINSKI, à gauche du czar.

Oui, sire... Hier d'abord, il s'est marié !

LE CZAR.

Je le sais... et par mon ordre... à celle qu'il adorait !

(Il va près de la czarine.)

JAKINSKI.

Oui, sire ! Mais en sortant de la chapelle, et après avoir reconduit jusqu'ici sa jeune épouse...

LE CZAR.

Eh bien?...

JAKINSKI.

Il est sorti du palais... et n'y est rentré que ce matin.

LA CZARINE, à la droite du czar à part, avec joie.

Ah !...

LE CZAR, regardant Menzikoff.

Voilà qui est plus singulier encore ! Avec l'amour passionné et délirant... qu'il disait éprouver, comment une pareille conduite peut-elle s'expliquer ?

LA CZARINE, vivement et venant en aide à Menzikoff.

D'une façon toute naturelle ! Je crois me rappeler qu'hier matin vous l'avez chargé, devant moi, de prendre à la chancellerie un paquet cacheté, et de le porter le soir même à son père, le général Sapieha...

MENZIKOFF, à gauche du czar.

Dont le corps d'armée est à quinze lieues d'ici.

LA CZARINE, d'une manière affirmative.

Vous le lui avez ordonné... expressément... j'en suis maintenant certaine.

LE CZAR, avec impatience.

C'est vrai !... mais c'était avant qu'il fût question de ce mariage.

MENZIKOFF.

L'ordre n'en subsistait pas moins...

LA CZARINE.

Et il savait, comme tout le monde, qu'il faut avant tout et sans réplique obéir à un ordre du czar.

LE CZAR.

Et cet ordre... je l'aurais révoqué... hier soir, s'il me l'avait demandé, à moi ou à ses protecteurs... (Regardant la czarine.) car il en a beaucoup ! Et enfin...

LA CZARINE, avec impatience.

Enfin, vous ne pouvez lui faire un crime d'avoir, dans l'excès de son zèle, tout sacrifié...

MENZIKOFF, froidement.

Pour le service de Votre Majesté.

LE CZAR, avec impatience et une colère qu'il cherche à réprimer.

C'est bien... (Se promenant avec agitation.) Rien à dire... c'est vrai... Et cependant... (Il se promène encore.) Jakinski ?

JAKINSKI, s'avançant.

Sire ?...

LE CZAR, après un instant de silence.

Je te parlerai... ailleurs... va-t'en !

JAKINSKI.

Oui, sire.

(Il salue et sort.)

LE CZAR, continuant à rêver.

Et vous... prince ?

MENZIKOFF.

Que désire Votre Majesté ?...

LE CZAR, de même.

Ce que je désire... (Vivement.) Ah ! Villerbeck ! (S'adressant à Menzikoff.) qu'on le fasse revenir... Allez, allez donc... je veux lui parler.

MENZIKOFF.

S'il est à jeun, sire... mais s'il ne l'est pas?...

LE CZAR.

Raison de plus ! (Menzikoff salue et sort par le fond.) C'est dans ces moments-là qu'on dit la vérité... et en l'interrogeant sur tous les détails, il est possible que... (A la czarine.) Adieu !...

(Il sort par le fond en rêvant.)

SCÈNE X.

LA CZARINE, seule, regardant sortir le czar.

Un instinct défiant le tient en éveil et le guide !... Il ne sait rien, mais il est sur la trace... un mot, un regard nous perdrait !... Moi, peu importe !... Mais lui !... Là est maintenant ma vie, et tant qu'il m'aimera... me perdre, pour le défendre, est encore un bonheur !...

SCÈNE XI.

LA CZARINE, OLGA.

OLGA, entrant par la droite en robe de cour.

Quel honneur pour nous de recevoir en ce palais notre souveraine !

LA CZARINE.

Votre amie !... (La regardant.) Vous voilà bien belle, mon enfant ?...

OLGA.

Me voilà prête de bonne heure pour la réception ; une femme moscovite ne doit jamais, dit-on, faire attendre son mari.

LA CZARINE, souriant.

Oh! je ne pense pas que le vôtre vous gronderait.

OLGA.

Ni moi non plus!... il a l'air si bon!...

LA CZARINE.

Vous trouvez?...

OLGA.

Je le suppose!... car excepté ce matin... où j'ai eu un instant de conversation avec lui et mon père... je l'ai à peine vu!... Hier, en sortant de l'église... il nous a quittés...

LA CZARINE.

Je le sais... un message... un ordre exprès du czar, lui prescrivait de partir à l'instant même.

OLGA, respirant et souriant.

C'est donc cela ! Je me disais aussi... car ce mariage s'est fait d'une manière si brusque, si effrayante, qu'on n'a pas eu le temps de se reconnaître... Et puis, ce matin, son service qui l'appelait... à la cour, près de Votre Majesté... il m'a quittée et vite!... et vite!...

LA CZARINE.

En vérité!

OLGA.

Aussi... j'attendais son retour avec une impatience...

LA CZARINE.

Et pourquoi?...

OLGA.

Parce que... le czar venait de me tenir des discours très singuliers... que je ne comprenais pas... de pavillon du jardin... d'entrevue accordée par moi...

LA CZARINE, l'interrompant vivement.

C'est bien!... Et lui?...

OLGA.

Il m'a rassurée... ce n'était rien... une erreur... un quiproquo de l'amiral Villerbeck... J'ai à peine écouté, parce que dans ce moment-là il me regardait d'un air si respectueux... si soumis... et pourtant si bon... que j'en étais tout émue !

LA CZARINE, avec inquiétude.

Ah !...

OLGA.

Et lorsque mes femmes sont entrées pour ma toilette, il voulait se retirer... C'est ma gouvernante qui lui a dit : « Restez donc, monsieur le comte, un mari a ce droit... » et, malgré cela, il a encore hésité un instant.

LA CZARINE, avec jalousie.

Mais il est resté ?...

OLGA, joyeusement.

Il est resté !... il s'est assis près de moi... pendant que mes femmes me faisaient belle !... et de temps à autre, d'un air aimable et galant, il m'adressait des phrases... gracieuses... des riens... mais c'était charmant... et quand ma gouvernante, qui me flatte toujours, s'est écriée : Regardez donc, monsieur le comte, comme votre femme est jolie !...

LA CZARINE.

Qu'a-t-il répondu ?...

OLGA.

Pas un mot !... mais il avait l'air d'être de son avis ! ce qui m'a fait plaisir !... et puis, quand j'ai été habillée, il m'a demandé la permission d'attacher là mon bouquet, je ne pouvais guère le refuser... (s'arrêtant.) Mais pardon, madame, je raconte là à Votre Majesté des détails bien insignifiants...

LA CZARINE.

Non, non, regardez-moi comme votre amie ! Confiance tout entière ! dites-moi tout ce qui vous regarde... car ce qui vous intéresse... m'intéresse aussi... plus que je ne peux vous le dire.

OLGA.

Ah! que Votre Majesté est bonne!... Eh bien donc, pendant qu'il attachait ce bouquet... sa main tremblait... moi je venais, pour le remercier, de lui faire une belle révérence, lorsqu'au lieu de s'en aller, il s'est rapproché de moi... puis tout à coup... et sans rien me dire... il m'a pressée contre son cœur... et m'a embrassée!

LA CZARINE.

Il vous a embrassée?...

OLGA.

Bien fort! et s'est enfui!

LA CZARINE.

Lui!... il serait vrai!...

OLGA.

O ciel!... Qu'a donc Votre Majesté?...

LA CZARINE.

Il ne sait donc pas que la foudre gronde sur sa tête... sur la vôtre!... qu'une fois lancée, rien ne pourra l'arrêter.

OLGA, interdite.

Qu'est-ce donc, madame?...

LA CZARINE, froidement.

Rien!

OLGA.

Mais ce que disait Votre Majesté...

LA CZARINE.

Le voici!... c'est bien... laissez-nous.

OLGA.

Mais...

LA CZARINE, avec impatience.

Au nom du ciel, laissez-moi!

OLGA.

Oui, madame ! (A part.) Ah ! mon Dieu !... est-ce qu'il courrait quelque danger ?...

(Elle sort par la porte à droite.)

SCÈNE XII.

SAPIEHA, LA CZARINE.

SAPIEHA, entrant et apercevant la czarine.

Vous, madame !...

LA CZARINE.

Vous ne m'attendiez pas, monsieur le comte...

SAPIEHA.

Je ne m'attendais pas à ce bonheur... A peine ce matin, au cercle de la cour, avais-je pu entrevoir Votre Majesté, il y avait tant de monde !...

LA CZARINE.

Et vous êtes arrivé tard ! on vous a retenu ! Ces chaînes acceptées malgré vous... ces chaînes hier si pesantes... vous semblent déjà légères !... En Russie... on se façonne vite à l'esclavage !

SAPIEHA.

Que voulez-vous dire ?

LA CZARINE.

Les promesses que vous m'avez faites hier, je ne les avais pas exigées de vous ; j'avais consenti au plus grand, au plus horrible des supplices ! je vous avais moi-même donné à une autre, pour détourner de vous la vengeance du czar, et, eussé-je dû en mourir de douleur... ce sacrifice était entier, irrévocable... j'avais renoncé à vous, pour toujours ! C'est vous qui m'avez attesté, au nom de l'honneur, que ces nœuds formés par la contrainte étaient nuls à vos yeux ; c'est vous qui m'avez fait un serment que jamais je n'aurais imposé, mais que j'ai reçu ; j'y comptais, et déjà vous l'avez trahi !...

SAPIEHA.

Moi !...

LA CZARINE.

La comtesse... votre femme... (Se reprenant.) Non... Olga Menzikoff m'a tout raconté... tout à l'heure... Ce bouquet... ce baiser...

SAPIEHA, à part.

O ciel !... (Souriant.) C'est là le crime dont Votre Majesté a la bonté de me croire coupable. On ne lui a pas dit qu'en ce moment même une personne venait d'entrer apportant ses félicitations à la mariée... la comtesse Jakinski, espion du grand monde, payée par le czar pour observer dans les salons, comme son mari à la ville... et sans y attacher d'autre importance, il m'a semblé de la plus simple politique...

LA CZARINE, l'interrompant.

Assez... assez... je vous crois ! Elle était là...

SAPIEHA, faisant quelques pas vers le fond.

Si Votre Majesté en doute, qu'elle interroge encore Olga.

LA CZARINE, allant s'asseoir à gauche.

Pardon ! je suis si malheureuse ! si vous saviez que mon existence, commencée dans la misère, n'a jamais connu que l'ambition, la crainte, la haine, la gloire !... toutes les passions qui torturent la vie... aucune de celles qui la consolent ou l'embellissent... Jouet des événements, ne m'appartenant pas, subissant le joug du maître... je lui ai livré, à lui, l'esclave qui obéit... à vous le cœur qui aime !... Et ce charme enivrant ignoré jusqu'ici... ce bonheur inconnu que je vous dois !... y renoncer maintenant me serait impossible !... être trahie par vous serait la mort !... et le soupçon... le doute même est un si grand supplice... que je ne pourrais supporter une fois encore les tourments jaloux que j'éprouvais là tout à l'heure, près de cette pauvre enfant !

SAPIEHA.

Catherine!...

LA CZARINE, à voix basse.

Écoute-moi... Si tu l'aimes, il faut me l'avouer... Je suis calme... tu le vois, j'ai de la force, de la raison!... il m'en reste assez pour te dire : Va-t'en! pars avec elle... dérobe-toi à la colère du czar... à la mienne peut-être!... (Elle se lève.) Car si tu me trahissais... si j'en avais la preuve... tu ne sais pas ce dont je serais capable... je l'ignore moi-même... mais je sens au feu caché qui bouillonne en mon sein que s'il éclatait... Ne m'y expose pas... pars avec elle... va-t'en... c'est assez du malheur... ne me condamne pas au remords!

(Elle passe à droite.)

SAPIEHA, avec effroi et à voix basse.

Catherine!... on peut venir... on peut nous entendre!.. En échange de votre couronne, de votre renommée... de vos jours que vous exposez pour moi... je n'ai pu vous offrir que mes serments... je les tiendrai!... Tout ce que mon cœur peut vous donner, je vous le donne, et le jour où il vous faudra ma vie, songez bien qu'elle vous appartient et que vous pouvez la prendre.

LA CZARINE.

Moi!... qui mourrais pour la sauver... Mais pourquoi parler de mourir? tu m'aimes, je ne crains plus rien! tu m'aimes... j'ai retrouvé ma force et mon courage!... j'ai tes jours et ton amour à défendre!... (Voyant deux de ses femmes qui paraissent au fond.) Adieu!

(Elle sort par le fond à droite.)

SCÈNE XIII.

SAPIEHA la suit jusque dans la serre et la regarde partir, puis il revient en scène et aperçoit Olga qui entre, se soutenant à peine; OLGA.

SAPIEHA.
Olga!... Comme elle est pâle!...

OLGA, s'appuyant sur un fauteuil.
J'étais là... j'ai tout entendu...

SAPIEHA.
Grand Dieu!

OLGA.
Vous ne m'avez épousée que pour détourner les soupçons du czar... pour soustraire à la mort... vous et la czarine... il fallait tout me dire, monsieur, je vous aurais sauvés... et ma tête seule fût tombée sous la hache... car c'est moi qui aurais refusé!

SAPIEHA.
Ah! daignez m'écouter!...

OLGA.
Silence, voici le czar!

SCÈNE XIV.

VILLERBECK, LE CZAR, SAPIEHA, OLGA.

LE CZAR, entrant par la porte du fond à gauche et traînant rudement Villerbeck qu'il tient par la main.

Tu me trompes encore?... mais je te confondrai devant lui, devant elle... réponds! Et qu'on y songe bien, malheur à quiconque trahira la vérité, car il ne sera pas dit que vous aurez, à vous trois, tenu le czar en échec et qu'il aura perdu toute une matinée à débrouiller une misérable intrigue...

OLGA, à part.

Ah! que j'ai peur!...

LE CZAR, à Villerbeck.

Je commence par toi. Tu étais, dis-tu, à moitié ivre cette nuit dans le pavillon du Sud. Est-ce vrai?

VILLERBECK.

Oui, sire!

LE CZAR.

Monsieur le comte y était aussi!

VILLERBECK.

Quoi, c'était lui!...

LE CZAR.

Est-ce vrai?...

SAPIEHA.

Oui, sire.

LE CZAR, à Sapieha.

Vous, monsieur, vous y alliez, vous me l'avez avoué... pour une femme que vous aimiez éperdument!

OLGA, à part avec douleur.

Ah! l'ingrat!... c'est donc vrai!

LE CZAR.

Mais deux personnes seulement habitaient ce pavillon...

OLGA, à part.

Il est perdu!

LE CZAR.

De ces deux personnes laquelle vous attendait... laquelle?... répondez?...

OLGA, prévenant Sapieha qui va répondre et allant au czar.

Moi, sire!

LE CZAR.

Vous !... et tout à l'heure devant moi... vous l'avez nié avec audace !...

OLGA, baissant les yeux.

Votre Majesté oublie que mon père était là !

LE CZAR, confondu.

C'est juste !... (Se retournant avec colère vers Villerbeck.) Mais toi, si j'en crois ce que tu me racontais à l'instant... ce balcon... cette fenêtre... as-tu vu, sais-tu qui l'a entr'ouverte ?

VILLERBECK.

Non, sire !...

OLGA, avec émotion.

C'était moi !

LE CZAR.

Vous ? (Avec impatience à Villerbeck.) C'est à toi que je parle !... dans cet appartement où tu as pénétré... tu as aperçu, m'as-tu dit, une femme qui a poussé un cri en renversant un flambeau... cherche bien !... rappelle tes souvenirs... n'as-tu pas quelque idée ?... quelle était cette femme ?

VILLERBECK.

Eh bien ! il me semble que...

OLGA.

C'était moi !... oui, sire... j'ai fort bien reconnu M. l'amiral... qui même était ivre.

VILLERBECK.

C'est vrai.

LE CZAR, à Olga.

Ainsi donc, après l'avoir nié... vous en convenez maintenant, au milieu de la nuit... vous, jeune fille, vous avez, au mépris de tous vos devoirs, donné un rendez-vous, un rendez-vous d'amour à M. le comte Sapieha.

SAPIEHA, prêt à donner un démenti.

Ah !...

OLGA, vivement.

Oui, sire!

LE CZAR.

Vous l'aimez donc bien... Répondez!...

OLGA, avec hésitation et baissant les yeux.

Oui... sire...

LE CZAR, à Sapieha.

Et vous, monsieur?...

SAPIEHA, vivement et avec chaleur.

Moi!... je le demande à Votre Majesté... comment être insensible à tant de grâces et de jeunesse... comment ne pas éprouver un sentiment d'admiration... de reconnaissance... d'amour... devant tant de dévouement...

LE CZAR, brusquement.

Il suffit! (A part.) On croirait, Dieu me damne! qu'il dit vrai... (Regardant Olga qui baisse les yeux.) et elle aussi... Et pourtant! je sens autour de moi la trahison... Villerbeck n'a pas tout dit.

VILLERBECK.

Ainsi Votre Majesté n'en veut plus... à personne?...

LE CZAR, le regardant avec colère.

Qu'à toi seul qui es cause de tout, à toi qui as osé t'introduire la nuit dans ce pavillon.

VILLERBECK.

Dans un moment d'ivresse... Votre Majesté le sait bien...

LE CZAR.

Ivresse d'autant plus coupable... qu'elle t'a empêché de distinguer... de reconnaître...

VILLERBECK.

Mais hier déjà Votre Majesté m'avait pardonné...

LE CZAR.

A tort... Mon pardon était une injustice... et quand je suis injuste je le reconnais... aussi nous reviserons l'arrêt!

VILLERBECK.

Mais pour quelles raisons ?...

LE CZAR.

Je n'en ai pas à te donner... et je te trouve bien hardi d'en demander.

VILLERBECK, à part.

Sapieha disait vrai... le grand homme n'est pas agréable tous les jours !

LE CZAR.

Éloigne-toi ! (Prenant le milieu et s'adressant à Sapieha et à Olga pendant que Villerbeck s'éloigne.) Je suis heureux que ce mariage ordonné par moi... soit décidément un mariage d'amour... Je vous laisse, monsieur le comte... je vous laisse avec votre femme !

(Il sort par le fond à droite.)

SCÈNE XV.

OLGA, SAPIEHA, moment de silence.

SAPIEHA, se mettant à genoux.

Pardon, pardon !...

OLGA, froidement.

Relevez-vous, monsieur !...

SAPIEHA.

Ah ! si vous saviez... ce qui se passe dans mon cœur.

OLGA, de même.

N'achevez pas, monsieur, c'est inutile !... le czar n'est plus là ! Un tel mariage, vous l'avez dit vous-même, un mariage formé par la contrainte est nul, et s'il y a une justice au monde, de pareils nœuds doivent être brisés ! ils le seront bientôt, je l'espère... D'ici là, j'ai dû défendre les jours de celui dont je portais le nom, j'ai dû chercher à sauver la souveraine qui m'avait comblée de ses bontés... et que je trouve bien malheureuse... malheureuse d'être coupable et surtout de vous aimer !... Et maintenant, monsieur... tout est fini ! vous êtes libre !...

SAPIEHA, lentement et avec émotion.

Olga... je n'ai ni le droit de me justifier... ni l'espoir de vous convaincre ; et si je vous dis que la vanité seule avait fait naître en mon cœur l'idée d'une pareille conquête, que c'était l'ivresse de l'orgueil et non celle de l'amour... vous ne me croirez pas et c'est pourtant la vérité... D'aujourd'hui seulement j'ai compris ce qu'une affection innocente et pure... pouvait donner de vrai bonheur... et quand je vous ai entendue, sublime de candeur et de générosité, vous sacrifier pour ceux qui vous trahissaient et protéger leurs jours, au prix de votre honneur !... vaincu d'admiration, de surprise et de honte, j'ai senti seulement alors combien j'étais coupable. Mais si un crime peut s'expier par les regrets et les remords... et si vous connaissiez les miens, Olga... peut-être seriez-vous désarmée...

(Il s'incline devant elle.)

OLGA, faisant quelques pas pour sortir.

Adieu, monsieur !...

SAPIEHA, se relevant.

Quoi ! vous refusez de m'entendre ?... quoi ! je ne puis rien espérer de vous ?...

OLGA, froidement.

Rien !... monsieur !... J'ai trop d'orgueil au cœur pour m'avilir par un partage, même avec ma souveraine !.. Le favori de la czarine ne sera rien pour moi. (A Sapieha

qui fait un pas vers elle.) Je vous défends de me suivre...
(Elle sort par la porte de l'angle à gauche.)

SAPIEHA, avec désespoir.

Ah! j'avouerai tout à la czarine!
(Il sort par le fond.)

ACTE QUATRIÈME

Le cabinet du czar, architecture russe. Trois portes au fond. A gauche, sur le premier plan, une grande cheminée. Du même côté, sur le second plan, la porte d'un cabinet. A droite, sur le premier plan, une large croisée donnant sur une place publique. A gauche, devant la cheminée, une table chargée de papiers, de cartes et de livres. A droite, et faisant face, un canapé. Un cordon de sonnette descend du plafond jusque sur le milieu de la table à gauche.

SCÈNE PREMIÈRE.

LA CZARINE, assise sur un fauteuil, près du canapé ; LE CZAR, étendu sur un canapé et dormant.

LA CZARINE, se levant.

Il repose enfin !... mais quelle horrible crise ! et dans cet accès de délire et de fureur... ne proférer que des cris de vengeance... des arrêts de mort... le mien d'abord... Celui-là, du moins, c'est justice !... et je ne me plaindrai pas s'il ne frappe que moi... Mais Sapieha, pour qui je tremble toujours... mais ce pauvre Villerbeck, qu'on vient d'envoyer à la torture... pour le forcer à avouer un secret qu'il ne sait pas... (Levant les yeux.) Ah ! Olga! Encore un remords... involontaire, mon Dieu ! Mais tout devient crime pour le criminel.

SCÈNE II.

LA CZARINE, OLGA, qui est entrée par une des portes du fond
LE CZAR, endormi.

OLGA.
Je venais demander à Votre Majesté...
LA CZARINE.
Plus bas !... le czar est là... il dort.
OLGA, baissant la voix.
Je ne l'avais pas vu ! Je venais demander à Votre Majesté si la fête de demain, la bénédiction de l'eau aurait toujours lieu ?
LA CZARINE.
Je ne crois pas.
OLGA.
Et la réception de ce soir ?
LA CZARINE.
Non !... Je resterai ici renfermée !... Quand le czar est en proie à ce mal terrible... à ces convulsions... au milieu desquelles on le voit se rouler et se tordre... l'écume et le sang à la bouche... moi seule peux le soigner... moi seule sais calmer et abréger ses douleurs... (A part et pendant qu'Olga va près du czar.) L'Europe s'est étonnée de ma haute fortune, elle attribue à mon ambition, à mon habileté, ou du moins à l'amour... cette couronne que je ne dois peut-être (Montrant le czar qui s'agite en ce moment.) qu'à la souffrance !... couronne qui n'a pas trompé son origine !... Quand je pense aux tourments qu'elle m'a valus... qu'elle me vaut chaque jour !... (Regardant Olga qui revient près d'elle.) Mais écartons ces idées, éloignons-les surtout de cette jeune fille !... (A voix basse.) Que s'est-il passé depuis ce matin ? Le comte Sapicha, ton mari,

est-il toujours aussi galant ?... aussi aimable ?... Eh! mon Dieu! quel air triste et sombre !...

OLGA, baissant la tête et à voix basse.

Pourquoi feindre, ma souveraine ?... je sais tout !

LA CZARINE.

O ciel !

OLGA, de même.

Il m'a tout dit !

LA CZARINE, vivement.

Il a eu raison... Dût ma vie être désormais entre tes mains... il a bien fait de te la confier !... Je le lis dans tes yeux... tu ne me trahiras pas !

OLGA.

Plutôt mourir !... Mais cet époux dont la vue m'importune et me blesse...

LA CZARINE, avec joie.

Eh bien ?...

OLGA.

Mais ce mariage que je déteste...

LA CZARINE.

Nous le briserons... je te le jure ! nous t'enlèverons, à toi, ces chaînes odieuses ! et à moi, le remords de t'avoir enchaînée.

OLGA.

Silence... le czar s'éveille !...

LA CZARINE, s'approchant du canapé.

Pas encore !... (Montrant la chambre à gauche.) Va prendre là, dans cette chambre, sur une table de malachite, des gouttes... qu'il demande d'ordinaire quand il revient à lui.

(Olga entre un instant dans l'appartement, à gauche.)

LA CZARINE, regardant le czar.

Il dort... mais à sa respiration haletante et oppressée... je prévois qu'il ne peut tarder à s'éveiller... En attendant... un rêve l'agite... il parle à demi-voix... Écoutons !

LE CZAR, dormant.

Constantinople !... Constantinople...

LA CZARINE.

Même dans le sommeil !... (Apercevant Sapieha qui entre par la porte du fond, à gauche.) Ah !

SCÈNE III.

SAPIEHA, LA CZARINE, LE CZAR, endormi.

SAPIEHA.

Catherine !

LA CZARINE.

Imprudent ! qu'est-ce qui vous amène ? que voulez-vous ?

SAPIEHA.

Vous parler...

LA CZARINE.

Impossible !...

(Montrant le canapé.)

SAPIEHA.

Je le craignais... Cette lettre du moins... à vous !... à vous seule !...

LA CZARINE, la prenant après s'être assurée que le czar n'est point éveillé.

Donnez et partez !

(Sapieha sort par la porte du milieu.)

SCÈNE IV.

OLGA, LA CZARINE, LE CZAR.

Olga sort du cabinet à gauche, tenant à la main un flacon qu'elle pose sur la table, au moment où Sapicha sort.

OLGA, voyant Sapicha sortir et poussant involontairement un cri de jalousie.

Ah ! lui !... une lettre !...

LE CZAR, s'éveillant brusquement.

Une lettre...

LA CZARINE, tremblante.

Grand Dieu !...

(Olga a vivement saisi la lettre que la czarine lui a laissé prendre.)

LE CZAR, achevant de s'éveiller.

Qu'est-ce ? qu'y a-t-il ?... une lettre... pour moi ?... où est-elle ? (A Olga, qui la tient entre ses mains.) Donnez !

OLGA.

Non, sire... c'est une lettre de mon mari... que l'on vient d'apporter.

LA CZARINE, troublée.

Oui... on l'apporte à l'instant...

OLGA.

Et j'ignore ce que ce peut être...

LE CZAR, brusquement.

Eh bien... lisez !...

OLGA, interdite.

Je n'oserais devant Votre Majesté... et devant la czarine...

LE CZAR, brusquement.

Qu'importe !... Je vous le permets... et la czarine aussi !... (Se tournant vers elle.) N'est-ce pas ?...

(Il regarde la czarine et paraît frappé de l'altération de ses traits ; il l'observe avec attention pendant que celle-ci regarde avec inquiétude Olga, qui vient de décacheter la lettre.)

OLGA, parcourant la lettre.

O ciel!... il lui avoue que c'est moi... « moi, sa femme, « qu'il aime... Il supplie la czarine de lui rendre ses ser- « ments... lui offrant sa vie en échange!... » Ah!... (Avec joie.) C'est bien à lui... J'oublie tout... je pardonne!...

LE CZAR, se levant, touchant le bras de la czarine qu'il vient d'observer.

Comment, Catherine, vous d'ordinaire... si forte, si maîtresse de vous-même... laissez-vous paraître en ce moment sur vos traits l'émotion que vous éprouvez...

LA CZARINE.

Moi, sire!...

OLGA.

O ciel!...

LE CZAR.

Pourquoi vos yeux, dont je suivais la direction, ne pouvaient-ils se détacher de la lettre... que la comtesse lisait?

OLGA, à part.

O mon Dieu!...

LE CZAR.

Cette lettre de Sapicha est donc pour vous comme pour elle d'un bien vif intérêt... (Se tournant vers Olga.) Que contient-elle?

OLGA.

Sire...

LE CZAR, toujours à Olga.

Est-ce bien à vous, à vous seule, qu'elle est adressée?... Je veux le savoir.

OLGA.

Jamais!

LE CZAR.

Je veux la lire.

OLGA.

Personne au monde, pas même Votre Majesté, n'a le droit de lire ce qu'un mari écrit à sa femme !

LE CZAR.

Ce droit... je le prends...

OLGA.

Et moi je ne le reconnais pas !

(Elle déchire la lettre, qu'elle jette dans la cheminée.)

LE CZAR, s'élançant sur elle la canne levée.

Une pareille audace !...

LA CZARINE, se précipitant et arrêtant son bras.

Sire ! y pensez-vous ?... Une femme ! une jeune fille !...

LE CZAR.

Vous avez raison... c'est ainsi que l'on punit l'esclave ! L'on doit mieux que cela à la comtesse Sapicha ; j'y songerai ! (A Olga.) Sortez !... (Olga s'éloigne par le fond. — S'adressant à la czarine.) Quant à vous, madame, vous savez les graves intérêts qui en ce moment appellent tous mes soins !... Je venais de vous en faire part... au milieu même de mes souffrances, car le souverain d'un État comme la Russie doit s'oublier lui-même pour ne songer qu'au pays. Je vous parlerai plus tard... Laissez-moi !...

LA CZARINE.

Mais, sire...

LE CZAR.

Laissez-moi... ou sinon...

LA CZARINE.

Je vous laisse, sire, je vous laisse.

(Elle sort par la porte à gauche.)

SCÈNE V.

LE CZAR, seul, s'approchant de son bureau et regardant les papiers dont il est couvert.

Oui, des guerres utiles, des alliances plus utiles encore, des révoltes à prévenir, des travaux à terminer!... Tout est là... sous ma main... attendant mon ordre et mon impulsion!... Et quand la souffrance, qui me dévore, me dit que mes jours sont comptés... qu'il faut hâter mon œuvre inachevée!... mille obstacles futiles viennent l'entraver!... des intrigues de palais, des mystères de femmes, fils obscurs et embrouillés que mes doigts de fer chercheraient en vain à démêler! nœud gordien que je ne peux délier et que je trancherai par la hache! (Tombant sur le canapé à droite et après un instant de silence.) Et ils diront encore que je verse du sang à plaisir, que je cède sans réfléchir à la violence de mes passions! Mais que fait-on de grand sans passion?... sans une passion ardente, invincible... brisant toute résistance pour arriver à son but?... Et mon but à moi, ils ne le comprennent pas, ils ne le comprendront jamais! Un homme se lève tout à coup... seul au milieu des ténèbres!... il aperçoit la lumière... il y marche... il fait plus, il prétend y traîner après lui des nations entières... nations aveugles et barbares qui l'accusent, lui, d'aveuglement et de barbarie! Et dans ce combat où il lutte seul contre tout un peuple, combat livré aux superstitions et aux préjugés, combat le plus long et le plus acharné de tous, il lui faut tout vaincre, tout détruire, tout refaire, jusqu'à des habitudes et des mœurs! Eh bien! j'en ai fait avec des lois et des supplices! Et dans une œuvre pareille, dans cette guerre incessante de la civilisation contre la barbarie, on me reproche les sueurs et le sang que j'ai fait verser! (Se levant, avec un rire sardonique.) Et quelle est donc la guerre où l'on obtient la victoire sans des sueurs et du sang?

Vainement j'ai créé des soldats, des matelots, des villes, des ports, une patrie, enfin ! Vainement j'ai fait de nos déserts glacés un empire européen... Ils ne me tiennent compte ni des arts, ni de l'industrie, ni du commerce, ni de la gloire dont j'ai doté mon pays... Ils ne voient dans ma vie que les Strelitz roulant sous ma hache sanglante !... Eh bien, oui, je faisais la guerre à tous les ennemis de la civilisation... ils devaient tomber pour lui faire place. La postérité, disent-ils, répétera le nom d'Alexis et me flétrira de son supplice ! Quoi ! le monde civilisé s'est complu, d'âge en âge, dans une longue admiration pour Brutus ! Brutus immolant ses deux fils au salut d'une république infime et misérable alors ! Et moi, pour assurer à la Russie les destinées immenses qui l'attendent... peut-être ! on ne me pardonnera pas d'avoir condamné un prince coupable, conspirant contre son père pour éteindre le flambeau que j'allumais et replonger son pays dans les ténèbres !... Eh bien, oui, c'était mon fils !... un fils indigne de moi... j'ai versé son sang ! comme aujourd'hui encore je verserais le mien pour assurer le succès de mon œuvre ! cette œuvre que le temps justifiera, et que je lègue à l'avenir... (S'asseyant.) En attendant, je la continuerai, je l'achèverai, malgré les ennemis du dehors, malgré les trahisons intimes, malgré même les souffrances qui me torturent... (Prenant la plume.) Oui... travaillons... terminons... O douleur ! tu ne m'abattras pas ! Je triompherai de toi comme de tous mes ennemis !

SCÈNE VI.

LE CZAR, SAPIEHA, entrant par le fond.

LE CZAR, se retournant.

Ah ! monsieur le comte Sapieha !

SAPIEHA.

Ciel ! le czar !

LE CZAR, toujours assis.

Approchez, monsieur. Je suis occupé... j'ai peu de temps à vous donner... hâtez-vous donc de me comprendre et de me répondre... (Froidement et après l'avoir pendant quelques instants regardé en silence.) Vous aimez la czarine ?...

SAPIEHA.

Moi, sire... une pareille accusation !... J'aime la comtesse Sapieha, ma femme !

LE CZAR.

Cela n'empêche pas !

SAPIEHA.

Je n'aime qu'elle au monde... je l'atteste devant Votre Majesté et devant Dieu !

LE CZAR.

Je change alors la question : vous êtes aimé de la czarine ?...

SAPIEHA.

C'est une odieuse calomnie !

LE CZAR.

Pas de phrases... je vous ai dit que je n'avais pas de temps à perdre... La czarine vous aime, tout me le dit...

SAPIEHA.

Et moi, dussé-je donner un démenti à Votre Majesté, dussé-je braver sa colère...

LE CZAR, froidement.

Est-ce que je suis en colère ?... Je suis de sang-froid, vous le voyez... et j'attends de vous le même calme, car il s'agit ici, non de ce que vous pensez... mais d'affaires d'État... et alors je ne me fâche jamais... la colère empêche de bien voir !... Asseyez-vous... je vous le permets. (A Sapieha, qui vient de s'asseoir.) Écoutez-moi bien ! Ma première femme, Eudoxie, qui conspirait contre l'empire... et contre moi... s'était alliée, pour ce dernier complot, au général Gleboff...

J'aurais pu faire prononcer l'arrêt de mort d'Eudoxie... je ne fis prononcer que le divorce... Vous remarquerez que ce divorce me convenait : il me rendait la liberté, il éloignait de moi une femme que je n'aimais plus, et la reléguait dans un couvent où elle est encore !... Commencez-vous à comprendre ?...

SAPIEHA.

Non, sire !...

LE CZAR.

Je croyais qu'on avait en Pologne plus d'aptitude aux affaires d'État... J'achève donc... Il m'a plu de placer Catherine sur le trône... il me plaît aujourd'hui de l'en faire descendre... Mais devant le sénat et devant la nation... il me faut un motif... Elle me l'offre d'elle-même... car elle m'a trahi ! Elle vous aime... j'en suis sûr !... j'en ai la conviction !... Je n'en ai pas de preuves authentiques... pas encore du moins... et pour abréger, autant que pour avoir des documents certains... c'est à vous que je m'adresse...

SAPIEHA, surpris et ne pouvant se contenir.

Quelle indignité ! Jamais ! (Se reprenant.) Quand j'en aurais... Et je n'en ai pas !

LE CZAR.

C'est par cette seconde phrase qu'il fallait commencer... la première étant déjà une imprudence dont je prends acte... (Mouvement d'indignation de Sapieha.) Asseyez-vous donc !... Je continue. A ce prix, vous sauvez Catherine... je lui fais grâce, je le jure. Je fais prononcer le décret qui nous sépare... et je vous accorde à vous un généreux sauf-conduit pour quitter la Russie avec votre jeune femme, que vous aimez, que vous adorez... N'est-ce pas là une offre franche et loyale ?... répondez !...

SAPIEHA, avec chaleur.

Non, sire !... c'est un pacte infâme !

LE CZAR, froidement.

Attendez !... je reviens à ma première femme Eudoxie, dont je ne vous ai pas achevé l'histoire. Gleboff, son complice... qui n'avait voulu rien avouer, Gleboff... qui avait préféré faire de l'héroïsme et me braver, ne m'empêcha pas de trouver plus tard les preuves que je cherchais, et périt dès le lendemain dans les supplices... Comprenez-vous maintenant ?

SAPIEHA.

C'est là le sort dont Votre Majesté me menace ?...

LE CZAR.

Je ne menace pas, monsieur... je frappe. Mais auparavant je laisse à l'aveuglement ou à la folie quelques instants de réflexion... Prononcez donc... mais hâtez-vous !

(Il se remet à écrire.)

SAPIEHA, se levant et replaçant sa chaise.

La czarine n'a rien à se reprocher... et moi rien à vous dire... Mais si un secret, quel qu'il fût, était jamais confié à mon amour ou à mon honneur... aucun tourment ne me l'arracherait... Et ce secret... je ne le dirais ni à vous, sire, ni à l'échafaud.

(Le czar, qui est toujours à travailler et qui lui tourne le dos, saisit le cordon d'une sonnette qui tombe sur son bureau.)

SCÈNE VII.

SAPIEHA, LE CZAR, JAKINSKI.

LE CZAR, voyant que personne n'arrive, se lève.

Cette cloche qui doit retentir dans la salle d'armes est-elle si longue à se faire entendre... ou personne n'est-il à son poste ?... (Apercevant Jakinski qui entre avec plusieurs officiers par une des portes du fond.) Ah ! enfin !... (Lui montrant Sapieha qui se trouve à gauche.) Voici un jeune gentilhomme dont vous me répondez sur votre tête !

JAKINSKI.

Oui, sire !

LE CZAR.

Vous le conduirez sous bonne escorte dans la même prison que l'amiral Villerbeck. Si d'ici à ce soir il juge convenable de faire quelques déclarations... vous me les apporterez signées de lui et cachetées... S'il continue à garder le silence...

SAPIEHA, souriant.

Votre Majesté en doute encore ?...

LE CZAR, froidement.

Par habitude, je doute de tout... (Se retournant vers Jakinski.) Mais enfin, s'il persiste à se taire, vous ferez dresser l'échafaud demain matin, (Montrant les fenêtres à droite.) là... vis-à-vis des fenêtres de mon cabinet...

SAPIEHA, souriant.

Pour que Votre Majesté puisse jouir du spectacle ?... C'est juste ! un souverain doit tout voir par lui-même.

LE CZAR, froidement à Sapieha.

Vous souriez, monsieur ?...

SAPIEHA.

Du système de Votre Majesté qui, pour faire parler les gens, leur fait trancher la tête... Innovation originale, sire, mais dont le succès ne répondra peut-être pas à votre attente !

LE CZAR, froidement.

A demain, monsieur !

SAPIEHA, saluant avec respect.

A demain, sire !

SCÈNE VIII.

MENZIKOFF, entrant en ce moment et entendant ces dernières paroles : **SAPIEHA, LE CZAR, JAKINSKI.**

MENZIKOFF, à Sapieha.

Demain !... N'oubliez pas qu'il y a à la cour une grande solennité.

SAPIEHA, souriant.

Impossible d'y assister, mon prince... Sa Majesté a disposé de ma matinée.

(Il sort par le fond.)

MENZIKOFF.

Qu'est-ce que cela signifie ?

LE CZAR, regardant sortir Sapieha.

Un vrai gentilhomme !... Du persifflage jusque sous la hache !

MENZIKOFF, étonné.

Comment ?

LE CZAR.

Il vient de France... il y a étudié ! Et je conçois parfaitement l'amour qu'ont pour lui toutes les femmes... à commencer par... (Se reprenant.) par la sienne !... Quant à celle-là, Jakinski... la jeune comtesse Sapieha, vous commanderez pour elle un kibitk... et, dès ce soir, sur la route de Tobolsk...

JAKINSKI.

Oui, sire.

MENZIKOFF, avec effroi.

Ma fille en Sibérie !... ma fille bien-aimée !...

LE CZAR.

Ah ! tu aimes donc quelqu'un dans le monde... tant

mieux ! (Posant sa main sur le cœur de Menzikoff.) je croyais la place inattaquable, et maintenant je saurai par où la prendre... (A Jakinski.) Laisse-nous !

JAKINSKI.

Oui, sire !...

SCÈNE IX.

MENZIKOFF, LE CZAR.

LE CZAR.

Voici bientôt l'heure de la revue... mais j'ai encore un quart d'heure à te donner... Parlons de toi ?...

MENZIKOFF.

Non, sire ! parlons de mon enfant ? Comment a-t-elle pu encourir la colère de Votre Majesté ?...

LE CZAR.

Comment ?... A peine présentée à la cour... elle a déjà, comme une duchesse douairière, protégé et servi les amours de la czarine.

MENZIKOFF.

Elle ?... ce n'est pas possible !... Quelles preuves ?... sire... quelles preuves ?...

LE CZAR, froidement.

Les preuves... Je les attends !

MENZIKOFF.

Et vous condamnez d'abord !

LE CZAR.

Oui !... car la conviction... je l'ai ! Et d'ailleurs, de quoi te plains-tu ? plus elle sera coupable, plus j'aurai de mérite à t'accorder sa grâce... si je te l'accorde... car autrefois j'avais en toi un ami... je n'ai plus qu'un ministre, ministre dont je reconnais les talents, l'audace, le courage, mais dont je cherche en vain le dévouement absolu et aveugle...

MENZIKOFF.

A qui la faute?... C'est la confiance qui fait le dévouement... et quand je compare, quand je raisonne...

LE CZAR.

Tu ne raisonnais pas autrefois... tu obéissais, toi, comme les grands de ma cour, et mes principaux officiers !

MENZIKOFF.

A qui la faute?... Vous avez apporté la lumière, et vous vous plaignez qu'elle nous éclaire ? Vous avez voulu faire de nous des hommes, et vous vous étonnez de ne plus trouver des esclaves ? Vous vous indignez que l'on frémisse sous le bâton qui vous flétrit...

LE CZAR.

Tu vois donc que tu te révoltes, que tu me trahis... sinon par le fait, du moins par la pensée ! Et de la pensée à l'action... il n'y a que la distance... d'une occasion...

MENZIKOFF.

Vous défiez-vous de moi ?

LE CZAR.

Oui ! Tes protestations ne me suffisent plus. Il te faudra désormais, pour reconquérir ma confiance ébranlée, un dévouement plus grand encore que celui d'autrefois ! Ta fille est mon otage... j'ai dit la Sibérie, et je maintiens l'arrêt...

MENZIKOFF.

O ciel !...

LE CZAR.

Tant que tu ne m'auras pas donné de ces gages qui ne permettent plus de retour...

MENZIKOFF.

Parlez !...

LE CZAR.

Tu rompras d'abord ouvertement avec tous les officiers de la flotte et de l'armée qui, dans leurs sourds mécontentements, trouvent en toi un appui et te regardent comme leur chef! c'est toi qui provoqueras leur condamnation ou leur exil... Tu me présenteras, dès demain, le décret... je le signerai...

MENZIKOFF, froidement.

Leurs noms?...

LE CZAR, allant prendre un papier sur le bureau.

Les voici... Ah!... (Écrivant.) J'y joindrai celui de Villerbeck.

MENZIKOFF.

Qu'a-t-il fait?...

LE CZAR.

Je doute de lui! (Regardant Menzikoff.) Et celui dont je doute, est déjà coupable!

MENZIKOFF, froidement.

Si vous attendiez qu'il le fût réellement?...

LE CZAR.

Il serait trop tard...

MENZIKOFF, réfléchissant.

Je vois alors qu'il faut se hâter!

LE CZAR, vivement.

N'est-ce pas?... Malheur et mort aux ingrats!

MENZIKOFF, avec force.

Vous avez raison, sire, mort aux ingrats!

LE CZAR.

Je les punirai tous!... A commencer par celle que mon amour a élevée jusqu'au trône et que sa trahison en fait descendre... Sapicha, ton gendre et son complice... je le sais... Sapicha qui ne veut rien avouer... expiera demain son audace... Quant à celle qui est plus coupable encore que lui... je ne veux pas que sa tête tombe sous le glaive de la loi.

MENZIKOFF, vivement.

C'est bien, sire !

LE CZAR, lentement.

Il ne me convient pas de venger une offense par un éclat qui rejaillirait sur l'offensé. La punition, quoique méritée, ne doit pas apparaître au grand jour, et la justice est aussi juste et plus sûre... dans l'ombre...

MENZIKOFF, de même.

Quelles sont donc les intentions de Votre Majesté?...

LE CZAR, froidement.

Lors du procès d'Alexis... tu ne m'as pas fait cette question, (Avec ironie.) je pouvais alors compter sur toi!... Oui, quand un souverain a près de lui un ami véritable... un ami dévoué... celui-ci, dans son zèle intelligent... devine la pensée du maître, ne lui demande pas d'ordre et exécute ceux même qu'on ne lui a pas donnés... Ainsi moi, qui suis ton ami, j'ai compris, au sujet de ta fille, ce que tu veux, ce que tu désires; tu n'as plus besoin de m'en parler, et elle partira pour Tobolsk ou restera à Saint-Pétersbourg, selon que tu le voudras!...

MENZIKOFF, froidement.

J'ai compris, sire...

LE CZAR, de même.

Bien! Voici l'heure de la revue, et mes soldats n'ont pas habitude de m'attendre. Adieu!...

(Il prend sur le bureau son chapeau et sort par la porte du fond.)

SCÈNE X.

MENZIKOFF, seul.

Pierre!... je te remercie de m'avoir donné un courage que sans toi, peut-être, je n'aurais jamais eu... Et si Catherine me seconde...

SCÈNE XI.

LA CZARINE, MENZIKOFF.

LA CZARINE, sortant de l'appartement à gauche.

Le czar n'est plus là?...

MENZIKOFF.

Il vient d'aller à la revue.

LA CZARINE.

Il vous a parlé de moi?...

MENZIKOFF.

Oui!

LA CZARINE.

Il était furieux?...

MENZIKOFF.

Non! il souriait froidement... Il avait ce sourire d'acier, le matin de la mort d'Alexis, quand, pour faire preuve envers son fils de clémence et de douceur, il choisissait lui-même le poison le plus doux.

LA CZARINE.

O ciel!...

MENZIKOFF.

C'est celui-là qu'il vous destine.

LA CZARINE, vivement.

Un pareil crime! Ce n'est pas vrai!

MENZIKOFF.

Il en a chargé un de ses fidèles serviteurs.

LA CZARINE, avec force.

Ce n'est pas vrai!

MENZIKOFF.

C'est moi!

LA CZARINE.

Vous!!

MENZIKOFF.

A ce prix je rentre en grâce, il me rend sa faveur, sa confiance...

LA CZARINE, avec douleur.

Pierre!... il a pu ordonner ma mort... lui!

MENZIKOFF.

Vous n'êtes pas la seule qu'il ait condamnée! J'ai là, grâce au ciel, écrits de sa main les noms de tous ceux qu'il destine au supplice...

LA CZARINE, étonnée.

Grâce au ciel! dites-vous?...

MENZIKOFF.

La certitude de la mort donne du courage, ils en auront! (A demi-voix.) Alors à vous le pouvoir; je ne vous demande rien que votre aveu!

LA CZARINE.

Je le refuse!... entends-tu bien? je le refuse et je t'ordonne de renoncer à ce dessein! Que d'autres comptent ses crimes, je ne vois que ses bienfaits... il m'a donné sa main et sa couronne!

MENZIKOFF.

Mais cette couronne, il la reprend!

LA CZARINE.

Elle est à lui... c'est l'empereur ! je dois le respecter.

MENZIKOFF.

Lui qui proscrit vos jours...

LA CZARINE.

Il a ce droit ! je suis coupable !... A lui de me traiter sans pitié ! J'attendrai la mort et ne la donnerai pas !

MENZIKOFF.

Ainsi vous abandonnez vos serviteurs et vos amis ?...

LA CZARINE.

Que veux-tu ? il m'est donné de haïr, mais non pas d'être ingrate, et le voyant menacé par vos poignards, je courrais, malgré moi, le défendre !

MENZIKOFF.

Que dirai-je alors à celui qui n'a pas craint d'exposer ses jours pour vous ? au comte Sapieha...

LA CZARINE, relevant la tête.

Sapieha !... que dis-tu ?...

MENZIKOFF.

Interrogé par le czar, il n'a rien voulu avouer ; il vient d'être jeté dans la prison du palais ! et demain, le czar me l'a dit, sa mort !

LA CZARINE, avec désespoir.

Lui... mourir !... et je le souffrirais !...

(Elle passe à droite.)

MENZIKOFF, à part.

A la bonne heure, au moins !

LA CZARINE, avec agitation.

Pourvu qu'il en soit temps encore... viens... viens... guide-moi !

MENZIKOFF.

Je réponds de tout... dans une heure vous régnez... vous commandez... Grâce pour Sapieha, et mort au czar !...

LA CZARINE, s'arrêtant.

Au czar... non... non... je te l'ai dit, jamais je ne laisserai conspirer, ni contre sa vie, ni contre son trône !

MENZIKOFF.

Soit! Oublions, par reconnaissance, tous ceux qui nous sont chers... et, témoins impassibles de leur supplice, laissons périr, sans les défendre, moi, ma fille... et vous, Sapieha !

LA CZARINE, hésitant et se tordant les mains.

O mon Dieu! mon Dieu! que faire? (Poussant un cri de joie.) Ah ! je le sauverai... je l'arracherai au bourreau !

MENZIKOFF.

Et comment ?

LA CZARINE, sur le devant du théâtre.

Je ne veux exposer que moi ! j'agirai seule !... mais je le sauverai, je te le jure !

MENZIKOFF.

Et si votre espoir est déçu ?...

LA CZARINE, de même.

Oh ! alors ! ne crains rien pour moi... je mourrai avec lui !

(Elle s'élance vers le fond.)

MENZIKOFF, voulant la retenir.

De grâce, écoutez !...

LA CZARINE.

Laisse-moi !... laisse-moi !...

(Elle sort par le fond.)

MENZIKOFF, la suivant des yeux.

Malgré toi... tu régneras !...

ACTE CINQUIÈME

Même décor. — La rampe s'est baissée et s'est relevée pour indiquer qu'une nuit s'est passée dans l'entr'acte.

SCÈNE PREMIÈRE.

LE CZAR, avec agitation.

Comptez donc sur de pareils serviteurs !... Ce Jakinski que je croyais avoir formé ! Il ne peut rien deviner... rien prévoir ! Type de l'ancienne Moscovie, il ne sait qu'obéir ! Obéir, c'est là toute sa science... et quand on oublie de lui commander... il ne sait plus rien !... Laisser échapper des cachots du palais Sapicha... mon prisonnier ! Et parce qu'il était enfermé, enchaîné et gardé à vue comme je l'avais ordonné, ne pas prévoir qu'on pouvait, à prix d'or, gagner son gardien... ne pas penser que pour être hors de prison, il n'était pas hors de Pétersbourg, et qu'il était encore facile de l'y découvrir ! (Prenant un papier sur son bureau.) Ce rapport seul me le prouve : « Le comte Sapicha est sorti « cette nuit, par la porte d'Allemagne, dans le carrosse de « l'ambassadeur Baltadjy-Mehemet. » (Avec colère.) Et parce que j'ai ordonné de regarder comme inviolables la voiture et l'hôtel des ministres étrangers, respecter servilement et sottement cette défense ! Ne pas comprendre que de tels ordres sont donnés pour qu'on les viole, quand c'est nécessaire... quitte à moi, pour donner satisfaction à l'ambassade, à désavouer plus tard... et à châtier le zèle de mes agents ! Mais quelle confiance avoir en des fonctionnaires esclaves de la consigne et de la lettre... qui ne savent pas désobéir à propos !... Sapieha est loin maintenant... six heures d'avance... il est libre... il m'échappe... mais d'autres paieront pour lui... Ah ! Jakinski... te voilà, enfin !

SCÈNE II.

LE CZAR, JAKINSKI.

JAKINSKI, entrant du fond.

Sire ! j'accours...

LE CZAR.

Il est bien temps ! Ton prisonnier est échappé ! Il est sorti de la ville...

JAKINSKI.

Oui, sire... mais...

LE CZAR, allant à la fenêtre, à droite.

Silence ! et regarde !... Vois-tu, sous cette fenêtre, l'échafaud dressé ce matin, pour lui ?

JAKINSKI.

Oui, sire, je le vois d'ici.

LE CZAR.

Il servira pour toi ! voilà ce que j'avais à te dire... et maintenant va-t'en !

JAKINSKI.

Mais, sire...

LE CZAR.

Tu n'es qu'une bête brute.

JAKINSKI.

Oui, sire ! Mais ce prisonnier...

LE CZAR.

Va-t'en !

JAKINSKI.

Je l'ai découvert et saisi.

LE CZAR, avec joie.

Que dis-tu ?...

JAKINSKI.

Il est en mon pouvoir !

LE CZAR.

Ah ! tu es un grand homme ! Parle ! dis-moi tous les détails... je t'écoute !

(Il s'assied à droite.)

JAKINSKI.

D'après les ordres de Votre Majesté, nous plaçons toujours, dans l'hôtel de chaque ambassade, des gens de service... qui sont au nôtre...

LE CZAR, brusquement.

Des espions !

JAKINSKI.

Oui, sire ! De la diplomatie intérieure ! C'est l'un de ceux-là qui m'a appris, hier soir, le départ du comte Sapieha, tandis qu'un autre, valet de pied dans l'hôtel, montait derrière le carrosse de l'ambassadeur.

LE CZAR.

Bien !... celui-là mérite de l'avancement.

JAKINSKI.

A vingt-cinq verstes de la ville, attendait un traîneau...

LE CZAR.

Où Sapieha est monté ?...

JAKINSKI.

Non, sire ! Il a voulu absolument retourner à Saint-Pétersbourg.

LE CZAR.

Ce n'est pas possible !

JAKINSKI.

C'est ce que j'ai dit d'abord à l'agent fidèle qui l'a suivi de loin et vu entrer, au milieu de la nuit, dans le palais qu'habite la comtesse Sapicha. Enfin, quelque invraisemblable que cela fût, je ne calculai, ni raisonnai...

LE CZAR.

Très-bien !

JAKINSKI.

Le palais fut complétement cerné, et au point du jour... j'y pénétrai au nom du czar ! Loin de chercher à s'évader, le comte parut, l'air riant et la tête haute... et comme je voulais procéder à un interrogatoire sur le nouveau complot médité par lui : C'est inutile, a-t-il répondu... dites à Sa Majesté qu'il m'a été impossible de m'éloigner sans faire mes adieux à la comtesse, ma femme !... Sommé par moi d'écrire et de signer la présente déclaration il l'a fait sans hésiter. .

LE CZAR.

Donne. (Il prend le papier et le parcourt.) Oui... il a risqué sa vie... pour revenir cette nuit... près de la comtesse... qu'il aime... (Brusquement.) L'avez-vous interrogé sur les personnes qui ont protégé sa fuite ?...

(Il passe à gauche.)

JAKINSKI.

Il ne les connaît pas, a-t-il dit !

LE CZAR.

Le nom de son gardien ?...

JAKINSKI.

Goudounoff... mais il a disparu...

LE CZAR.

Goudounoff ! n'est-ce pas un soldat de l'armée du Pruth ?...

JAKINSKI.

Oui, sire !

LE CZAR.

Qui devait être passé par les armes... et dont Catherine a obtenu la grâce !

JAKINSKI.

Oui, sire...

LE CZAR.

Et qu'elle a fait placer ici au palais ?

JAKINSKI.

Oui, sire !

LE CZAR, froidement.

Il devait lui être dévoué ! Quant à Baltadjy-Mehemet... (Éprouvant quelque souffrance.) je devine quelle influence a pu le décider... au mépris de son caractère d'ambassadeur, à protéger la fuite d'un prisonnier d'État... (S'arrêtant.) Ah ! je ne sais ce que j'éprouve...

(Il va tomber sur le auteuil près de son bureau.)

JAKINSKI.

Les souffrances ordinaires de Votre Majesté...

LE CZAR.

Non !... Un engourdissement que j'ai peine à vaincre... Ce matin cependant... et comme toujours, j'ai pris le flacon de rhum qui d'habitude ranime mes forces... et aujourd'hui !... (Se remettant.) Allons !... allons !... cela se passe... je suis mieux... l'idée de la vengeance... cela seul... vous ferait vivre !... (Écrivant à son bureau.) Si le gardien du palais, Goudounoff... retombe entre tes mains, la torture et les verges... jusqu'à la mort... Trahison flagrante... Quant à mon favori, mon ancien favori, qui continue à me trahir sourdement... car enfin... la czarine existe encore... car enfin... il a donné asile à Sapicha... sans le dénoncer... sans le livrer... comme il le devait !... j'ai trop attendu !... Que le sous-lieutenant Marcoff et douze soldats de ma garde exécutent à l'instant même... l'arrêt que je signe... Va; et que Dieu me garde de mes amis! (Avec force.) Quant à mes ennemis, je m'en charge!...

JAKINSKI.

Oui, sire!... Et qu'ordonnez-vous du comte Sapieha?...

LE CZAR, froidement.

Rien n'est changé... (Montrant la fenêtre.) Les préparatifs serviront... non pour toi... mais pour lui, dans une heure.

JAKINSKI.

Oui, sire. Votre Majesté se trouve donc mieux?

LE CZAR.

Oui... mes souffrances diminuent avec mes ennemis!

(Jakinski sort par le fond.)

SCÈNE III.

LE CZAR, se levant et relisant le billet qu'il a jeté sur le bureau.

Il est évident que cette fois Sapieha a dit vrai!... Sa femme est jeune, jolie... il devait l'aimer... il les aime toutes!... mais ce qui est plus évident encore, c'est qu'il a été aimé de Catherine... de la czarine!... Et pour ce crime seul... il méritait la mort... sa tête tombera... (Il va au canapé.) Mais auparavant je forcerai sa complice d'avouer son crime devant moi, son souverain et son juge!... (Il s'assied sur le canapé; la czarine entre par la porte du fond à droite.) C'est elle!... Elle est absorbée dans ses pensées... (Avec ironie.) Est-ce à moi... est-ce à lui qu'elle pense?...

SCÈNE IV.

LA CZARINE, LE CZAR, assis sur le canapé à droite.

LA CZARINE, à part, s'avançant lentement vers la gauche.

Rien encore!... aucune nouvelle... mais je puis compter sur Goudounoff... quant à Baltadjy... il tiendra sa promesse... j'en suis certaine... Mais si mes espérances étaient déçues, si tout me trahissait... ce poignard du moins ne me trahira pas! (Regardant, à sa gauche, le czar et s'avançant vers lui.) Je vous demanderai, sire, pourquoi je suis, depuis hier soir, comme enfermée dans mes appartements... la vue de mes meilleurs amis m'est interdite... et l'on a repoussé la comtesse Sapieha, qui ce matin, dit-on, venait en larmes se jeter à mes pieds... Qu'est-ce à dire?... ce palais s'est-il changé en une prison?... Y suis-je l'esclave de vos esclaves?... Et dois-je payer de ma liberté ce trône que vous m'avez donné?... Je vous en préviens, sire, c'est trop cher!

LE CZAR, avec amertume, se levant.

Vous trouvez?... Et si ce trône, si ma confiance, si mon amour, n'avaient été payés que d'ingratitude et de trahison? Qui de nous deux aurait le droit de se plaindre?...

LA CZARINE.

Moi!... que vous outragez!... moi... que vous poursuivez sans cesse de soupçons odieux!

LE CZAR.

Je ne soupçonne plus! J'accuse... Il est quelqu'un, qu'au mépris de vos devoirs et de votre rang, vous aimez avec impudence et délire... Amour insensé qui vous fait oublier tout... jusqu'au soin même de me tromper!

LA CZARINE, froidement.

Les preuves?...

LE CZAR.

Cette nuit, le comte Sapieha s'est évadé. (Geste de joie de la czarine.) Et celle qui a préparé sa fuite, celle qui a décidé Baltadjy... un ambassadeur... à méconnaître le droit des nations, à prêter ses gens et sa voiture pour favoriser l'évasion d'un coupable... celle-là ! c'est vous ! Les faits sont-ils clairs et précis ?... osez-vous les nier ?...

LA CZARINE.

Non !

LE CZAR.

Et vous n'aimez pas le comte Sapieha ! vous ne l'aimez pas ! vous qui n'hésitez point à vous compromettre pour le soustraire à ma justice...

LA CZARINE, froidement.

Non pas à votre justice... mais à votre colère ! J'ai voulu vous épargner un crime inutile qui devait flétrir votre mémoire !... Serait-ce donc la première fois que je vous aurais épargné un remords, ou dérobé une victime ?... Rappelez-vous, sire, rappelez-vous ces jours de repentir où, revenant à vous-même, vous tombiez à mes pieds, me remerciant d'avoir trompé votre aveugle fureur !... Ce que je faisais autrefois... j'ai voulu le tenter encore aujourd'hui !

LE CZAR.

C'est donc là le seul but qui vous faisait agir ? Et votre cœur n'éprouve... pour Sapieha ?...

LA CZARINE.

Que de l'indifférence... je ne tiens ni à sa vie... ni à sa mort !

LE CZAR, froidement.

C'est ce que je saurai bientôt, car Sapieha n'est point évadé... il est en mon pouvoir.

LA CZARINE, après avoir regardé le czar avec un sourire imperceptible.

Si Votre Majesté veut m'éprouver, et croit lire, comme

hier, la vérité dans mes traits... je lui conseille de chercher quelque autre ruse, plus digne d'elle et de moi.

LE CZAR, se dirigeant vers la fenêtre à droite.

Une ruse... Regardez !...

LA CZARINE, à part et regardant derrière lui.

Il est donc vrai?...

LE CZAR, se retournant vers la czarine.

Eh bien, qu'en dites-vous ?...

LA CZARINE, immobile.

Rien! (A part.) Tout est fini pour nous, ami! Le même coup nous frappera!

(Pendant que le czar remonte vers la croisée, elle tire de son sein son poignard.)

LE CZAR, à la fenêtre.

Un échafaud est dressé au milieu de la place!

LA CZARINE, à part, appuyée d'une main sur le canapé, et de l'autre tenant son poignard.

Nous mourrons ensemble... toi par la hache et moi par le poignard!

LE CZAR, revenant vers la czarine, qu'il regarde avec attention.

Entre deux rangées de soldats... un homme s'avance... c'est Sapicha!

LA CZARINE, froidement.

Je le vois!

LE CZAR, de même.

Voyez-vous aussi près de lui le bourreau?...

LA CZARINE, froidement.

Je le vois!

LE CZAR, à part, observant la czarine.

Et elle reste immobile!... (Haut.) Il n'attend plus que mon ordre, et sur un signal de moi...

LA CZARINE, de même.

Que ne le donnez-vous? (A part et serrant convulsivement son poignard.) Je suis prête!

LE CZAR, à part, la regardant toujours.

Quel calme! quel sang-froid... (Haut.) Tu ne vois donc pas qu'il monte les degrés!...

LA CZARINE, froidement.

Eh bien?...

LE CZAR.

Qu'il courbe la tête sur le billot?

LA CZARINE.

Eh bien?...

LE CZAR, à part.

Son front n'a point pâli... (Haut.) La hache est levée... (A part.) Elle sourit... (Se précipitant vers la fenêtre.) Arrêtez... arrêtez!...

LA CZARINE, à part, avec joie.

Que dit-il?...

LE CZAR, après avoir fermé la fenêtre et venant à droite de la czarine.

Pardon, Catherine, pardon! Comme un insensé, comme un furieux, je t'accusais à tort! Tu ne l'aimais pas, j'en suis sûr maintenant!... Et quant à lui, je le savais déjà, il en aime une autre!

LA CZARINE, avec jalousie.

Qui donc?

LE CZAR, souriant.

Sa femme!

LA CZARINE, de même.

Qui vous l'a dit?

LE CZAR, de même.

Lui-même! (Tirant le papier de son sein.) Cette preuve écrite et signée de sa main... Vois plutôt. (Il la lui donne.) Quand il pouvait fuir... quand il était hors de danger... risquer sa vie pour revenir près d'elle... la nuit!

LA CZARINE, lisant le papier et avec fureur.

Et ses serments...

LE CZAR.

Que dit-elle?

LA CZARINE, hors d'elle-même.

C'est infâme, n'est-ce pas? faire servir la liberté qui lui est rendue au parjure et à la trahison! A peine délivré courir près d'une rivale... qu'il aime!

LE CZAR.

Qu'entends-je?

LA CZARINE, dans le délire.

Mais ces jours qu'il expose pour elle et qu'il donne... ces jours ne lui appartiennent pas. C'est à moi qu'il les doit... à moi qui les ai sauvés... et qui les réclame...

LE CZAR, furieux.

Tu l'aimes donc?

LA CZARINE, de même.

Malheur à lui! tant d'ingratitude sera punie...

LE CZAR, avec colère.

Tu l'aimes donc?

LA CZARINE, de même.

Qui ose le dire, moi qui le hais! moi qui demande sa mort!... (Prenant le czar par la main.) Car tu avais raison, il l'avait méritée... Ordonne-la donc!

LE CZAR, avec rage.

J'ordonne la tienne... à toi... perfide et coupable...

LA CZARINE, sortant de son délire et tombant sur le canapé.

Malheureuse!... où suis-je?... et qu'ai-je dit?

LE CZAR, appelant d'une voix étouffée.

A moi! à moi, Jakinski!

(Il se traîne à son bureau.)

SCÈNE V.

LE CZAR, MENZIKOFF, LA CZARINE.

LE CZAR, stupéfait à la vue de Menzikoff et tombant sur le fauteuil.

Comment! toi?...

MENZIKOFF.

Votre Majesté ne m'attendait pas!... (Se retournant vers la czarine.) La czarine évanouie!...

LE CZAR, prononçant avec peine.

A l'instant... devant moi... frappe-la de mort... cette femme que déjà j'eusse frappée moi-même... sans le pouvoir inconnu qui, tout à coup, m'ôte la force... et presque la voix.

MENZIKOFF, d'une voix ferme.

Sire, j'ai pendant vingt ans versé pour vous mon sang sur les champs de bataille... et vous vouliez envoyer ma fille en Sibérie... et vous veniez de signer l'ordre de mon supplice! Mort aux ingrats! disiez-vous hier... (Levant la main vers le ciel et avec ironie.) Vous aurez été entendu.

LE CZAR.

Ah! traître...

(Il réunit toutes ses forces, se lève et sonne la cloche d'alarme.)

LA CZARINE, à Menzikoff.

Malheureux! qu'as-tu fait?

MENZIKOFF.

Moi? rien... Le ciel l'a frappé... pour vous sauver.

LE CZAR.

Pas encore...

SCÈNE VI.

JAKINSKI, venant de la gauche; LE CZAR, MENZIKOFF, VILLERBECK, Officiers, Seigneurs, Hommes du peuple, LA CZARINE.

JAKINSKI.

Sire... sire... qu'ordonnez-vous ?

LE CZAR, qui est près du bureau et menaçant Catherine de la main.

Je veux... moi... le czar... (Il ne peut achever et saisit une plume. Silence général. Tout le monde regarde avec émotion le czar qui trace quelques mots avec effort. La plume lui échappe des mains.) Ah!

(Il tombe dans les bras de quelques officiers.)

MENZIKOFF, s'avançant vers le czar qu'il contemple quelques instants en silence.

Mort !

(Mouvement de stupeur générale. Catherine veut faire un pas vers le czar; Villerbeck l'arrête du geste. On emporte le czar dans la chambre à gauche.)

JAKINSKI, se précipitant vers le papier et le lisant.

Une phrase inachevée... J'ordonne... que Catherine soit...

MENZIKOFF, vivement.

Impératrice !...

JAKINSKI.

Ce n'est pas écrit...

MENZIKOFF, prenant le papier.

C'était sa volonté... vingt fois il nous l'a dite... à nous ses fidèles serviteurs... N'est-ce pas, messieurs? N'est-ce pas, amiral ?

VILLERBECK.

Oui, nous l'attestons.

(Il descend à gauche près de Jakinski.)

18.

JAKINSKI.

Si on consultait le peuple rassemblé en foule sous les fenêtres?...

VILLERBECK, lui présentant un pistolet.

Il fait bien froid pour ouvrir les fenêtres... Vive la czarine!

MENZIKOFF, et tous les officiers.

Vive la czarine!

LA CZARINE, toujours à droite, et à voix basse à Menzikoff.

Moi!... jamais!...

MENZIKOFF, se découvrant.

Vos ordres, madame...

LA CZARINE, de même.

Laissez-moi! laissez-moi! je ne suis rien!

SCÈNE VII.

JAKINSKI, VILLERBECK, OLGA, SAPIEHA, MENZIKOFF, LA CZARINE.

LA CZARINE, apercevant Sapieha et sa femme.

Sapieha! (Avec colère.) Je règne...

(Elle fait signe à Sapieha d'approcher.)

SAPIEHA.

Je venais offrir mes jours à Votre Majesté...

LA CZARINE, avec une colère concentrée.

Vos jours... oui! (A demi voix.) Je sais tout!... Vos jours!... (A haute voix à Menzikoff, placé à sa gauche.) Écoutez! nous voulons! nous ordonnons qu'à l'instant même... (S'arrêtant et à part.) Ah! où m'entraînait une aveugle fureur! Pierre... j'allais t'imiter et faire tomber sa tête!... (Haut, à Menzikoff.) Prince...

MENZIKOFF, s'avançant à la droite de la czarine.

Majesté...

LA CZARINE, avec agitation.

Vous, notre ministre... assemblez le sénat... prévenez l'armée... des titres, des honneurs... à nos fidèles officiers... Quant au comte Sapicha... faites-le chercher... qu'il vienne!...

MENZIKOFF, à demi-voix.

Il est là... près de Votre Majesté...

LA CZARINE.

C'est vrai! (S'adressant à Sapicha avec émotion et sans le regarder.) Comte Sapicha, nous vous nommons à Varsovie... notre ambassadeur!... (Sapicha veut remercier.) Pas un mot!... Partez dès aujourd'hui... avec votre femme!... (A Olga qui fait un pas vers elle.) Partez! (A Sapicha à demi-voix.) Sans regret... sans remords... si vous pouvez! (Sapicha et Olga remontent vers la porte du fond à droite.) A lui le bonheur... (Laissant tomber ses bras avec découragement.) A moi l'empire! (La czarine se retourne, s'avance vers Menzikoff et les seigneurs de la cour, qui tombent tous à genoux devant elle.) Allons!... régnons!

TOUS.

Vive la czarine!

TABLE

—

Pages.

BATAILLE DE DAMES OU UN DUEL EN AMOUR... 1
MON ÉTOILE 117
LA CZARINE 185

Paris-Imp. PAUL DUPONT, 41 rue Jean-Jacques-Rousseau.

E. DENTU, LIBRAIRE-ÉDITEUR
PARIS, PALAIS-ROYAL, 17-19, GALERIE D'ORLÉANS
ET CHEZ TOUS LES LIBRAIRES

OEUVRES COMPLÈTES
DE
EUGÈNE SCRIBE
DE L'ACADÉMIE FRANÇAISE

NOUVELLE ÉDITION
DIVISÉE EN SIX SÉRIES

Formant environ cinquante volumes grand in-18 jésus.
Ces volumes paraîtront successivement de mois en mois.
Chaque volume sera vendu séparément.

PRIX : 2 FRANCS
Par la poste, franco, 2 fr. 60 c.

PROSPECTUS

Cette nouvelle édition des Œuvres d'Eugène Scribe, édition définitive et seule complète, la première publiée depuis la mort de l'auteur, comprendra, de plus que les éditions antérieures, *tous les ouvrages qui n'ont jamais figuré dans aucune de ces éditions, ainsi que des œuvres diverses et inédites.*

Elle sera ornée d'un portrait de l'auteur et d'un fac-simile de son écriture, et sera complétée par différentes tables générales, présentant le classement de tous les ouvrages qui composent l'œuvre entière d'Eugène Scribe, soit par ordre chronologique ou alphabétique, soit par genre ou par théâtre, avec l'indication de tous les collaborateurs et compositeurs dont les noms sont associés à l'œuvre de l'auteur.

L'avertissement *que les éditeurs ont placé en tête de cette nouvelle édition indiquant suffisamment le but de cette importante publication, nous nous bornerons à le reproduire ici, en le faisant suivre d'un catalogue détaillé indiquant, par série, les ouvrages qui composent chaque volume. (Les 2ᵉ, 3ᵉ, 4ᵉ et 6ᵉ séries seront ultérieurement développées.)*

AVERTISSEMENT

DES ÉDITEURS

Eugène Scribe, né à Paris le 24 décembre 1791 et mort le 20 février 1861, a composé, seul ou en société, et fait représenter sur les divers théâtres de Paris, pendant une période de cinquante ans (de 1811 à 1861), plus de *quatre cents pièces*, dont trois cent cinquante au moins ont été imprimées isolément et dans différents recueils. Il a, en outre, publié, dans plusieurs journaux ou revues périodiques, des *Proverbes*, des *Nouvelles*, des *Romans*, etc.

Les principales éditions de ses Œuvres parues jusqu'en 1859 (il n'en a pas été publié depuis cette époque), bien que portant quelquefois le titre d'*Œuvres complètes*, n'étaient, en réalité, que des recueils d'*Œuvres choisies*; elles ne comprenaient d'ailleurs ni les proverbes, nouvelles et romans publiés depuis 1846, ni les pièces de théâtre représentées depuis 1852[*].

Toutes ces éditions sont actuellement épuisées.

Au moment d'entreprendre une nouvelle publication des œuvres d'Eugène Scribe, ses éditeurs ont hésité sur le parti qu'il convenait de prendre pour mieux honorer sa mémoire.

Devaient-ils se contenter de publier des *Œuvres choisies*, composées seulement de ses ouvrages dramatiques ou autres, particulièrement consacrés par un long succès ? Devaient-ils au contraire offrir au public des *Œuvres complètes*, c'est-à-dire la collection de toutes les productions de sa plume féconde ?

C'est à ce dernier parti qu'ils ont cru devoir s'arrêter; car, ce qu'ils voulaient, c'était non-seulement remettre en lumière des ouvrages si longtemps

---

[*] Voici la liste de ces diverses éditions :

1° 1827-1842. — Aimé André. — *Théâtre complet.* — 24 vol. in-8°; 168 pièces, de 1812 à 1840.

2° 1840-1842. — Furne et Aimé André. — *Œuvres complètes.* — 5 vol. gr. in-8°, en 10 tomes, à 2 colonnes : 171 pièces, de 1812 à 1840.

3° 1845. — Firmin Didot. — *Œuvres choisies.* — 5 vol. in-12 : 54 pièces, de 1815 à 1840.

4° 1852-1854. — Lebigre-Duquesne. — *Œuvres complètes.* — 17 vol. gr. in-8°, à 2 colonnes : 209 pièces, de 1812 à 1852; et Proverbes, Nouvelles et Romans, de 1829 à 1846.

5° 1854-1859. — Vialat et Marescq. — *Œuvres illustrées.* — 12 vol. gr. in-8°, à 2 colonnes : 208 pièces, de 1812 à 1852; et Proverbes, Nouvelles et Romans, de 1829 à 1846.

6° 1855-1859. — Michel Lévy. — *Théâtre, Historiettes* et *Proverbes, Nouvelles* et *Romans.* — 25 vol. in-18 : 123 pièces, de 1817 à 1852; et Proverbes, Nouvelles et Romans, de 1829 à 1846.

et si justement applaudis ; c'était aussi, en réunissant l'œuvre entière de cet auteur, qui fut l'une des plus brillantes personnifications du théâtre contemporain, le montrer dans toute la puissance de son travail et sous tous les aspects de son talent ; c'était enfin faire connaitre les véritables causes de tant de succès, causes si bien expliquées du reste dans les discours qui ont été prononcés à l'Académie française, lors de la réception de son successeur :

« Il y avait chez Scribe, — a dit M. Vitet[*], — « une faculté puissante et vraiment supérieure qui « lui assurait et qui m'explique cette suprématie « sur le théâtre de son temps. C'était un don d'in- « vention dramatique que personne avant lui peut- « être n'avait ainsi possédé : le don de découvrir « à chaque pas, presque à propos de rien, des com- « binaisons théâtrales d'un effet neuf et saisissant ; « et de les découvrir, non pas en germe seulement « ou à peine ébauchées, mais en relief, en action, « et déjà sur la scène. Pendant le temps qu'il faut « à ses confrères pour préparer un plan, il en achève « plus de quatre ; et jamais il n'achète aux dépens de « l'originalité cette fécondité prodigieuse. Ce n'est « pas dans un moule banal que ses fictions sont « jetées. S'il a ses secrets, ses méthodes, jamais il ne « s'en sert de la même façon. Pas un de ses ouvrages « qui n'ait au moins son grain de nouveauté...

[*] Réponse de M. Vitet au discours prononcé par M. Octave Feuillet, dans la séance du 26 mars 1863.

« Scribe avait le génie de l'invention dramatique. »

« ..... Un des arts les plus difficiles dans le do-
« maine de l'invention littéraire, — disait au-
« paravant M. Octave Feuillet[*], — c'est celui de
« charmer l'imagination sans l'ébranler, de toucher
« le cœur sans le troubler, d'amuser les hommes
« sans les corrompre : ce fut l'art suprême de
« Scribe. »

Les éditeurs n'ont donc pas craint de publier les œuvres réellement complètes d'Eugène Scribe. En agissant ainsi, ils ont songé à procurer au lecteur des éléments plus nombreux d'observation et d'étude ; ils ont voulu aussi répondre à cette curiosité qui s'attache volontiers aux plus fugitives productions d'un auteur célèbre. Et, quelque jugement que l'on porte sur certaines de ces œuvres dépouillées du prestige de la représentation ou de l'attrait de l'actualité, ils pensent qu'elles intéresseront encore les amateurs de l'art dramatique.

Tous les ouvrages compris dans la présente édition ont été revus et collationnés avec soin sur les manuscrits originaux ou sur les éditions primitives, dans le but de rectifier quelques erreurs et de réparer certaines omissions qui s'étaient successivement glissées dans les éditions postérieures.

Cette publication sera divisée en six séries distinctes, comprenant chacune, par ordre chronolo-

[*] Discours de réception de M. Octave Feuillet.

gique, les divers ouvrages classés d'après leur genre, savoir : — *Comédies et Drames.* — *Comédies-Vaudevilles.* — *Opéras et Ballets.* — *Opéras-comiques.* — *Proverbes, Nouvelles, et Romans.* — *OEuvres diverses et inédites.* — Cette dernière série se composera notamment de pièces de théâtre inédites, représentées ou non, de lettres, de discours, de chansons et d'autres opuscules en prose ou en vers.

Eugène Scribe aimait à associer au souvenir des principaux rôles de ses pièces les artistes qui s'étaient distingués dans leur interprétation, et qu'il considérait comme lui ayant apporté une part essentielle de collaboration. C'est pour se conformer à ce sentiment que les éditeurs ont rappelé, dans cette nouvelle édition, en regard du nom des personnages, celui des acteurs qui avaient créé les rôles.

La première édition des OEuvres d'Eugène Scribe portait, en tête, une *Dédicace à ses collaborateurs.* C'est également par cette dédicace que commence la présente édition. Elle exprime à la fois des sentiments si modestes de la part de son auteur et si flatteurs pour ceux qui les ont inspirés, que ce serait faire tort à l'un et aux autres que de ne pas la reproduire.

Enfin, on a fait suivre cette dédicace du *Discours de réception à l'Académie française,* prononcé par Eugène Scribe dans la séance du 28 janvier 1836, seule préface qu'il ait voulu mettre en tête des précédentes éditions de ses œuvres.

Les éditeurs pensent que la publication de cette œuvre considérable permettra de mieux apprécier encore cet homme d'esprit, cet homme de bien, qui « crut servir assez son pays en l'honorant*, » et dont on peut dire, à si juste titre, ce qu'il a dit lui-même de son confrère, ami et neveu J.-F. Bayard : — Il était du petit nombre de ceux qui, fiers du titre d'homme de lettres, n'en ont jamais voulu d'autre ; étranger à tous les partis, il n'a spéculé sur aucune révolution, il n'a flatté aucuns pouvoirs, même ceux qu'il aimait ! Il n'a sollicité ni honneurs, ni places, ni pensions ! il n'a rien demandé qu'à lui-même ! Il a dû à son talent et à son travail, son bonheur et son indépendance. — Il en fut de même, en effet, d'Eugène Scribe, qui dut aussi à son *travail,* son *bonheur* et son *indépendance,* ce que traduisait fidèlement sa devise : *Indè fortuna et libertas,* — *Indè liber et felix.*

* Discours de réception de M. Octave Feuillet.

ŒUVRES COMPLÈTES
DE
EUGÈNE SCRIBE
DE L'ACADÉMIE FRANÇAISE

PREMIÈRE SÉRIE

COMÉDIES. — DRAMES.

TOME I.

Portrait de l'Auteur. — Fac-simile de son écriture. — Avertissement des Éditeurs
Dédicace aux Collaborateurs.
Discours de réception à l'Académie française.

LE VALET DE SON RIVAL, Comédie en un acte, en société avec M. Germain Delavigne. Théâtre de l'Odéon, 19 mars 1816.

LES FRÈRES INVISIBLES, Mélodrame en trois actes, en société avec MM. Mélesville et Delestre-Poirson. Théâtre de la Porte Saint-Martin, 10 juin 1819.

LE PARRAIN, Comédie en un acte, en société avec MM. Delestre-Poirson et Mélesville. Théâtre du Gymnase, 23 avril 1821.

VALÉRIE, Comédie en trois actes, en société avec M. Mélesville. Théâtre-Français, 21 décembre 1822.

RODOLPHE, ou FRÈRE ET SŒUR, Drame en un acte, en société avec M. Mélesville. Théâtre du Gymnase, 20 novembre 1823.

LE MAUVAIS SUJET, Drame en un acte, en société avec M. Camille. Théâtre du Gymnase, 16 juillet 1825.

LE MARIAGE D'ARGENT, Comédie en cinq actes. Théâtre-Français, 3 décembre 1827.

Tome II.

La Bohémienne, ou L'Amérique en 1775, Drame en cinq actes, en société avec M. Mélesville. Théâtre du Gymnase, 1er juin 1829.

Les Inconsolables, Comédie en un acte. Théâtre-Français, 8 décembre 1829.

Dix Ans de la vie d'une Femme, ou Les mauvais Conseils, Drame en cinq actes et neuf tableaux, en société avec M. Terrier. Théâtre de la Porte Saint-Martin, 17 mars 1832.

Bertrand et Raton, ou L'Art de conspirer, Comédie en cinq actes. Théâtre-Français, 14 novembre 1833.

Tome III.

La Passion secrète, Comédie en trois actes. Théâtre-Français, 13 mars 1834.

L'Ambitieux, Comédie en cinq actes. Théâtre-Français, 27 novembre 1834.

La Camaraderie, ou La Courte Échelle, Comédie en cinq actes. Théâtre-Français, 19 janvier 1837.

Les Indépendants, Comédie en trois actes. Théâtre-Français, 20 novembre 1837.

Tome IV.

La Calomnie, Comédie en cinq actes. Théâtre-Français, 20 février 1840.

La Grand'Mère, ou Les trois Amours, Comédie en trois actes. Théâtre du Gymnase, 14 mars 1840.

Japhet, ou La Recherche d'un Père, Comédie en deux actes, en société avec E. Vanderbruch. Théâtre-Français, 20 juillet 1840.

Le Verre d'eau, ou Les Effets et les Causes, Comédie en cinq actes. Théâtre-Français, 17 novembre 1840.

Tome V.

Une Chaîne, Comédie en cinq actes. Théâtre-Français, 29 novembre 1841.

Oscar, ou Le Mari qui trompe sa Femme, Comédie en trois actes, en société avec M. Ch. Duveyrier. Théâtre-Français, 21 avril 1842.

Le Fils de Cromwell, ou Une Restauration, Comédie en cinq actes. Théâtre-Français, 29 novembre 1842.

La Tutrice, ou L'Emploi des Richesses, Comédie en trois actes, en société avec M. Duport. Théâtre-Français, 29 novembre 1843.

Tome VI.

Le Puff, ou Mensonge et Vérité, Comédie en cinq actes. Théâtre-Français, 22 janvier 1848.

Adrienne Lecouvreur, Comédie-Drame en cinq actes, en société avec M. E. Legouvé. Théâtre-Français, 14 avril 1849.

Les Contes de la reine de Navarre, ou La Revanche de Pavie, Comédie en cinq actes, en société avec M. E. Legouvé. Théâtre-Français, 15 octobre 1850.

Tome VII.

Bataille de Dames, ou Un Duel en Amour, Comédie en trois actes, en société avec M. E. Legouvé. Théâtre-Français, 17 mars 1851.

Mon Etoile, Comédie en un acte. Théâtre-Français, 6 février 1854.

La Czarine, Drame en cinq actes. Théâtre-Français, 15 janvier 1855.

TOME VIII.

FEU LIONEL, *ou* QUI VIVRA VERRA, Comédie en trois actes, en société avec M. Ch. Poirson. Théâtre-Français, 23 janvier 1858.

LES DOIGTS DE FÉE, Comédie en cinq actes, en société avec M. E. Legouvé. Théâtre-Français, 29 mars 1858.

LES TROIS MAUPINS, *ou* LA VEILLE DE LA RÉGENCE, Comédie en cinq actes, en société avec M. H. Boisseaux. Théâtre du Gymnase, 23 octobre 1858.

TOME IX.

RÊVES D'AMOUR, Comédie en trois actes, en société avec M. de Biéville. Théâtre-Français, 1er mars 1859.

LA FILLE DE TRENTE ANS, Comédie en quatre actes, en société avec M. E. de Najac. Théâtre du Vaudeville, 15 décembre 1859.

LA FRILEUSE, Comédie en trois actes. Théâtre du Vaudeville, 6 septembre 1861.

DEUXIÈME SÉRIE.
COMÉDIES-VAUDEVILLES.

TROISIÈME SÉRIE.
OPÉRAS. — BALLETS.

QUATRIÈME SÉRIE.
OPÉRAS-COMIQUES.

CINQUIÈME SÉRIE.
PROVERBES. — NOUVELLES. — ROMANS

TOME I.

UN MINISTRE SOUS LOUIS XV, *ou* LE SECRET DE RESTER EN PLACE, Historiette en action. *Revue de Paris*, Avril 1829.

LE JEUNE DOCTEUR, *ou* LE MOYEN DE PARVENIR, Historiette en action. *Revue de Paris*, Mai 1829.

LE TÊTE-A-TÊTE, *ou* TRENTE LIEUES EN POSTE, Proverbe. *Revue de Paris*, Juillet 1830.

LA CONVERSION, *ou* A L'IMPOSSIBLE NUL N'EST TENU, Proverbe. *Revue de Paris*, Octobre 1830.

POTEMKIN, *ou* UN CAPRICE IMPÉRIAL, Anecdote de la cour de Russie. *Revue de Paris*, Avril 1831.

Le Prix de la vie, Historiette tirée des Mémoires d'un gentilhomme de Bretagne. *Europe littéraire*, Mars 1833.

Judith, ou La Loge d'opéra, Historiette contemporaine. *Presse*, Février-Mars 1837.

Le Roi de carreau, Nouvelle. *Revue de Paris*, Juillet 1837.

Les Malheurs heureux, Proverbe en trois parties. *Constitutionnel*, Avril 1851.

Tome II.

La Maitresse anonyme, Nouvelle. *Constitutionnel*, Juin-Juillet 1838.

Carlo Broschi, Nouvelle historique. *Journal des Débats*, Août-Septembre 1839.

Maurice, Historiette contemporaine. *Siècle*, Décembre 1844-Janvier 1845.

Tomes III, IV, V.

Piquillo Alliaga, ou Les Maures sous Philippe III, Roman. *Siècle*, Mars-Septembre 1846.

Tome VI.

Le Filleul d'Amadis, ou Les Amours d'une fée, Roman de chevalerie. *Constitutionnel*, Novembre-Décembre 1855.

Noélie, Nouvelle. *Constitutionnel*, Mars-Avril 1859.

Tome VII.

La jeune Allemagne, ou Les Yeux de ma tante, Roman. *Constitutionnel*, Janvier-Mars 1857.

Tome VIII.

Fleurette (Histoire d'une bouquetière), Nouvelle. *Constitutionnel*, Octobre-Décembre 1860.

SIXIÈME SÉRIE.

ŒUVRES DIVERSES ET INÉDITES.

www.ingramcontent.com/pod-product-compliance
Lightning Source LLC
Chambersburg PA
CBHW060631170426
43199CB00012B/1511